U0570680

读老庄之道 悟生活智慧

刘义林◎编著

老子与庄子主张精神上的逍遥自在，主张宇宙万物都有平等的性质，主张人要融于自然万物，从而与宇宙相终始。所以，老子与庄子提倡要重视内在德性的修养，德性具足，生命自然流露出一种自足的精神的力量。

中国华侨出版社

图书在版编目（CIP）数据

读老庄之道　悟生活智慧/刘义林编著．—北京：中国华侨出版社，2007.8
ISBN 978 – 7 – 80222 – 429 – 2

Ⅰ．读…　Ⅱ．刘…　Ⅲ．①老子—人生哲学—研究　②庄周（前369～前286）—人生哲学—研究　Ⅳ．B223.05

中国版本图书馆 CIP 数据核字（2007）第 132485 号

● 读老庄之道　悟生活智慧

编　　著/刘义林
责任编辑/励　慧
封面设计/纸衣裳书装
版式制作/春蕾工作室
责任校对/钱志刚
经　　销/新华书店
开　　本/710×1000 毫米　1/16　印张 16　字数 300 千字
印　　刷/北京一鑫印务有限责任公司
版　　次/2007 年 9 月第 1 版　2019 年 8 月第 2 次印刷
书　　号/ISBN 978 – 7 – 80222 – 429 – 2
定　　价/32.00 元

中国华侨出版社　　北京朝阳区静安里 26 号通成达大厦 3 层　　邮编 100028
法律顾问：陈鹰律师事务所
编辑部：（010）64443056　　64443979
发行部：（010）64443051　　传真：64439708
网　址：www.oveaschin.com
e - mail：oveaschin@ sina.com

前　言

　　在中国的文化体系中，《老子》与《庄子》占有很重的分量，它们产生的时代，正是百家争鸣的学术思想最为发达自由的时代——春秋战国时期。《老子》与《庄子》代表着道家思想，文字境界洒脱、空灵，气势超凡脱俗，其中所蕴含的思想博大精深，对后世影响颇深。

　　在当今社会，人们往往却是将自己置身于快节奏的工作和忙碌的生活之中，每天忙于争名逐利，而不是修养自身。然而这样的生活却很难给人们带来幸福，为什么我们不能找回那种从容的幸福，而一定要为着虚浮的假象而碌碌终生呢？

　　在现代生活中，我们若能细细品味老、庄之道，领悟人生境界、生活智慧，那么我们的生活会超越现在的局限，达到一种新的境界。

　　《老子》，也就是《道德经》，洋洋洒洒五千言，所叙述的哲理与智慧却足以让人们研究上数千年。美国作家麦克·哈特在《影响人类历史进程的100名人排行榜》中说，在中国浩如烟海的书籍中，在国外被人广泛翻译和阅读的一本书就是在两千多年以前写成的《道德经》。在西方社会，《道德经》有着四十余种译本，是除《圣经》以外最为人知的一本书。

　　《庄子》，分为《内篇》、《外篇》和《杂篇》，但是在学者们的考据中认为只有《内篇》是庄子写的，《外篇》和《杂篇》可能是后人假托庄子之名加上的，这其中的真伪我们可能永远也无法得知真相，但是无论如何，《庄子》不仅讲述了对人生的从容不迫的一种生活理念，而且对于帝王之术、用兵之道、生存谋略都有着深刻的影响和启发。

　　《庄子》以其想落天外的构思，意深旨远的寓言，与天地万物共舞的神采，渊深海涵的襟怀，受到后世文人的诸多赞誉。司马迁在《史记·老庄申韩列传》中说他"其言汪洋自恣",李白在《大鹏赋》中说"吐峥嵘之高论,开浩荡之奇言",苏轼说"吾昔有见,口未能言。今见《庄子》,得吾心矣",鲁迅先生说"其文则汪洋辟阖,仪态万方,晚周诸子之作,莫之能先也"……

老子与庄子主张精神上的逍遥自在,主张宇宙万物都有平等的性质,主张人要融于自然万物,从而与宇宙相终始。所以,老子与庄子提倡要重视内在德性的修养,德性具足,生命自然流露出一种自足的精神的力量。

在道家法则中,人与宇宙的关系是"天人合一"的,是物我两亡的,所以他们有着通达的生死观,有着超越任何知识体系和意识形态的限制的生命哲学。道家所讲的"道",是天道,是效法自然的"道",而不是人为的、逆反自然规律的、残生伤性的。老庄的思想、生活态度以及其中所蕴含的深刻与丰富的内涵,不但给后人提供了可供效法的生存生活和精神活动的双重模式,而且作为一个重要源泉,也为后世学者们的建设和非建设性的思想工作开启了无数法门。

在他们看来,真正的生活是自然而然的,是从容不迫的,是宠辱不惊的。而这种生活态度,即使在今天也是同样适用的,也是有着深刻的警醒意义的,学习老、庄之道可以让我们在这个信息芜杂、竞争激烈的社会上得到一份安宁。阅读老、庄,体会其微言大意,让行云流水般的心态成为我们生活的一种智慧,对于我们的人生是有着启发意义的。

在本书中,撷取了《老子》与《庄子》中的精华,结合现代生活,阐述了生活的奥义。它会如清茶一盏,心香一瓣,在这纷杂忙碌的生活中带给你一片恬淡从容。

目　录

第一章　名利非常道　生活需沉潜

　　无丝竹之乱耳，无案牍之劳形，这曾是中国古代社会文人们的理想化生活。那时候的人们，在"道"的指引下，生活得轻盈而从容。然而在当今社会，人们往往却是将自己置身于快节奏的工作和忙碌的生活之中，每天忙于争名逐利，而不是修养自身。然而这样的生活却很难给人们带来幸福，为什么我们不能找回那种从容的幸福，而一定要为着虚浮的假象而碌碌终生呢？

1. 名利乃身外事 …………………………………………………… /2

2. 切勿把名利当作必需品 ………………………………………… /5

3. 成功不是只有一个标准 ………………………………………… /8

4. 不要为了出名而偏离了大道 …………………………………… /12

5. 事物之间都是有联系的 ………………………………………… /16

6. 生活有时需要一点"无为" …………………………………… /18

7. 适当的沉默是生活的一部分 …………………………………… /22

8. 做人要恬淡宁静 ………………………………………………… /25

9. 保持一颗纯净的心 ……………………………………………… /27

10. 做人不能太放纵自己的欲望 ·················· /30

11. 别被突如其来的名利熏晕了头 ·················· /33

第二章 不争也是一种力 蜿蜒也是一种美

水是万物之母,水也是智慧之源。观察水的态势可以从中领略人生的大智慧,老子和庄子都是深谙水之道的智者,也因此而领略了人生与众不同的风景。当我们像阵前卒子一样在这个讲究竞争的社会上横冲直撞,直到头破血流也不回头的时候,是否可以学习一下另一种生活方式?要知道,生活并不是只要向上攀登就一定会幸福的,有时蜿蜒也是一种美。

1. 像水一样生活 ·································· /38

2. 让心回到最初的澄澈 ·························· /41

3. 做人不要太执着 ······························ /44

4. 以柔曲之姿进取 ······························ /46

5. 发现内心的力量 ······························ /49

6. 善于处下才能丰盈 ···························· /52

7. 最柔者最强 ·································· /56

8. 以退为进,以弱胜强 ·························· /59

9. 于无声处听惊雷 ······························ /62

10. 要有谦逊的品德 ····························· /65

11. 止水澄波,均衡而内敛 ······················· /68

第三章 水满则溢 月盈则亏

满招损,谦受益,这是古人留下的名言,也是当今社会生活中不可忽略的人生智慧。有多少人因为不懂得及时地抽身退步,而给自己带来祸患;又有多少人不明白过犹不及的道理,而让自己膨胀过度,反而不美。气球再大,里面也是空的;风筝再美,也不可能飞得比鹰更高;智慧的人生是不需要太过张扬和显摆的。

1. 福兮祸之所伏 …………………………………………… /72

2. 满瓶的水不晃 …………………………………………… /75

3. 适可而止的重要性 ……………………………………… /78

4. 做任何事都要适度 ……………………………………… /81

5. 不自夸,而人敬之 ……………………………………… /84

6. 知易行难与知行合一 …………………………………… /86

7. 强大未必就是好事 ……………………………………… /89

8. 功成身退,天之道 ……………………………………… /92

9. 不要画蛇添足 …………………………………………… /95

10. 居功不可自满 …………………………………………… /98

第四章　悟无形之道　做有用之人

做父母的常常会教育自己的孩子:你将来要做一个有用的人。那么,什么才算是有用的人呢? 不同的人有着不同的答案,但是通常在人们心中有着一些约定俗成的默认的规则,认为只有符合这些规则的才算是有用的,不符合的、偏离的便是无用的。可是事实真的像人们以为的这样吗? 不见得。在老子与庄子的笔下,为我们描绘出了有用与无用的奇妙更替,原来人间大道就在有用与无用间。

1. 清静中和乃是天下正道　…………………………………… /102

2. 世事洞明皆学问　…………………………………………… /106

3. 世人眼中的无用未必不是好事　…………………………… /107

4. 留白的妙处 ……………………………………… /111

5. 生活得简单一点 ………………………………… /115

6. 别人看不到的好处 ……………………………… /118

7. 敬畏自然，人定顺天 …………………………… /121

8. 做人不要本末倒置 ……………………………… /124

9. 厚积才能薄发 …………………………………… /126

第五章　走自己的路　任他人去说

"走自己的路，让别人说去吧。"当但丁的这句名言已被人们用得泛滥成灾时，还有多少人是在真正地走自己的路呢？自己愿意走别人的路并不可怕，可怕的是当看到别人不走这条路时还要批评他，强迫他回到这条路上来，难道就不嫌这条路太拥挤吗？还是认定了他所走的路就一定是崎岖的、错误的？选择自己想走的路，不要理会别人说什么，也不要一定给自己找个同路客，非得去评判别人的路是否正确，这样才是真正顺随自心的行走。

1. 视富贵为浮云，视忧辱为轻风 ………………… /130

2. 知足才会逍遥 …………………………………… /133

3. 智慧的高低 ……………………………………… /136

4. 闻道而笑 ………………………………………… /139

5. 关键时刻不要走错路 …………………………… /142

6. 有时候规矩太多并不是件好事 ………………… /145

7. 世俗的看法不一定就是对的 …………………… /148

第六章　心包太虚　量周沙界

　　包容就是广泛地容纳、包含、不苛求、不偏执、不计较,包容是人生的大智慧,是一种深厚的涵养,它能产生强大的凝聚力和感染力,能浇灭怨艾、嫉妒之火,化庚气为祥和、化干戈为玉帛,借助包容的力量就可以打开通往成功的大门,同时也使自己的心灵得到慰藉和升华。

1. 做事要留余地 ……………………………………………… /152

2. 以德报怨是最大的宽容 ………………………………… /155

3. 你用哪只眼睛看世界 …………………………………… /157

4. 沧海一粟的卑微 ………………………………………… /159

5. 事实比雄辩更有力 ……………………………………… /161

6. 该放手时就放手 ………………………………………… /164

7. 以中正修身 ……………………………………………… /167

8. 真正的善良是不期求回报的 …………………………… /170

9. 最重要的是活在当下 …………………………………… /173

10. 小事别太较真儿 ………………………………………… /176

第七章　打磨人生本性　塑造人格魅力

　　道家认为,人的本性是无拘无束的,是接近天道的,可是因为尘世有太多的纷扰羁绊,所以我们才会渐渐迷失自己的本性,渐渐看不清自己的真心。可是那些真正吸引众人目光的,能够让人记住他们的人,往往都是打磨出了自己本性的人,让人窥见其中的闪光。如何才能像他们一样拥有自己的人格魅力呢?且让我们不再患得患失,不再为着外在的虚名而忙碌,聆听自然之音吧。

1. 少一点私心杂念就会活得更好 ……………………… /180

2. 良言可以温暖寒冬 ………………………………… /183

3. 承诺不可轻出口 …………………………………… /185

4. 施予者有福 ………………………………………… /188

5. 做一个至真的人 …………………………………… /190

6. 不做没有防人之心的好人 ………………………… /193

7. 以君子为友 ………………………………………… /197

8. 得意之时莫忘形 …………………………………… /200

9. 以赤诚之心待人 …………………………………… /204

10. 千万别拿自己当"腕儿"…………………………… /207

第八章　持从容敏感心　品酸甜苦辣味

　　或许是生活太忙碌,人们没有时间再去细心体味那些美好而细腻的情感,甚至容许自己的情感渐渐粗糙如磨砂杯,触手是一片冰凉和麻砾。而杯中的情感更是少得可怜,甚至全然不对味。但是因为倾倒得容易,所以人们越来越不在乎自己杯中的究竟是不是真正想一饮而尽的。若是能够保持一颗从容而敏感的心,愿意去认真品味,杯中的是茶、是咖啡、是清水、是果汁……一定可以找到你的那一杯。

1. 不要轻视小事 ……………………………………… /212

2. 差别就在细微之处 ………………………………… /215

3. 千里之行,始于足下 ……………………………… /218

4. 四季都是好时节 …………………………………… /221

5. 天上掉馅饼不是福气 ……………………………… /224

6. 患得患失,幸福也就离之远去了 ………………… /227

7. 不求名时名自来 …………………………………… /231

8. 人生何必太贪心 ………………………………………… /234

9. 百花丛中过，片叶不沾身 ………………………………… /237

10. 让自己再笨拙一点 ……………………………………… /241

第一章
名利非常道　生活需沉潜

　　无丝竹之乱耳，无案牍之劳形，这曾是中国古代社会文人们的理想化生活。那时候的人们，在"道"的指引下，生活得轻盈而从容。然而在当今社会，人们往往却是将自己置身于快节奏的工作和忙碌的生活之中，每天忙于争名逐利，而不是修养自身。然而这样的生活却很难给人们带来幸福，为什么我们不能找回那种从容的幸福，而一定要为着虚浮的假象而碌碌终生呢？

1. 名利乃身外事

名与身孰亲？身与货孰多？得与亡孰病？（《老子·四十四章》）

译文：外在的名声和生命相比，哪一样与你更亲近呢？生命与财富相比，哪一样对你更重要呢？获得世界与丧失生命，哪一样才是有害的呢？

对生活的感悟

当代社会无处不充斥着名利的气息，工业化的迅速发展，使得人们的日常生活和工作都变得忙忙碌碌，古时候那种"采菊东篱下，悠然见南山"的生活已经变成了奢侈。人们为着生存和发展而互相竞争着，每个人都像绷紧了弦一样，被时代的洪流和自身的欲望驱使着向前奔跑。在社会上流传着一句话：年轻的时候是用命换钱，年老的时候是用钱换命。这话说得让人不寒而栗，想想我们现在的拼搏是牺牲了自己的健康，可最终得来的能比失去的更有价值吗？我们是不是应该稍稍放缓脚步，让自己的人生从容一些、健康一些呢？

有人认为，对于一个人来说，一生有三大重要投资：事业、家庭和健康。当然，这三样投资的排序因人而异，但大多数人都会像上面的排列顺序一样，把健康投资放到最后。于是，许多人生的悲剧就在这不经意的忽视中上演了：

2007 年 6 月 23 日，著名相声演员侯耀文因突发心脏病去世，年仅 59 岁。

2006 年 1 月 21 日，上海中发电器集团董事长南民逝世，年仅 37 岁。

2005 年 9 月 18 日，网易 CEO 孙德棣逝世，年仅 38 岁。

2005 年 8 月 30 日，著名演员傅彪患肝癌逝世，年仅 42 岁。

2005 年 8 月 18 日，著名小品演员高秀敏逝世，年仅 46 岁。

2005 年 4 月 10 日，著名画家、商界精英陈逸飞因胃出血逝世，年仅 59 岁。

2005 年 1 月 18 日，麦当劳 CEO 查利·贝尔因癌症去世，年仅 44 岁。

2004 年 11 月 7 日，均瑶集团董事长王均瑶因肠癌逝世，年仅 38 岁。

……

看到这份名单，你是否会悚然一惊？

按国际标准，人的寿命应该是 100～175 岁，但我国知识阶层的平均寿命才 58.5 岁，低于全国平均寿命 10 岁左右。现在死亡率最高的人群，不是穷人，不是难民，而是 30～50 岁的精英分子！

是什么让我们失去了健康？如果去询问在职场上打拼的人们，可能大多数人都会无奈地告诉你，为了车子、房子、孩子、职位，为了事业成功、出人头地、打败竞争对手，所以必须熬夜、加班、陪客户吃饭、陪领导暴饮……谁都知道这种状况不好，谁都想着好好休息一下，可是休息的日子似乎永远也不能够到来。

在一项调查中显示，有 66%的人有多梦、失眠、不易入睡等现象；经常腰酸背痛者为 62%；记忆力明显衰退的占 57%；脾气暴躁、焦虑者占 48%。还有调查结果表明，慢性疲劳综合症在城市新兴行业人群中的发病率为 10%～20%，在某些行业中更高达50%，如科技、新闻、广告、公务员、演艺人员、出租车司机等，这些都是"过劳死"的潜在人群。

2005 年演员傅彪的辞世，让很多人都深为震动，也让中年男人不由得反省自己，背负太多，过劳猝去，那么欠下的未履行的责任又何去何从呢？

没有了健康，一切都等于零。然而很多人却以为，责任不能舍弃，所以必须透支自己的生命。可是，当你真的将生命透支以后，你能知道自己还能走多远吗？真的一旦突然失去生命或失去健康，你所企望达到的责任永远也达不到了，甚至还会为你的家人增添了累赘和痛苦。

世界卫生组织曾宣布：每个健康人的寿命 15% 取决于遗传，10% 取决于社会安定，8% 取决于医疗条件，7% 取决于气候、环境。剩下的 60% 取决于自己的生活方式。所以，那些过劳死的人们，其实是死于一种不健康的然而却又是在社会上泛滥的生活方式。

我们习惯晚睡，习惯加班，习惯充电，习惯不吃早饭，习惯饮食不规律，习惯吃垃圾食品……很快有一天，我们会陡然发现身上的某个部件不好使了。

余秋雨说：人生最大的悲剧就是某一天照镜子时发现了额角早霜似的一丝白发，这一丝白发的悲哀远胜过莎士比亚戏剧里的毒药、爱情与谋杀。

某广告客户主管，男，43 岁，他说："我过了 40 岁，陡然觉得日过正午。几乎所有的压力接踵而来。家门内，上有衰老多病的父母、岳父母需要赡养，下有幼小的儿女需要抚育，身边有快到更年期的'黄脸婆'日日絮叨，夜夜抱怨；家门外，还有上司、同僚、下属和众多亲戚朋友需要关照、打点。稍不留神就可能得罪了谁、招惹了谁、怠慢了谁、疏忽了谁。对于刚过 40 岁的我来说，无论我的肩膀有多么瘦削，也得咬紧牙关负起重担……传来傅彪去世的消息，让我陷入恐慌。难道是天妒英才？为什么时常见到正值壮年、事业有成的人英年早逝？古人那种悠然自得的休闲生活成了现在的奢侈品，也许中年是履行责任的时间，但如果能让生命安然度过雷区，必然能创造更多的价值，拥有回味人生、品味人生历程的权利。责任是必需的，生命是宝贵的，只有珍爱生命，好好地生活，才能好好地履行责任。"

一位中年女性媒体工作者说："谁不知道身体比什么都重要？可是孩子没有好饭吃，没有好衣穿，没有好学校上，作为家里的支柱能不拼命地工作吗？有压力才有动力嘛。我经常这样对丈夫说。物质决定上层建筑，一家人的快乐主要都建立在资本基础上，现实如此残酷，男人没有责任心，不拼命工作，哪来的家庭享乐？有的人轻轻松松就能有不错的收入、不错的生活保障，但大部分人不行，我们家也做不到。丈夫只能是工作、工作、拼命工作，或者说拼命赚钱，家里的生活才能继续保持质量稳步上升，尽管我也不愿意他这样辛苦……也许，傅彪病逝让我和丈夫开始警醒了一点点。也许生活的责任应该是一种和谐，责任不能太超负荷，有压力才有动力，可也要掌握度！要平衡，一旦超过了度，一旦失去了平衡，那就糟了。"

是的，当我们为着责任和理想而努力拼搏的时候，千万要注意一个度，不妨时常问问自己："名利和生命哪个更重要？"

若能体会到道家的清静无为、潇洒度世的精华，或许，你的人生之路会走得更远更好。

2. 切勿把名利当作必需品

乘天地之正，而御六气之辩，以游无穷者，彼且恶乎待哉？故曰：至人无己，神人无功，圣人无名。（《庄子·逍遥游》）

译文：若能遵循宇宙万物的规律，把握"六气"（指阴、阳、风、雨、晦、明）的变化，遨游于无穷无尽的境域，他还有什么仰赖的呢？因此说，道德修养高尚的人能达到忘我的境界，精神世界完全超脱物外的人心目中没有功名和事业，思想修养臻于完美的人从不去追求名誉和地位。

对生活的感悟

正如庄子所说，人的境界决定了人的眼界和格局。当大鹏飞往南冥时，震荡起来的水花达 3000 里，翼拍旋风而直冲到 9 万里高空，当它俯视大地的时候，看到的自然和小小的斑鸠所看到的截然不同。那么，当我们的境界只是一个汲汲于名利的庸人时，自然也就不可能体会到那些淡泊名利的人的感受。庄子的《逍遥游》同儒学的积极经世、佛学的无欲止观一样，都是人安身立命的精神追求，是生命寄托的一种途径，它所标举的精神解放，给予了在沉重压力下生存的人们一种自由的希望。

有一个小故事：

有一天，已经身为某市领导的老赵坐车去赴宴会，在经过市场时，车子抛锚。在等待司机修理车子的时候，他无意中向车窗外看去。在一个卖羊肉串的摊位前，他看到一个熟悉的身影，他那昔日的同窗老张。老张正一手扶着自行车，一手拿着羊肉串吃得津津有味。他心中不无怜悯地想："哎呀，老同学啊，都四十好几的人了，还没混上在高级宴会里的一席之位，多么可怜啊。"

而老张在这时也看到了在车中正襟危坐的老赵，他心中也十分同情地想："你现在有车有房，可是恐怕再也寻不回在街边吃小吃的道遥自在了。你的生活完全被各种各样的名利给缠裹住了，哪能像我这样自由呢？唉，老同学啊，你的生活实在太无趣了。"

老赵和老张代表的便是两种人生价值观，一种追求名誉、地位、财富，以世俗的价值观衡量自己人生的价值；而另一种则是淡泊名利，注重精神和自由，洒脱无为。可是，前者看不到后者的逍遥，后者体会不到前者的意气风发。这便是因为价值观不同造成的境界差异。

庄子在他的作品中常用寓言故事来表达自己的见解。在《逍遥游》中，他写道：

尧打算把天下让给许由，说："日月出来了，而小小的炬火还不熄灭，它和日月比起光亮来，不是太没意思了吗？好雨普降了，还要提水灌溉，这对于润泽禾苗岂不是徒劳吗？先生如果在位，一定能把天下治理得很好，可是我还占着这个位子，自己都觉得很不满意，请允许我把天下奉交给先生执掌吧。"

许由说："您治理天下，已经治理得很好了，我若再来代替您，难道是为着虚名吗？名是实的影子，我要做影子吗？鹪鹩在深林里筑巢，不过占一根树枝；鼹鼠喝大河里的水，不过喝满一肚皮。你回去吧，先生！天下对我是没有什么用的。厨师就是不做祭祀用的饭菜，掌祭奠的人也绝不会越俎代庖的。"

许由拒绝了尧的禅让，这在今人看来多少有些不可思议，那可不是一点钱一点地位，那是掌管天下的荣誉和责任啊！可是，在许由看来，自己不求名利，没有理由要接替尧的工作，因为尧已经做得很好了。那么他要什么呢？他要的是安守本分。

安守本分，用俗话来讲，也就是"有多大的肚皮吃多少饭"，吃多了会撑着的。饭吃八分饱，做人也要留有余地。犯不着为自己不需要的东西搭上一辈子，因为他要的不过是一张床、一餐饭而已，哪里需要天下那么大呢？

肩吾对连叔说："我听了接舆的一番言论，大而无当，不着边际。我很惊讶于他的话，那就像天上的银河一样看不到首尾。真是怪诞背谬，不近情理啊！"

连叔说："他说了些什么呢？"

肩吾说："他说：'遥远的姑射山中，有一神人居住在里边。那神人皮肤洁白，如同冰雪般晶莹；姿态柔婉，如同室女般柔弱；不吃五谷杂粮，只是吸清风喝露水；他乘着云气，驾着飞龙，在四海之外遨游。他的神情是凝静的，使万物不受灾害，年年五谷丰收。'我认为这些话是狂妄而不可信的。"

连叔说："是呀！我们无法让盲人领会文采的华丽；无法让聋子知晓钟鼓的乐声。岂止是在形体上有聋有瞎，在智慧上也有啊！听你刚才说的话，你还是和往日一样啊。那个神人，他的德行，与万物合为一体。世人期望他来治理天下，他哪里肯辛辛苦苦地管这种微不足道的事呢？这样的人，没有什么东西可以伤害他，洪水滔天也淹不着他；大旱时把金石都熔化了，把土山都烧焦了，他也不觉得热。他的'尘垢秕糠'也可以制造出像尧、舜那样的圣贤君主来。他哪里肯把治理天下当作自己的事业呢？

"宋国有人把帽子贩卖到越国去，可是越国气候炎热，人们习惯于把头发剃光，身上纹着图案，他们要帽子有什么用呢？

"尧治理天下的人民，使海内政治清平；他到遥远的姑射山中，汾水的南边，拜见了四位得道的真人，他不禁恍然大悟，把天下都忘掉了。"

忘掉天下，这不是自私到只知小我不知大我，而是真正的旷达境界。

芸芸众生把名利当作必需品，以为只有获得了名利生活才能更自由更幸福，然而看世间有多少因名利而引来灾祸的人呢？对于那些臻于无己境界的人们来说，虽然无心立功建业，却能名盖天下；虽然有着名满天下的辉煌，却能韬光晦迹，不在意世俗的名利而逍遥自得，恬淡无怀，无往而不逍遥，无适而不自得。

可见，当人外无所求、内无所羡之时，自然而然就会达到"至足"的境界。林希逸尝谓庄子之《逍遥游》，即为一"乐"字，而此中之乐绝非得所欲求之乐，而是不羡求功名利禄，不挂怀死生祸福、利害得失之精神至足之乐。这种快乐，对于满脑子只有名利二字的人来说，是无法企及，也无法想象的。这种快乐，不是纵情任性的，而是要在心灵和精神上不断地修养才能达到的。

然而人们往往会沉迷于学习大鹏那样一飞冲天，遨游四海，以为这样就可以逍遥快乐，然而却忘记了立足实际，安分守己。一个人若失去了平常心，那么快乐也就离之而远去了。

3. 成功不是只有一个标准

道之为物，唯恍唯惚。忽兮恍兮，其中有象。恍兮忽兮，其中有物。窈兮冥兮，其中有精。其精甚真，其中有信。（《老子·二十一章》）

译文：道作为一种能为人们所观照、所体验、所认识的存在，它只是一种在顷刻间照彻一切，而又倏忽即逝的心理意象。这样倏忽即逝却又照彻一切的心理意象啊，人们可以在自己的心灵中观照到它的生动的模样，也可以在自己的心灵中体验到它的真切的实质。它有如一种深远神秘的理想境界，人们置身于其中可以享受到世界万物的精萃，可以体会到至真至切的美好幸福。经历过这种境界的人，会对道这个超凡入圣的理想境界有着绝对的信念。

对生活的感悟

　　古时候交通不便，人们要去一个稍远的地方总是困难重重，而现在，人们可以凭借种种便利的交通工具到达自己想去的地方，甚至地球都缩小为一个村庄。也正因为交通的便捷，获得信息的便利，使得人们在选择人生之路的时候，就像是站在一个巨大的迷宫里，自脚下延伸出去的道路有千条万条，纵横交错，但大多数人都对这些路视而不见，在他们眼中路只有一条。

　　所以，他们认为要拥有一个成功的人生，是有着一个标准的。因为这个标准，他们制定出这样的人生之路：孩提时代，要学钢琴、学书法、学舞蹈、学种种的技能；在学校里要考试考第一，看各种各样堆积如山的参考书；考上一个理想的大学之后，还要努力拿到各种证书，参加各种实践；毕业以后要进入一家大企业，要找一个门当户对的人结婚，为着自己的家庭和孩子努力工作，所以要参加各种令人生厌的酒会、应酬；然后教育自己的孩子也按照这个标准走下去。

　　可是，这样的人生真的就是所谓的成功吗？不见得。

　　诺贝尔物理学奖获得者丁肇中先生说："考试能拿第一名并不代表一切，因为考试是解决别人解决了的问题。我所认识的 20 世纪的物理学家、化学家，拿诺贝尔奖的，几乎没有在学校考第一名的，考最后一名的倒有几位。但这些人都能挑一个题目，根据客观情况认定这是自己一辈子最重要的事情。为了这个，其余的东西都可以放在次要的位置。"

　　这段话说明了什么问题？那就是成功之道要适合自己。

　　我们看当今社会上那些功成名就者，那些寻找到适合自己人生之路的人，他们所走的路往往并不是人们所认为的正确的、正常的、标准的路。

在网上有一个笑话，说："辍学，一定要辍学！从小学辍起，不然没前途！爱迪生，上学时间才3个月；富兰克林，上学时间才3年；要是上到大学才辍学，顶多就只能是个比尔·盖茨了。"

这当然只是一个笑话，但是就像老子所说的，"道之为物，惟恍惟惚"，为什么小学毕业的爱迪生成了发明大王，在学校成绩很差的爱因斯坦创造了相对论，退学的比尔·盖茨和艾利森成了大富翁，自学成才的李嘉诚创立了商业神话……这些现象是偶然的吗？是违背了社会发展规律的吗？当然不是。这是因为他们看待世界的眼光和传统不同，他们不是去适应一个环境，而是在创造一个新世界。

新世界的创造当然不是稳定的，也不是可以预测的，而这种不可预测性往往会给人们带来巨大的恐惧，使人们不敢去实践。但是敢于实践的人，却可以制定出新的规则，其他人只能去适应和遵守他们制定的新规则。事实上，这个世界总是会把最高的荣誉给予那些敢于开拓、敢于不走寻常路的人们。

在明代吕楠所著的《泾野子》一书中，载有这样一个故事：

某翁有5个儿子，老大木头木脑，老二聪明机灵，老三双目失明，老四弯腰曲背，老五一腿残瘸。在一般人看来，这个家里恐怕只有老二能有点出息，老大能过个平常人的小日子，至于有残疾的老三、老四和老五基本上是注定了不幸的人生了。可是知子莫若父，当父亲的对儿子们的生计作了妥善的安排：让木头木脑的大儿子种田，面朝黄土背朝天，用不着花心计与人打交道，也就不会吃亏上当；让聪明机灵的二儿子经商，经打细算不吃亏；让双目失明的三儿子学算命，占卜起卦行走江湖；让弯腰曲背的四儿子搓绳，这活儿即使是驼背也一样干得像样；让一腿残瘸的五儿子织布，坐在织机前面用不着费力。等老翁去世后，5个儿子都能安身立命，一生不愁衣食。

这位父亲的高明之处就在于他能扬长避短，把儿子们的优势发挥出来，甚至是将缺陷化为长处。如果他让呆板木讷的大儿子去经商，让聪明机灵的二儿子去搓绳，让双目失明的三儿子去织布，让驼背的四儿子去种田，让瘸腿的五儿子去算命，那他们只怕都会一事无成，各人抱憾终生。

但是在现实生活中，有很多人却是在扬短避长，让有着音乐天赋的人去经商，让擅长体育运动的人去做文员……这样的"恍恍惚惚"又怎能照彻到理想的境界呢？跟随着别人制定的规则去追寻名与利，就真的是适合自己的人生之路吗？

《战国策·或谓韩公仲》中记载：

公元前293年，秦国与齐国连横之后，向韩、魏两国发动了大规模的进攻。韩、魏两国面临共同的威胁，但他们却貌合神离，互相之间并不信任，也不愿意真诚合作，而是互相推诿，谁都不愿意打先锋，结果连连败北。公元前289年，魏国为了自身的利益，企图将韩国抛在一边，单独同秦国议和，形势变得对韩国十分不利。

这时有一位谋士对韩相公仲说："双胞胎的长相非常相似，只有他们的母亲才能分辨清楚；利与害在表面上也很相似，只有明智的人才能分辨清楚，看透它们的本质。您的国家目前正面临着利与害相似的情形，也需要由明智的人把它们分辨清楚。如果能采取正确的处理方法，就能尊卑有序、各安其分，否则就会败坏纲常、带来祸患。如果秦魏联盟不是您促成的，韩国就面临遭到秦魏图谋的危险；如果韩国追随魏国去讨好秦国，那样韩国将依附于秦国并遭到轻视，韩国国君在诸侯中的地位就降低了。那时候，秦王就要把他宠信的人安插到韩国做官，这样您的处境就危险了。"

谋士层层递进地分析、引申出如何判断当时的政治局势后，又说："从目前的形势分析，您不如主动去撮合秦、魏进行和谈。两国和谈成功与否，对于韩国都会很有利。若和谈成功，是您穿针引线撮合而成，韩国就成了秦魏联合的门户，既可以受到魏国的推崇，也可以得到秦国的友善。再说，秦魏不可能永远互相信任，秦国会因为得不到魏国的援助而发怒，一定会亲近韩国而远离魏国。魏国也不会永远服从于秦国，一定将设法亲近韩国而防备秦国。这样您就可以像选择布匹随意剪裁一样轻松。由此可见，如果秦魏联合，他们都会感谢您；如果秦魏分裂，两国又都会争取您。这样做，进退对韩都非常有利。希望您能下定决心。"

从中可以看出，这个谋士不只是站在韩国的角度看待问题，而且还是从全局观察，从而得出化被动为主动的办法——主动撮合秦魏和谈，同时取信于两国，而使整个局面向着有利于韩国的方向转化。这就是从多角度考虑问题的优势，也是灵活应变的一种表现，不仅对于政治上的风云变幻可以灵活反应，应用在人际交往中，也能够善察利害，化被动为主动，找出问题的根本。如果只是按照常理来判断，那么，韩国要么是拼个鱼死网破，要么就只能是委曲求全，又哪里能化被动为主动呢？

如此的"恍兮惚兮"、"惚兮恍兮"，才能找准适合自己的那条路，看到事物发展的规则。

4. 不要为了出名而偏离了大道

德荡乎名，知出乎争。名也者，相轧也；知也者，争之器也。二者凶器，非所以尽行也。（《庄子·人间世》）

译文："德"的败坏是由于追求"名"，"智"的外露是在于争论是非。"名"是人们相互倾轧的原因，"智"是人们相互斗争的工具。这两者都是凶器，不可将它们推行于世。

对生活的感悟

庄子的这段话对于人们为了争夺名利尔虞我诈的情形揭露得极为深刻，在战国时代，当许多士大夫把立名看作是使生命不朽的一种方式，为了名而汲汲奔波不顾一切的时候，庄子却清醒地认识到，正是对于名的追求，使得人们把自己的智慧用错了方向，造成了品德的败坏，破坏了人与自然的和谐美好。

张爱玲说：成名要趁早。于是有那么多的人为了出名而不择手段，不论是美名还是骂名，只要能让别人知道自己，一切都在所不惜。特别是在网络信息发达的现在，有为名而裸露的，有为名而叫骂的，有为名而扭曲事实的，有为名而出丑作怪的……种种丑态不一而足，而这些人还沾沾自喜着，认为自己的一场作秀会给自己带来名与利。

这种心态是可怕的，因为人往往会为了出名获利而走上歪路，将自己的聪明才智用在邪处。或许他们还会自诩是先驱者，是敢吃螃蟹的人，是无畏的勇士，可是这一切只是在给自己脸上贴金，再厚的粉也遮不住下面的腐朽。

有的人认为，只要出了名，利益自然跟随而来。所谓"人为财死，鸟为食亡"，所以可以不择手段。有些商家为了宣传企业，而有着五花八门的"作秀"方式，如有的商家在作宣传时，不是搞个"接吻大赛"，就是当众来个"美女裸浴"等。还有的人为了出名而当街裸奔，为了成名而策划"曲别针换别墅"之类的骗局。

这些作秀最终给人留下印象的是其中的"精华"部分，可是对于究竟是哪个商家哪个人做出的行为，往往却很快就会被人忘记到了脑后。

庄子的生活是贫困的，但他看待名利却是淡泊之至。

一天，庄子在濮水钓鱼，楚威王派了两位大夫来问候他，说："我们的国君愿意把国家大事烦劳你来执掌。"

庄子拿着钓鱼竿，看也不看他们，说："我听说，你们楚国有一只神龟，它死了已经有3000年了。你们的国君用佩巾包着它，用竹器盛着它，藏在庙堂之上。你们觉得，这只神龟，它是情愿死了作为遗骨被人珍藏呢，还是情愿活着在泥塘里拖着尾巴爬呢？"

两位大夫说："它当然是情愿活着在泥塘里拖着尾巴爬啊。"

庄子说："那你们回去吧！我也情愿是在泥塘里拖着尾巴爬的。"

而惠施是庄子的好朋友，他做了梁惠王的宰相，庄子听说后就去看望他。

有人向惠施挑拨说："庄子要来了，他那么有名望，肯定是想来代替您当宰相的。"

惠施听了很担心，就派人在全国搜查了三天三夜，想找到庄子把他赶出去。可是搜查无果。

这时，庄子施施然地来见惠施了，他早已听说了这些事，便对惠施说："南方有一种鸟，叫作鹓鶵，与凤凰同类。它从南海出发，向北海飞去，途中非梧桐树不落，非竹实不吃，非醴泉水不喝。这时候，有一只鸱鹰，捉着一只腐烂的死老鼠在吃，鹓鶵正好从它上方飞过。鸱鹰以为它是来抢自己的死老鼠的，就仰起头冲着鹓鶵哇哇大叫地来吓唬它。"庄子讲完这个故事，笑着对惠施说："你现在当上了梁国的宰相，就像那只得到死老鼠的鸱鹰一样，守着自己的相位，要对我哇哇大叫地来吓唬我吗？"惠施听了非常惭愧。

现在有不少人正是在热衷于追求那只腐烂的"死老鼠"，不惜为此付出一切，当有别人中肯地提出意见的时候，还以为人家是来抢那只"死老鼠"的，张起羽毛冲人大叫不止。这难道不可笑吗？

事实上，真正有智慧的人是不会恋栈名利权位的，因为他们知道那后面往往隐藏着危险。

金熙宗天眷二年（公元1139年），石琚考中进士，任邢台县令。当时官场腐败，贪污成风，邢台守吏更是贪婪残暴，欺男霸女，强夺民财。在这样污浊的环境下，石琚却不贪不占，而且还多次告诫别人不要贪取不义之财。他常对人说："君子求财，取之有道，怎么能利令智昏，干下不仁不义的事呢？人们都知道钱财的好处，可是却不理会不义之财所带来的隐患，这是许多人最后遭祸的根源啊。"

可是别人却对他的劝告一笑置之，并且说："大家都是这样，你一个人又能改变什么？你这些高论说来动听，实际上却不合时宜，你何苦自守清贫，不识时务呢？要知道没有钱才是真正的大祸，你身在祸中尚且不知，岂不遭人耻笑？可不要再对别人说这些话了。"

石琚非常生气，又规劝说："一个人到了只见利不见其害的程度，就要大祸临头了。你敛财无度，不计利害，虽然是自以为高明，在我看来却是愚蠢之极。你还是及早回头吧，我实在不忍心见你东窗事发的那一天。"

后来，邢台守吏见石琚不肯与他们同流合污，就向朝廷上书诬陷他贪赃枉法，结果自己却因贪污受到严惩，并牵连出很多违法的官吏，而石琚因为清廉无私，虽然受到诬陷却平安无事。

金世宗时，朝廷任命石琚为参知政事，石琚拒不肯受。金世宗十分惊异，私下里对他说："这样的高位，人人都朝思暮想，你却不想接受，这是为什么呢？"

石琚只推说自己才德不堪以当此重任，但金世宗仍然不改初衷。石琚的亲朋好友都劝他接受，并且怕他惹恼了皇上给家族带来灾祸，石琚无可奈何，只好接受了朝廷的任命。但他私下里却对妻子说："树大招风，位高多难，我担心会有无妄之灾。"

妻子不以为然，说："你不贪不占，正义清廉，皇上又宠信于你，你还怕什么呢？"

石琚苦笑道："身处高位，就是众矢之的，无端被害者比比皆是，岂是有罪与无罪那么简单？再说皇上的宠信也是多变的，看不透这一点，就是不智啊。"

大定十八年，石琚升任右丞相，位极人臣，前来贺喜的人络绎不绝。石琚表面上虚与委蛇，私下却决心辞官归居。他开导家人说："我一生勤勉，所幸得此高位，这都是皇上的恩典，心愿已足。人生在世，祸在当止不止，贪心恋栈。"

他一次又一次地上书辞官，金世宗见挽留不住，只好答应了他的请求。世人对此事议论纷纷，金世宗却感叹道："石琚大智若愚，这样的大才天下再无第二人了，凡夫俗子又哪里会懂得他的心意呢？"

正是因为境界的不同，鸱鹰只知道追求死老鼠，却不知道死老鼠的害处；庸庸碌碌之人只知道追求名利权势，却看不到它们所带来的危险，只知道一味地贪求，却不能适时地放手，这都是智慧不足的表现。而有智慧的人却能看到，正是因为对名利的贪求才会使得人与人之间争斗不休，互相倾轧，这是让社会动荡不安、让道德沦丧的根源，所以该放手时须放手，要获得名利也不能偏离了正途大道。

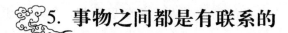

5. 事物之间都是有联系的

故有无之相生也，难易之相成也，长短之相形也，高下之相倾也，音声之相和也，先后之相随也，常（恒）也。（《老子·第二章》）

译文：因此有与无互相促生，难与易互相成立，长与短互相衬托，高与下互相冲突，沉静与喧声互相随和，先与后互相随从，这就是永恒不变的道理。

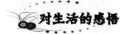

因为有了困难，才显出容易，同样的，也正因为有了容易才显出困难；因为有了长的比较才显出短来，也正因为有了短的存在才显出长来；因为有了沉静的衬托才显出喧闹，也正因为有了喧闹才显出沉静来……可以说，这些相对的概念都是同时出现在我们的认识中的。在这里我们不去讨论它的哲学意义，只是与我们的生活结合起来看，显然万事万物都不是孤立存在，而是有着密切的联系的。

正是因为有了名利的衬托，才有了淡泊的可贵，也正因为有了淡泊的衬托，才让人看出名利的虚浮不实。万物之间的联系，正如我们必然要存在于人群之中，存在于社会之中，而人群与社会也正是因为我们这一个个独立的人才会产生。所以即使是道家，也并没有将人完全地从这个社会上提取出来，也仍然要与这个世界有着千丝万缕的联系。

联系到生活，有些事情在甲地是大事，到了乙地就是小事；有些事情在甲地不能办，到了乙地就容易办。

以刘备三顾茅庐为例。

刘备以皇叔之尊，为了请诸葛孔明出山，不辞劳苦，前后三次上门拜访，以诚心感动诸葛孔明，最后终于得见，请他出山，拜为军师。后来诸葛亮随刘备征战天下，出谋划策，建立蜀国，与曹操、孙权成三足鼎立之局面。

那么，诸葛亮明明有着经天纬地之才，治国安民之术，克敌制胜之法，为什么却要隐于隆中呢？他正值壮年，天下时局又是治乱交替之时，群雄逐鹿之势，为什么他不谋求建功立业，空把满腹才华消磨在山林之间呢？细心的人会发现，这不仅是诸葛亮一个人的行为，事实上，有很多有才志的人在最初的时候都是采取这样一个隐居的状态，而不是贸贸然地就冲出来投奔明主的。

诸葛亮之所以没有自动跑出来投靠某一个有权势的人，是因为他不想只当一个职业谋士，他要做的是吕尚、管仲那样的丞辅将佐。而如果自动送上门去，不一定主公就会重视他，就能发现他的才能，也不太可能让他一来就担任重要的职务，或许反而会湮没在碌碌群儒之中。

而当他的美名触动了某一个主公的神经，像刘备这样主动来拜访他的时候，那诸葛亮就已经把主动权握在自己手中了。

另外，让刘备三顾茅庐，一方面是为了考察一下刘备对自己的诚意和他对自己的需求程度，另一方面也是为了有充分的时间考虑如何说动刘备，让他对自己的谋划一闻倾心。

结果让诸葛亮很满意，刘备能三顾茅庐，显示出他对诸葛亮的迫切需求，肯定会重用这个得来不易的人才。而诸葛亮的"隆中对"也让刘备深深相信自己找对了人。

诸葛亮的"隆中对"也就是给刘备画出了一个未来国家的蓝图，其"建国大纲"可用八个字来概括："建基西川，联吴抗曹"。

这八个字绝非心血来潮、信口胡诌，而是来源于诸葛亮对当时天下大势、力量对比、生克关系和地理条件的深刻分析。当时三大力量曹操、孙权、刘备各占有利和不利的条件，各有其优势，也各有其劣势。

曹操占天时——挟天子以令诸侯，但"国险"，也就是地利不如东吴，人和不如刘备；孙权占地利——有长江天险以为屏障，但天时不如曹操，人和不如刘备；刘备占人和，手下有关羽、张飞等大将，而且皇叔的身份也深得人心，但是天时不如曹操，地利不如孙权。

这是三国鼎立的基本根据，没有这个根据，就没有刘备的前途，也就没有诸葛亮的出山。

天时、地利、人和，各得其一则三国分立，三者齐聚则统一天下。那么曹、孙、刘三家谁能占尽三者？在诸葛亮看来，应当是刘备。以事物相联系、互相促生的关系来看，没有天时，可以等待，没有地利，可以争取，但人和通常不是靠等待和争取就能得到的，这关系到一个道德问题和人心向背问题，不是说有就有的。

所以，从这点来看，诸葛亮对刘备还是信心十足的，并由此才制定出逐鹿天下的大计。他建议刘备取西川以占地利，其"岩阻"可比长江之险；"跨荆、益"以"待天下有变"，这个"变"指的就是等曹操篡汉称帝，倒行逆施，失去民心，这样天时就会到了有皇叔身份的刘备这边。但是这个分析可能曹操也考虑过，或许这就是他为什么一直没有称帝的原因，因为他不是不想称帝，而是怕一旦失去了汉室的装饰，就会丧失天时之利。

诸葛亮的分析，与老子的"故有无之相生也"等句联系、对照着来看，不正就是一个事物之间联系、生克的分析吗？可见老子的学说并不是脱离实际的，事实上对于我们的生活是有着指导意义的，抛去其中出世的内核，便是入世大道的精华。

当然，若不是对入世有了深刻的了解，又怎么能做得到真正的出世呢？

6. 生活有时需要一点"无为"

无为而尊者，天道也；有为而累者，人道也。（《庄子·在宥》）

译文：无所事事无所作为却处于崇高地位的，这就是天道；事必躬亲有所作为而积劳累苦的，这就是人道。

对生活的感悟

对于道家来说，提倡无为，因为随顺自然是天道，也就是自然本身的规律和道理；而作为一个平常人，往往却是做尽无用功，积劳累苦，在庄子看来这其实是违反了自然规律的。

要想有一个从容快乐的生活，适当地"无为"一下未尝不是件好事。无为不是让你什么都不去做，而是在做与不做之间有一个平衡。所谓"张弛有度"，为着生活而拼搏是件好事，但也要有停下脚步静静欣赏生活之美的时间，否则总有一天你会连自己为什么而拼搏都忘记的。

女子对追求者说："我太忙，没有时间来约会。"老板对员工说："我太忙，没有时间听你的建议。"父亲对儿子说："我太忙，没有时间陪你去游泳。"丈夫对妻子说："我太忙，没有耐心再听你唠叨。"……

忙不是借口，关键是看你值不值得。

说没有时间约会的人，也许只是因为你不是她的那杯茶，她转身会同女伴去逛街；说没有时间听取建议的人，也许只是因为你的意见在他看来不值一提，他回头去打开电脑玩"斗地主"；说没有时间陪儿子游泳的人，却会有时间同哥们儿去钓鱼；说没耐心听老婆唠叨的人，拥着情人絮叨着自得其乐……

不是因为忙，再忙也会有时间做自己想做的事，只是因为眼前的对象不是值得自己在乎的。

真的不值得在乎吗？其实有很多人都是失去了才知道珍贵。

有一个父亲，工作很辛苦，每天回家的时候都很晚了。他有一个可爱的小儿子，但是说实话，他每天出门工作的时候儿子还在睡梦中，而他晚上回来的时候，儿子却已经被妻子哄睡了，他自己都记不清有多久没和儿子对话过了。

这天，当他筋疲力尽地回到家里时，发现儿子正坐在沙发上等他，明明已经困得眼睛都快睁不开了，可还是在坚持着。他便问："为什么

第一章　名利非常道　生活需沉潜

不去睡觉?"

儿子说:"爸爸,我想问你一件事。你工作一小时能挣多少钱?"

他有些不耐烦,因为今天遇上了很难缠的客户,几乎把他的耐性都磨光了,但他还是回答:"20块。怎么了?"

儿子说:"爸爸,那你能不能借我10块钱?"

他一下就火了,再也控制不住自己的烦躁,吼道:"你一个小孩子要什么钱?我每天在外面累死累活的还不够吗?快点去睡觉!"

儿子没有声辩,乖乖地回到自己的房间去了。

过了一会儿,他的火气平息了,心里开始觉得有点不安,也许儿子真的有什么事情需要用钱呢,毕竟平时儿子就很懂事,不是那种乱花钱的小孩啊。于是他走进儿子的房间,打开灯,温和地问:"睡着了吗?"

儿子立刻回答:"还没呢,爸爸。"

他拿出10块钱给儿子,说:"爸爸刚才火气太大了。喏,这是你要的10块钱。"

儿子高兴地接过来,又从枕头底下拿出一些零钱,他一看,火气又上来了,生气地说:"你这不是有钱吗?怎么还跟我要?你要这么多钱想干什么?"

儿子把那些钱都放到他面前,说:"爸爸,我原来攒了10块钱,现在加上你刚才给我的10块,就有20块了。我用这些钱买你一个小时的时间,请你明天早回家一小时——爸爸,我想和你一起吃顿晚饭。"

他一下无语了,看着儿子平静而带些企盼的小脸,有种酸楚的东西开始涌入眼眶。

类似这样的情景会发生在多少家庭之中?有多少做父母的认为自己只要提供给孩子充足丰富的物质就够了,却完全忽略了孩子需要关注和交流的心呢?

人们常这样认为,自己努力工作是为了给家人一个富足的生活,是为了让他们过得更好,所以自己吃再多的苦受再多的累也值得。因而他们常常会因为工作、应酬而减少了陪伴家人的时间,但他们认为家人应该理解自己,因为他们这么做不是为了自己而是为了家人。

这种想法真的正确吗?

不论是大人还是孩子，都需要感情的交流，因为人类本身就是受感情支配的动物。而每个人的童年也都只有一次，不可逆转，如果因为工作忽略了孩子的成长，那么你会发现，忽然有一天他已经长大到不再需要你的陪伴了。那个时候，即使你说："儿子，我们一起去打球。"儿子可能会说："对不起，我约了同学，不能陪你了。"到时候你才会感觉到当初你拒绝孩子时，他的失落。

这份遗憾可以弥补吗？很难。

所以我们说，有时候不妨将工作放在一旁，抽一点时间来陪陪家人，抽一点时间来看看这个世界的美丽。人生百年，最终所需要的不过是三尺薄棺，一切的财富、地位都不可能带到死后，即使想给儿孙留下点什么，看看世间又有多少家庭能富过三代？真正要给孩子留下的，不是财富，而是心灵上的修养。一个心灵富足的人自己会创造自己的生活，属于他的生活，而不是你的。毕竟你所认为的好日子，在孩子看来未必就是适合的。

无为一点，遵循天道一点，远离劳苦盲目的人道一点，这才是生活幸福的途径。

佛家有一个小故事，很有趣味。

有一个年轻人，从家里到一座禅院去拜访庙里的老和尚，在路上他看到了一件有趣的事，便想以此去考考那位老和尚。到了禅院，他和老和尚一边品茗，一边聊天，冷不防他问了一句："师父，何为团团转？"

老和尚随口答道："皆因绳未断。"

年轻人大吃一惊，目瞪口呆。老和尚问道："什么使你如此惊讶？"

"师父，我惊讶的是，你怎么知道的呢？"年轻人困惑地说，"我今天在来的路上，看到一头牛被绳子穿了鼻子，拴在树上，这头牛想离开这棵树，到前面的草地上去吃草，可是它转过来转过去的，被绳子所牵制，始终不能脱身。我以为师父既然没有看见，肯定答不出来，哪知师父出口就答对了。"

老和尚微笑着说："你问的是事，我答的是理。你问的是牛被绳缚不得解脱，我答的是心被俗务纠缠而不得超脱，一理通百事啊。"

年轻人这才恍然大悟。

劳苦奔波的人道，之所以不被庄子所提倡，就是因为世俗杂务像一根绳子一样束缚住了人的心灵。因为绳子的牵绊，风筝再怎么飞也飞不上万里高空，烈马再怎么壮硕也得被套上马鞍，大象再怎么庞大也得被眼前小小一根木桩给拴住……

如果能斩断绳子的牵绊，牛不必失去草地，马不必失去奔驰，人不必失去生活。这就是天道无为的境界。

7. 适当的沉默是生活的一部分

天地有大美而不言，四时有明法而不议，万物有成理而不说。圣人者，原天地之美而达万物之理。是故至人无为，大圣不作，观于天地之谓也。（《庄子·知北游》）

译文：天地具有伟大的美但却无法用言语表达，四时运行具有显明的规律但却无法加以评议，万物的变化具有现成的定规但却用不着加以谈论。圣贤的人，探究天地伟大的美而通晓万物生长的道理，所以"至人"顺应自然无所作为，"大圣"也不会妄加行动，这是说对于天地做了深入细致的观察。

对生活的感悟

天地之大美，指的是自然造化的神奇，非人为所能造作，非卑污之念所可是非，取其与"道"之相通的内涵。其不言，既是言语无法表达，也是山川大地本身的浑厚沉默，不彰显自己的广博超拔。这种道理可以推及到我们的日常生活中。

换句话说，真正有如天地般具备"大美"的人，往往是那些在人群中最为沉默寡言的人。那些真正明了事物运转规律，洞达世情的人，往往是那些在人群中最为平和淡泊的人。因为明了通达，所以他们什么也不说，不去用自己的言论误导别人，也不用自己的妄想去评议别人。他们懂得什么时候应该沉默，什么时候应该倾听，什么时候应该超然物外笑看世间风云。所以他们也就不会被那些俗事所纠缠。

从另一个角度来说，天地不言而有大美，是因为它们能包容万物，以其厚德载物而具备造化神奇之美。做人也是如此，能够包容别人，才能够成全自身的修养，才能够完善自己的人际关系。

西汉末年王莽篡位，骄奢淫逸，民不聊生，很快就失去了民心。各路豪杰和农民起义军纷纷兴起，与王莽政权斗争。这些起义军的领袖有很多都自称是汉室宗亲，以示自己的起义的正义性，同时借由人们对汉室的思念吸引更多的人加入。这其中有真宗室，也有假宗室。

这其中刘縯、刘秀兄弟参与领导的起义军，也是打出匡复汉室的旗号，拥立族兄刘玄为帝，号更始帝。但是刘縯、刘秀兄弟威名日盛，越来越受人爱戴，引起刘玄的不安，一些依附刘玄的将领们开始劝刘玄除掉刘縯、刘秀兄弟。

这时刘縯手下的一些人不服刘玄当皇帝，就公开拒绝刘玄的任命，有的人还说："本来起兵图大事的是伯升（刘縯字伯升）兄弟，现在的皇帝是干什么的？"于是刘玄就借封刘縯部将刘稷为抗威将军而不受之故，把刘稷及为他说情的刘縯杀掉了。

刘秀担心刘玄下一步要对付自己，就赶紧到宛城请罪。刘縯的部下去迎接他，慰问他，他只是在公开场合下寒暄几句，表示过错在自己，但他不与这些人私下交流，不讲昆阳的战功，不为哥哥服丧，饮食言笑与平常一样，若无其事。刘玄见刘秀没有反对他的意思，感到有些惭愧，就拜他为破虏大将军，封武信侯。但刘秀每当独居，总是不喝酒、不吃肉，以此寄托哀思。就这样，表面上他顺从刘玄，暗地里却开始谋划大事，准备为兄长报仇。

公元 23 年 9 月，刘玄的军队相继攻下长安和洛阳。刘玄打算以洛阳为皇都，便命刘秀先行前往整饬吏制。刘秀到任，安排僚属，下达文书，从工作秩序到官吏的装束服饰，全恢复汉朝旧制。当时，关中一带的官员赶来迎接皇帝刘玄去长安，他们见到刘玄的将领们头上随便包一块布，没有武冠，有的甚至穿着女人衣裳，滑稽可笑，没有庄重威严的样子，但刘秀的僚属却是仪容整齐。一些老官员流着泪说："没想到今天又看到了汉朝官员的威仪！"他们纷纷对刘秀产生敬佩心理。

在当时全国独立称王的有 10 多个集团。王莽据有从洛阳到长安的地盘。更始帝及所属绿林军，由今日之湖北西北透过河南西南向这地区前进。山东的赤眉军，也自青州、徐州向西觊觎同一地区。

后来刘玄派刘秀去"关东"整顿吏治，那里有王郎称帝。王郎原本是以占卜为生，但现在也假称自己是汉成帝的儿子，自立为汉帝，起兵攻取州郡，一时很有声势。刘秀初抵邯郸时力尚未丰，只能采取迂回战略，径向极北定县蓟州各处，一路以劝服征伐等方式，集结几万人的兵力，于次年春夏之交，才回头拔邯郸诛王郎。这是用南北轴心作军事行动的方针，以边区的新兴力量问鼎中原，超过其他军事集团的战略。

后来刘秀集结兵力，经过数番激战，最后合围巨鹿，使敌人分兵，最后一举攻取了邯郸。

王郎战败被杀，结束了皇帝梦。刘秀收查他的往来文件书信，发现里面有手下官员们写给王郎的上千封书信，内容很多是诋毁和诽谤刘秀的，甚至有出主意剿杀刘秀的。左右劝他严加追查，好一网打尽。刘秀未置可否。

一天，刘秀把官员们召集在一处，点起炉火，火光映照在士兵们的刀枪上，显得威严而肃穆。那些与王郎暗中往来的官员都惶惶不可终日，脸色苍白，他们知道一旦追究起来，即使不被杀头，也会被关进深牢大狱。胆小的人开始瑟瑟发抖，胆大的也开始后悔没有早些逃走。

刘秀却是一副若无其事的样子，他让士兵把那些信都扔进火炉，看着书信燃烧成灰烬，然后说："现在大家可以安心了。"

官员们都拜伏在地上，庆幸自己逃过了一劫，同时也很感激刘秀放过他们。从此以后，再也没有人敢对刘秀有二心了。

就这样，刘秀以他的谋略和宽容收服了人心，实力渐渐增强，最后不仅灭掉刘玄为兄长报了仇，而且成为东汉的开国皇帝。

刘秀要统率驾驭很多不容易领导的人物，而都能够补短截长，互相牵制，除了他的宗室身份，谨厚的声名和领导能力的天才外，同时还在于他有着忍性和宽容之心。这种宽容使得那些本来想与他为敌的人臣服于他，使得本来支持他的人更加地尊敬他。

所谓得人心者得天下，与其把人们赶到与自己为敌的一方，还不如对他们施以德行，以收为己用。但这不是寻常人能做到的，一般人连鸡毛蒜皮的小事都会斤斤计较，更何况是牵扯到大事呢。只有那种明了事物运转规律，明了顺应自然的道理的人才能真正做到厚德载物，不仅仅是表面上的包容，还有内心真正的放下和宽恕。

8. 做人要恬淡宁静

故曰，夫恬惔寂漠，虚无无为，此天地之平，而道德之质也。故曰，圣人休焉，休则平易矣，平易则恬惔矣。平易恬惔，则忧患不能入，邪气不能袭，故其德全而神不亏。（《庄子·刻意》）

译文：所以说，恬淡、寂寞、虚空、无为，这是天地赖以均衡的基准，而且是道德修养的最高境界。所以说，圣人总是停留在这一境域里，停留在这一境域也就能平和而无难了。安稳恬淡，那么忧患不能进入内心，邪气不能侵袭机体，因而他们的德行完善而内心世界不受亏损。

对生活的感悟

一个人若能做到恬淡寂寞、虚无无为，那他也就是在道德水平上达到了一种高度，生活得自然平和，不会被外因所扰，不论生活环境如何都不会感觉到忧患困苦。我们要想活得自由自在，首先要有一颗自由自在的心；我们想要活得从容恬淡，首先就要有一种从容恬淡的生活态度。

这需要修炼自身的道德和心灵，虽然我们是处在一个功利的环境之

— 25 —

中，为着生存也要做些逐利之事，但是我们不能为了名利抛弃了自身的品德，相反，我们更应该加深自己的修为，以内在的宁静抵御外在的诱惑。

一个内在恬淡宁静的人，往往可以看穿表面的浮华，直接看到事物运转的本质，因而在判断和决策上会比其他人更为准确。

李嘉诚先生17岁的时候就开始了自己的创业道路，但是开始的时候并不顺利，他屡遭失败，几次陷入困境。但是他并没有因此而浮躁，相反，他守住了自己宁静的内心，踏踏实实地一步一步往前走。

1950年夏，才22岁的李嘉诚创立了长江塑胶厂，这是他稳健地思考、观察的结果，他通过分析，预计全世界将会掀起一场塑胶花革命，而在当时的香港，这方面的市场还是一片空白。

这是一个机遇。可以说，李嘉诚有着审时度势的判断力，而这种判断力恰恰是来源于他的沉稳不躁。

在工厂经营到第7个年头的时候，李嘉诚把眼界放得更远，他开始大量寻求塑胶世界的动态信息，并且前去意大利考察塑胶花的生产技术和销售前景。

正当李嘉诚全力拓展欧美市场的时候，一个重大的机会出现了。一位欧洲的大批发商看到了李嘉诚公司的样品后，前来与他联系。这位批发商是因为李嘉诚公司的产品价格低于欧洲产品的价格而来找他的，但是他通过一些渠道得知长江公司是私有制，为了保险起见，他表示愿意同李嘉诚合作，但前提是他必须有实力雄厚的公司或个人进行担保。李嘉诚知道这位批发商的销售网遍及欧洲主要的市场——西欧和北欧，如果能与他合作，对公司的发展是十分有利的。可惜，他竭尽全力也没能找到担保人。

但是，李嘉诚并不想放弃那一线希望，他与设计师一起通宵赶出九款样品，批发商只准备订一种，他却每种都设计了3款以供选择。第二天，他来到批发商所住的酒店，当批发商看到他因通宵未眠而发红的眼睛，和那9款样品时，终于同意改变合作条件。这样，在李嘉诚没有担保的情况下，他与批发商签订了第一份购销合同。按协议批发商提前交付货款，从而解决了长江公司扩大再生产资金不足的问题。

读老庄之道悟生活智慧

长江公司很快占领大量的欧美市场，仅 1958 年一年，长江公司的营业额就达 1000 多万港元。纯利 100 多万港元。塑胶花使长江实业迅速崛起，李嘉诚也很快成为世界"塑胶大王"。

　　成功的道路是漫长的，在这条路上，对手也是众多的。但是最大的敌人往往还是自己。浮躁、轻敌、懒惰、半途而废，这些都是成功的障碍。而保持一颗恬淡宁静的心灵，却可以战胜这些障碍。

　　李嘉诚的成功不仅是商业的成功，还是他做人的成功。

　　还有这样一个小故事，一次李嘉诚从酒店出来准备上车的时候，他口袋里的一枚硬币滚落到一个角落里，他弯腰去拾，却没有拾到。一旁的门童便为他拾起，放到他手里。李嘉诚很高兴，给了这个门童 100 港币的小费作为酬谢。旁人觉得困惑，他连一个硬币都舍不得丢掉，怎么又能舍得给 100 块钱的小费呢？李嘉诚说："硬币若不拾起，便没有用处；拾起，我还有用。100 元钱对他来说也是有用的。钱的作用不在于聚敛，而在于使用。"

　　所以人们都说李嘉诚有两个事业，一个是拼命赚钱的事业；另一个是不断花钱的事业，他的付出足以让他成为亚洲有史以来最伟大的公益慈善家。

　　我们不敢妄言李嘉诚先生的品德有多么高尚，但至少我们可以断定他有一颗丰盈而恬淡的心灵。正像他所说的，财富的价值不是在于它的聚敛，而是在于它是如何被使用出去的。用得有益于社会，造福于百姓，那便是有价值的；若仅仅是为满足一己之私欲，甚至是为害一方的，那便是没有价值的不义之财了。

9. 保持一颗纯净的心

　　致虚极，守静笃，万物并作，吾以观复。夫物芸芸，各复归其根。
（《老子·第十六章》）

　　译文：要达到一个虚寂无欲的极点，要守持清静做到坚定，万事万物都在生长变化，我可以看到它们变化循环的法则。万物纷杂生存，又各自返回到它们的本原，也就是复归本性。

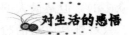

对生活的感悟

事物的生长变化有着共同的基本法则，万物都是遵循着这一法则不断地生灭、变化、发展，呈现出一种互补、和谐、均衡。自然是孕育这法则的本体，也是万物返本复初的渊源根本。当我们坚守住虚寂的心灵，使清静达到极点时，我们就能看清这种变化循环的规律，并从中觉悟到"道"。

如何才能"致虚极，守静笃"呢？也就是要将后天的种种欲望、成见、算计等加以控制、调适、消解、澄清，因为这些东西往往将原来清静纯洁的人心变得骚动不安、浑浊邪恶，使人远离了清静。

但是人们往往做不到这点，而更容易的是被滚滚红尘中的名利、美色、权势等等所诱惑，做不到切实、老实。

通常，什么人更能老老实实地坚守住"静"呢？年幼的孩子。但是孩子有的是一颗还没被世俗污染的心灵，有的是纯净之极的眼睛，可是缺少的是洞达世情的大智慧，所以他们守住的"静"是纯真的，但不是坚定无极的。

现代人通常都懂得要找时间给自己放松，趁着双休日和假期同家人、朋友去郊外，在寂静的山坳里、流水边，体会大自然的气息。在那里，人们会觉得疲惫的充满杂乱信息、充满各种欲望、充满层层尘埃的心，会很快平静下来、沉淀下来、澄清下来，那些压得人喘不过来气的东西都被抛去了。

可是，假期一结束，重归工作岗位，重新回到过去的生活中，立刻又觉得那种纯净澄清的感觉离自己远去了，心灵立刻又被种种尘垢蒙蔽了。

这样可不是真正的"致虚极，守静笃"啊。事实上，我们即使不去郊外，即使是在纷纷扰扰的生活中，也仍然可以修养心灵，达到"致虚"、"守静"的。哪怕是达不到老子所说的境界，退上一步，能够知道该如何进退也是好事一件。

越王勾践的大臣范蠡，辅佐勾践20多年，灭掉吴国后却上书请辞，他说："过去大王受辱，臣不敢言退。今日大仇已报，臣不敢居功享乐。"

勾践不舍得让他走，就劝他说："你随同我经历了那么多辛苦，难道不想有快乐的这一天吗？现在你功高位尊，无所忧患，正是尽享富贵的时候，为什么要轻言放弃呢？"

范蠡搪塞掩饰，固执请辞，他悄悄对家人说："盛名之下，其实难久；人不知止，其祸必生。勾践可与共患难，难与同安乐，这样的君主岂能轻信？"

但是他的家人不想放弃这富贵，也不相信他的判断，他们说："以你的功劳和大王的交情，还有什么可担心的？富贵得来不易，眼下正是再进一步的时候，机不可失啊。如果现在走了，那以前的辛苦不是白受了？"

范蠡长叹息说："人的一念之差，往往决定着一生的生死福祉。若为贪念所系，不加约束，祸发之日再想收手，就悔之不及了。何况离开官场，无争无斗，自得其乐，这才是人生的真正归宿，这有什么不好呢？"

于是他不辞而别，带着家人从海路来到齐国，改名换姓，自称鸱夷子皮，从此，他带领家人整置家业，开发经营，很快就积累了数十万家产，富甲一方。齐国人看他贤能，又善于理财，便请他出来为卿相。面对这突来的殊荣，范蠡喟然长叹："在家能积聚千金，外出能官至卿相，对于普通人这是再高兴不过的事了，但长久地享受这些尊荣和名声并不吉利啊！"于是，他拒绝了召请，并且要散尽家财远走。他的家人苦劝不止，说："有官不做，我们无话可说，可是散尽家财就不可理喻了。这是我们辛苦赚来的，不贪不占，为什么要白白地送给别人呢？"

范蠡说："官高招怒，财多招忌，这都是惹祸的根苗。人贫我富，人无我有，若是只取不施，恃富不仁，财多就无好处可言了，留着它干什么呢？"于是他把大部分财产分给亲朋好友和邻里乡党，只随身藏着些珍贵的珠宝，秘密离开齐国，到达宋国的都城陶。

范蠡看到陶位于天下的中心，与诸侯各国四通八达，来往货物都在此交易，认为此地经营很容易致富，便在陶定居下来，自称陶朱公，并且要重新置业。他的家人埋怨说："人人思富，个个求财，你富了又不珍惜，说钱财没有用，今天何必又要再置业呢？钱财有那么好赚吗？"

范蠡笑说："穷富之别，在乎心也。只要有心，钱财取之何难？"他采用"贱取如珠玉，贵出如粪土"的办法，买贱卖贵，有进有止，遵循"积贮之理"，他善于看准行情，把握时机，在贩进卖出之中，获取十分之一的利润，没几年，又积累了上亿的家产，天下都知道陶朱公了。

范蠡的聪明之处在于他知道何时该进何时当退，该进的时候义无反顾，该退的时候绝不眷恋犹豫。如果他像寻常人似的，贪恋高位，贪图钱财，那么只怕早就像他的好朋友文种那样被勾践害死了，又哪里能够得到安稳一世的生活呢？在面对种种诱惑的时候，我们更应该保持一颗纯净的心灵，修养自身，致虚守静，这样才能够看清楚事物运转的规律，规避祸患，找到生活的快乐。

10. 做人不能太放纵自己的欲望

物壮则老，谓之不道，不道早已。（《老子·五十五章》）

译文：过度的犟执趋求会使之气息焕散，外强中干，过早的老化，这不合于道，不合于道的总是会过早地灭亡。

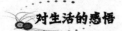 **对生活的感悟**

无论是老子，还是庄子，都反复强调一个"度"，这个"度"便是

"道"。合于道的，也就是在"度"之内的，便是随顺自然茁壮有力的，反之则是趋于老化趋于灭亡的。

这就好比是一颗苹果，一旦熟得过分，那也就离腐烂不远了。名利便是这样的苹果，如果任追求名利的欲望过分膨胀，那就好比是在把苹果催熟，一不小心便得到了一颗烂苹果。

名著《红楼梦》中刻画了众多丰满的人物形象，王熙凤无疑是其中令人印象尤为深刻的人物之一。人们一面惊叹于她无与伦比的治家才能，她的人际交往的手段技巧，另一面又不禁感叹她的结局的凄凉。在书中王熙凤的判词是这样的："机关算尽太聪明，反误了卿卿性命。"

"机关算尽"这四字道尽了王熙凤对一己私欲的放纵，她个性好胜，作为管理贾府之人，她想尽办法想使贾府振兴起来，或者至少维持着大家族表面上的兴旺，但是她的鞠躬尽瘁却招来贾府上下的一片不满，最终也没能使贾府有什么起色，死后甚至连女儿都保不住。

熟悉凤姐的各色人等说她是："于世路好机变，言谈去得。心性又极兴细，竟是个男人万不及一的。""少说着只怕有一百个心眼子，再要赌口齿，十个会说的男人也说不过她呢！""真真泥脚光棍，专会打细算盘。""天下都叫她算计了去。"然而她这样一个聪明人，却不仅好名，而且好利。

不论是对于金钱的欲望，还是对于权名的欲望，王熙凤都毫不知道节制，也不担心会有什么不良后果，因为她说自己是从来不怕阴司地狱报应的，因此什么狠心的事她都做得出来。在第十五回，她弄权铁槛寺，一手操纵了张金哥之事。在这件事中，她巧妙地运用贾琏的关系，轻而易举地敲诈了三千两银子，至于张金哥与守备之子的死她全然不放在心上。手段高明但却阴险。——为了一个利字，可以枉顾他人性命，这又怎么能说不是对私欲的过于放纵呢？

在协理宁国府一回中，为操办秦可卿的丧事，她受命于混乱之际，目的自然是为了展现自己的才能。这种表现欲在当今社会看来无可厚非，但是同样的表现欲展现在他处就不仅仅是展现自己的才能而已了，就会演变成一种无法节制，不能收敛的贪婪。她对于金钱的贪欲，不仅是在外利用像张金哥一案那样的机会敛财，而且克扣下人的月钱放高利贷，利用职务之便贪污受贿——为了争她身边一个丫环的名位，各色人等都来送礼，甚至在害死尤二姐之后，连丈夫贾琏的钱都搜刮得一干二净。就连她自己也说："若按私心藏奸上论，我也太行毒了。也该抽身退步，回头看看。"

可是她真的抽身退步了吗？没有。欲望膨胀到一定的程度，就是洪水猛兽，她不仅没有退步，而且做什么事情都是赶尽杀绝，不留后路。

正如老子所说，"物壮则老"，欲望已经膨胀到这种地步，早已脱离了大道，那么自然也就只能是"不道早已"了。最后王熙凤作威作福，积怨渐多。赵姨娘想要为儿子贾环争夺继承权，不惜使用巫术对付她和宝玉；宁国府的尤氏则伺机奚落她，拉拢她的亲信和仇敌；连她的婆婆邢夫人也是抓住机会就要打压她，利用"绣春囊"一事大做文章；下人们也早已不能忍受她的刻薄贪吝和狠毒，骂她是"巡海夜叉"，用各种方式抵制她的统治，是"墙倒众人推"。各种错综复杂的矛盾弄得她心力交瘁，大病小病不断，额头上的膏药是总得贴着的。而且连贾琏对她也是恨之入骨，最后王熙凤落得个"一从二令三人木"的下场，实在令人感叹。

从这一点来看，王熙凤的聪明实在称不上多么高明，她有的只是世俗的小聪明，以为自己始终能把一切都掌握在手中，能将众人玩弄于股掌之上，但是她却没有看到"物壮则老"的规律，最后自食恶果。

王熙凤这个人物形象其实就是贾府的一个缩影，仗着祖先的余荫，仗着元春入宫为妃，整个贾府其实都在肆无忌惮地放纵着自己的欲望，尤其是那些代表着贾府的延续的男人们。贾府从"烈火烹油，鲜花着锦之盛"到"呼喇喇似大厦倾"，从极盛而至衰，恰恰体现了老子的论点。

那些老少主子爷们在生活上极尽奢华，当初为秦可卿这么一个年轻媳妇办丧事，宁国府的当家人贾珍就不惜倾其所有，只为了丧礼上的风光，就花了一千两银子为贾蓉买了个"五品龙禁尉"的虚衔；上好的杉木板皆不中用，直至选中了"拿着一千两银子，只怕没处买"的樯木棺材；停灵49天，家下执事仆从人等可数得上的，就有130余人穿梭般忙碌于其中；出殡之日沿路搭设彩棚，设席张筵进行路祭，其势轰动朝野。而且他们吃喝嫖赌种种恶习无一不沾，直让柳湘莲感叹"只有门口这两只石狮子是干净的"。倚财仗势，包揽词讼，欺压百姓，狎妓酗酒，种种恶行丑态不一而足。最后贾府被抄，革去世职，流放赎罪，赫赫贾府家计萧条，每况愈下。

这些场景缩小了来看，和王熙凤的所作所为直至结局是多么相似啊。贾府的由盛至衰，不就是因为那些老少主子爷们的放纵贪婪吗？他们的贪欲被无穷尽地放大了，就像拼命吹大的气球，总有吹破的那一天，到时便是落得"白茫茫一片大地真干净"的时候。

这便是"物壮则老"的规律。我们对于名利的追求切不可过度，否则就会落入为求名利而不择手段的地步，只怕会像王熙凤一样"反误了卿卿性命"。

11. 别被突如其来的名利熏晕了头

子见夫牺牛乎？衣以文绣，食以刍叔，及其牵而入于大庙，虽欲为孤独，其可得乎！（《庄子·列御寇》）

译文：你见过那准备用作祭祀的牛牲吗？用织有花纹的锦绣披着，给它吃草料和豆子，等到牵着进入太庙杀掉用于祭祀时，就是想要做个没人看顾的小牛，难道还可能吗？

对生活的感悟

庄子很会用寓言故事来讲述哲理，在《列御寇》里他讲了这样一段故事：有一个人去拜会宋王，宋王赐给他车马十乘，他回来后就在庄子面前炫耀。庄子说："河上有一个穷人家，依靠编织苇席为生。他家的儿子潜入深渊，得到一枚价值千金的宝珠，父亲对儿子说：'用石头把这宝珠砸了吧！价值千金的宝珠，必定出自深潭中黑龙的下巴下面，你能轻易地获得它，一定是正赶上黑龙睡着了。倘若黑龙醒过来，你还想活着回来吗？'如今宋国的险恶，远不止是深潭；而宋王的凶残，也远不止是黑龙那样。你能从宋王那里获得十乘车马，也一定是遇上宋王睡着了。倘若宋王一旦醒过来，你也就必将粉身碎骨了。"

庄子这个讽刺是多么辛辣！你以为自己得到了很大的利益吗？其实那只不过是睡着了的黑龙给你的一点蝇头小利罢了，一旦它醒过来，你要遭受的就是粉身碎骨的灭顶之灾！

后来有人聘请庄子做官，庄子对于富贵看得就像浮云一样淡，他对使者说："你见过那准备用作祭祀的牛牲吗？用织有花纹的锦绣披着，给它吃草料和豆子，等到牵着进入太庙杀掉用于祭祀时，就是想要做个没人看顾的小牛，难道还可能吗？"

他对官场上的是非看得多么清楚，他知道一旦去做官，也就是把自己送上了祭坛。表面上是有锦衣玉食，可是一旦有了贪念，想要获取更多，便免不了贪赃枉法。而一旦贪赃枉法，便免不了伤天害理。一旦伤天害理，就会泥足深陷，等到最后就是想脱身也不可能了。就算能当个清廉的官员，也有可能会遭到别的贪官的忌恨，会想方设法陷害你的。等到东窗事发被抓捕归案的时候，那也就是人头落地之时。到时候什么锦衣玉食都没有了，就算想重新回到现在过穷日子也不可得。

所以，为什么要为了被杀掉之前的那短短一段时光的锦衣玉食就把自己送上祭坛呢？

庄子对此看得很清楚，所以他拒绝了从天而降的高官厚禄。

但是对于现代人来说，又有多少人能够拒绝从天而降的名利呢？人们往往只能看到小牛披着锦绣、吃着草料和豆子的风光，但是看不到它被宰杀作为祭品的悲惨。即使是看到了，大多数人也会认为如果自己是那头牛，是完全可以避免这种厄运的。这就是人们由于利益驱动而造成的短视，也是现在弥漫在各色人群中的只注重"短期利益"的行为。

因为只注重"短期利益"，所以最终是不是会遭受被宰杀的命运，对于人们来说好像并不重要，有人说，这是要今朝有酒今朝醉，哪管明朝是与非。好吧，不管明天是继续飞黄腾达，还是跌落泥潭，只要今天有名有利有吃有喝就无所谓。这种想法，会不会太可笑呢？

也许是因为科技的发展，现代人不再像古人那样相信灵魂与轮回，认为只有眼前的享受才是真实的，这样也就缺少了一些道德的束缚，以前常说的"百年大计"会让他们觉得太漫长，不可思议。而过去人们常想着"前人栽树，后人乘凉"，现代人更想着是"儿孙自有儿孙福"，只要顾好自己就够了。

所以，大量盲目且短视的行为屡见不鲜，不仅在是名利的追求上，还体现在人们对待生存环境上。谁都知道资源是有限的，谁都知道地球的环境在恶化，谁都知道应该珍惜水源，可是乱扔垃圾、浪费资源、吃珍稀野生动物、用它们的毛皮做衣服……这种种行为仍然每天都在频繁地上演。为什么会这样？就是因为知道是一回事，可是那个知道太遥远了，是明天的，明天要发生的现在看不到，所以可以当作永远不会发生。只要自己今天可以拧开水龙头不关，就有水可以用，哪里又会有多余的心思去考虑自己的后代子孙是不是要生活在一个水比黄金更贵重的环境里呢？

正是这种只顾自己，不管他人的自私、短视行为，所以想要人们像庄子一样，清醒地意识到突如其来的名利背后隐藏着怎样的危险，并且果断地拒绝，那真是太难了。

见到利益就想得到，而且越多越好，这是人们通常的心理。

在春秋末年，晋国有一个当权的贵族叫智伯。他是个名不副实的人，不仅没有智慧，而且蛮横无理、贪得无厌。智伯本来拥有很大一块土地，但还平白无故地向魏宣子索要土地。

魏宣子也是晋国的一个贵族，他很厌恶智伯的贪婪，不想给他土地。魏宣子的一个门客叫任章，就对他说："您最好把土地给他。"

魏宣子不解地问："我凭什么要白白地送土地给他呢？"

任章说："他无理求地，一定会引起邻国的恐惧，邻国都会讨厌他。他一定会利欲熏心，不知满足，到处索要，这样便会引起整个天下的忧虑。您给了他土地，他就会更加骄横起来，以为别人都怕他，他也就更加轻视对手，而更肆无忌惮地骚扰别人。那么他的邻国就会因为讨厌他而联合起来对付他，那时他的死期也就不远了。"

魏宣子听了若有所悟，任章又接着说："《周书》上说，'将要打败他，一定要暂且给他一点帮助；将要夺取他，一定要暂且给他一点甜头'。所以，我说您还不如给他一点土地，让他更骄横起来。再说，您现在不给他土地，他就会把您当作他的靶子，向您发动进攻。那您还不如让天下人都与他为敌，让他成为众矢之的呢。"

魏宣子立刻改变了主意，割让了一大块土地给智伯。

果然就像任章所分析的那样，尝到甜头的智伯接下来便伸手向赵简子要土地。赵简子不答应，他就派兵围困晋阳。这时，韩、魏两家联合，趁机从外面打进去，赵简子在里面接应，在里应外合、内外夹攻之下，智伯很快就灭亡了。

在这个故事里，智伯不仅是不会拒绝从天而降的名利，而且他还是主动去索要利益的人。可是他却没有发现，当别人轻而易举就答应他的要求，给予他想要的利益时，距离自己灭亡的日子也就不远了。

这同样也是被利益蒙住了眼睛的短视行为，在这种短视和贪婪的情形下，有多少人因此而葬送了自己的幸福啊。

世上诸如此类的事情举不胜举，以此为鉴，所以庄子才能那样清醒而且果断地拒绝去做一个"祭品"。

第二章
不争也是一种力　蜿蜒也是一种美

　　水是万物之母，水也是智慧之源。观察水的态势可以从中领略人生的大智慧，老子和庄子都是深谙水之道的智者，也因此而领略了人生与众不同的风景。当我们像阵前卒子一样在这个讲究竞争的社会上横冲直撞，直到头破血流也不回头的时候，是否可以学习一下另一种生活方式？要知道，生活并不是只要向上攀登就一定会幸福的，有时蜿蜒也是一种美。

1. 像水一样生活

上善若水。水善利万物而不争，处众人之所恶，故几于道。居善地，心善渊，与兴仁，言善信，政善治，事善能，动善时。夫唯不争，故无尤。(《老子·第八章》)

译文：至上的善行有如水的自然流淌。水具有滋润万物的不变本性，而与万物毫无利害冲突，处于众人所不愿处的低下处，所以接近于道。水居处善于择下而居，存心幽深而明澈，交游共处谐和相亲，言行表里如一，公共关系易于清静太平，处事公正能干，行动善于应机顺势而行。正因为水总是利导万物而不与之争，所以，它很少会因自身的欲求与目的的落空而感到忧虑。

对生活的感悟

在这段话里，老子娓娓道出了水的智慧，水的智慧接近于大道。水滋养万物，水甘居低下处，水的本质幽深明澈、没有污染。如果我们能像水一样生活，我们的人生也一定是清静平缓，明净透澈，不会因为私欲未得满足而感到烦恼。

水的特性是这样具有深刻的哲理，以至于在中国古代文化里它便代表了无穷尽的智慧，孔子就曾说过："仁者乐山，智者乐水。"

一个有智慧的人，做人处事的方式必然与水的特性有着异曲同工之妙。水遇阻便绕行，见坝便积蓄；汇聚一处可滔天巨浪，分流滴水又可穿石；在低处可成湖，在高处可成瀑；在深处可藏蛟龙，在浅处可育鱼虾；蒸腾可以为云气，沉土可以润万物。无可无不可，绝对不去较劲，永远顺应环境，永远又不失本性，谦逊包容，通变处下，不争而胜。用这样的态度对待生活，没有什么沟沟坎坎是能难得住我们的。

在唐睿宗时，睿宗的嫡长子李宪受封宋王，十分受宠。

唐睿宗的另一个儿子李隆基聪明有为，他杀死了篡权乱政的韦皇后，为睿宗登上皇位立下了大功。按照礼制，立太子通常是要立嫡长子的，有的大臣便对睿宗说："嫡长子李宪仁德忠厚，没有任何劣迹，立他为太子既合礼法，又合民心，望皇上早日定夺。"

对于一个国家来说，早日立下储君才能让人心安稳，免得谁都惦记着下一任皇帝是谁，大臣们不知道该讨好哪个皇子，皇子们又各显手段争储君之位。所以这个大臣的建议可以说是很遵从礼制的，但同时也就是太遵从礼制了。立李宪是没什么不好，可是相比李宪来说，李隆基有大功，而且雄才大略，更是治理天下的好人选。所以这让唐睿宗陷入了两难境地，立太子的事也一拖再拖，没有个定论。

他在考虑权衡的时候，下面的人也同样在伺机而动。

李宪看出了唐睿宗的心思，就对心腹说："父皇不肯立太子，这说明他对我还有疑虑啊。李隆基虽然不是嫡长子，可是他功劳很大，没有他我们李家的天下可能还在被韦家把持，所以父皇看来是想立他啊。"

李宪的心腹说："于情于理，太子之位都是你的，这事绝不能相让。我马上和百官联络，共同上书，向皇上说明利害，一定促成这件大事。"他当然想促成这件事，立了李宪当太子，日后当了皇上，那他作为心腹就可以飞黄腾达了。

当李宪的心腹和百官起草奏书的时候，李宪匆忙赶来，对他们说："我考虑了多时，还是决定放弃太子之位，你们就不要为我费心了。"

众人十分惊诧，在皇家见多了为太子之位争得头破血流不顾骨肉亲情的，却很少见到有机会当太子自己却放弃的，他们说："太子之位事关你的前程性命，怎能轻易放弃呢？自古这个位置你争我夺，本是常事，有我们替你说话，你还怕什么呢？"

李宪说："大丈夫做事有所为，有所不为，我是十分慎重的。赞平王李隆基是我的弟弟，他有大功于国，父皇有心立他为太子也是情理之中的事。我若据理力争，不肯退出，我们兄弟之间就会有大的冲突，朝廷也不会平安。如果危及了国家，我岂不是罪人吗？这种事我绝不会干。"

他的想法是多么合乎于道啊，毫无疑问，李宪是可以争夺一下太子之位的，而且不见得一定会输给李隆基，因为他是嫡长子，所以朝中那些遵循礼制的人一定会支持他，而且他平时德行就不错，很有人缘。可是就像他所说的，如果他想争太子之位，那么和李隆基之间的兄弟之情就会荡然无存了，手足将变成竞争对手，用不着看得太远，就看看唐太宗李世民为了当上皇帝不得不发动玄武门之变，手足相残，就可以知道这是多么残酷的一件事了。而且这不只是他们兄弟两个的争斗，还会牵连到那些各自支持他们的官员，如果百官都被卷入这件事中，那朝廷必然动荡不安，朝廷都动荡了，谁又去治理国家呢？

所以，李宪先是制止了想为他上书的官员，然后又亲自上书推荐李隆基为太子。他说："赞平王文武双全，英勇睿智，他当太子有利于国家，我是衷心拥护他的。我个人的得失微不足道，请父皇不要为我担心，早下决断。"

唐睿宗很受感动，他对李宪说："你深明大义，我就放心了。你有什么要求，我一定都会满足你。"

李宪说："一个人只要顺其自然，就没有什么事可以妨碍他了。我不会强求什么。"是啊，他连太子之位都可以看轻看淡，那还有什么能放不下呢？所以，他一无所求。

李隆基当上太子后，就去拜访李宪，他说："大哥主动让出尊位，不是大贤大德的人难以做到，大哥是如何设想的呢？"

李宪说："你担当大任，大唐才会兴盛，我不能为了私利而坏了国家大事。望你日后勤政爱民，做个好皇帝，为兄就深感安慰了。"李隆基连声称谢，又说要和李宪共享天下，但是李宪很明智，没有让他说下去，而是告诫说："很多事是追求不来的，只有顺天应命，才不会多受损伤。将来治国不要逞强任性，这样效果会更好。"

李宪的行为正应合了老子所说的"水善利万物而不争"，他能看清时势，认清方向，知道什么该做什么不该做，不去为了权力欲望而危及国家。他能"处众人之所恶"，也就是放弃太子之位——而在其他人看来，几乎是所有人都认为他没有理由要放弃那样尊贵的位置。而这也正是李宪的高尚明智之处。

2. 让心回到最初的澄澈

水之性，不杂则清，莫动则平；郁闭而不流，亦不能清。天德之象也。故曰：纯粹而不杂，静一而不变，淡而无为，动而天行，此养神之道也。（《庄子·刻意》）

译文：水的本性，不混杂就会清澈，不搅动就会平静，闭塞不流动也就不会纯清，这是自然本质的现象。所以说，纯净精粹而不混杂，静寂持守而不改变，恬淡而又无为，运动则顺应自然而行，这就是养神的道理。

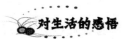

对生活的感悟

水，为涧、为溪、为江河，可以潺潺、可以涓涓、可以浩浩；水，为池、为潭、为湖海，可以清流、可以舒缓、可以宁澈。水永远顺应自然，可以升化成雨，可以凝结成冰，可以渗入沙土，可以跌宕起伏，可以弥散于空中，也可以潜藏于地下。在一动一静之间开合运行，有条不紊。

而水的本性是清澈平和的，如果搅动它就会变得混浊，如果堵塞住不让它流动，它也就不会纯清了。这和人心是一致的，人心的本初都是清净明澈如水一样的，但是流落于世，渐渐被欲望所迷惑，就像是往水中丢进了泥沙一样，也就渐渐变得混浊起来。只有懂得顺应天道的人，才能使自己的心重回当初的澄澈。

心一旦澄澈了，没有欲望的杂质了，那么对于名利富贵也就视若浮云了，再多也只是投映在水面的影子，触不到他们内心一分一毫。

清朝时，出身于农家的于成龙少有大志，自幼过着耕读生活，受到较正规的儒家教育。顺治十八年，已44岁的于成龙，不顾亲朋的阻拦，抛妻别子，怀着"此行绝不以温饱为志，誓勿昧无理良心"的抱负，接受清廷委任，到遥远的边荒之地——广西罗城为县令。

罗城新隶于清统治下不到两年，由于局势未稳，两任知县一死一逃。于成龙到罗城时，这里遍地荒草，城内只有居民6家，茅屋数间，县衙穷得连门墙都没有，只有三间破草房，他只得寄居于关帝庙中。于成龙从山西老家带来的一位仆人忍受不了这样的清苦，就对于成龙说："当官如果是这个样子，还有谁愿意当官呢？你应该请求调离此地，否则还不如回老家呢。"

于成龙说："我本来就是个农家子弟，现在能当上知县，为百姓做事，还有什么不满足呢？和这的百姓相比，我们并不算清苦，你就不要抱怨了。"

于成龙知足常乐，为百姓的事到处奔忙。他那个仆人见劝不动他，又不甘心跟着他吃苦，竟然偷偷逃跑了。

罗城的百姓见于成龙是真心为他们办事，便自发地前来看望他，有的还给他带来了一点钱物。于成龙说："我一个人用不了多少钱，你们的心意我领了。钱物我绝不能收下，这是我做人的准则啊！"

罗城百废待举，首要在于安定社会，恢复生产。于是，于成龙采取"治乱世，用重典"的方法，首先在全乡建立保甲，严惩缉获案犯，大张声势地"严禁盗贼"。境内初安后，他又令乡民练兵，甘冒"未奉邻而专征，功成也互不赦之条"的后果，抱着为民而死胜于瘴疠而死的决心，准备讨伐经常扰害的"柳城西乡贼"。接着又在全县搞联防，从此，"邻盗"再不敢犯境。

在消除内忧外患的同时，于成龙十分注意招募流民以恢复生产，他常常深入田间访问农事，奖勤劝惰。农闲时带领百姓修民宅、建学校、筑城墙。对迁入新居的农家，还亲为题写楹联，以示鼓励。在深得民心之后，他又以刚柔并用的斗争策略，解决了"数大姓负势不下"的问

题，使这些一向桀骜不驯的地方豪强"皆奉法唯谨"。三年之间，就使罗城摆脱混乱，得到治理，出现了百姓安居乐业的新气象。

康熙六年（公元1667年），于成龙被两广总督卢光祖举荐为广西省唯一"卓异"，并升任四川合州（今四川合川市）知州。离罗城时，他连赴任的路资也没有，出现了百姓"遮道呼号：'公今去，我侪无天矣！'追送数十里，哭而还"的感人情景。

后来于成龙升任湖广下江陆道道员，驻地湖北蕲州（今蕲春县），在湖北期间，无论地位和环境都有很大改善，但他仍然心清如水，保持了异于常人的艰苦生活作风。在灾荒岁月，他还以糠代粮，把节余口粮、薪俸救济灾民。因之百姓在歌谣中唱道："要得清廉分数足，唯学于公食糠粥。"为广行劝施，让富户解囊，他更以身作则，甚至把仅剩的一匹供骑乘的骡子也"鬻之市，得十余两，施一日而尽"。康熙十七年（公元1678年），于成龙升福建按察使离湖北时，依然一捆行囊，两袖清风，沿途以萝卜为干粮。

于成龙的官阶虽越升越高，但他的心却没有被宦海中的各色欲望所腐蚀，仍然是那样清澈，没有混杂，始终活泼地流动着，充满了盎然生机。他提倡"为民上者，务须躬先俭朴"。去直隶，他用糠屑杂米煮粥，和仆人一起吃；在江南"日食粗粝一盂，粥糜一匙，佐以青菜"，甚至整年都尝不到肉味，江南百姓因而亲切地称他作"于青菜"。于成龙的清操苦节享誉当时。据说，当他出任两江总督的消息传出后，南京布价骤然上涨，"金陵阖城尽换布衣。即婚嫁无敢用音乐，士大夫减驱从，毁丹垩，至有惊恐喘卧不能出户者……奸人猾胥各拿妻鸟兽"。

待于成龙卒后居室中只看到"冷落菜羹……敝衣破靴，外无长物"。南京"士民男女无少长，皆巷哭罢市。持香楮至者日数万人。下至菜庸负贩，色目、番僧也伏地哭"。可见百姓对他有多么敬爱。

于成龙在20余年的宦海生涯中，历任知县、知州、知府、道员、按察使、布政使、巡抚和总督、加兵部尚书、大学士等衔。三次被举"卓异"，以卓著的政绩和廉洁刻苦的一生，深得百姓爱戴和康熙帝赞誉，以"天下廉吏第一"蜚声朝野。

人们通常认为，一个人在官场上，最开始时的那片清正廉明之气是

— 43 —

很难保持长久的，是很容易就被官场上的一些恶习所污染的。其实这是因为他们的心不够清净，如果都能像于成龙那样，心如水质一般的清澈，便是有泥沙倾倒下来，不过是晃上几晃，泥沙尽可沉底，水质仍是一片清明。所以环境的恶劣混浊并不是理由，一个人若是真正想要坚持内心的原则，任何外界的东西都是动摇不了他的。

现代生活中处处可见名闻利扬，不一定要做官，也一样可以接触到那些"泥沙"。但是我们可以秉持自己内心的清正，让自己如流水一样澄澈明净，不被混染。虽然我们不可能生活在真空社会里，但是却可以让所有尘埃都沉到水底，只留水本质的清净。

3. 做人不要太执着

天下之至柔，驰骋天下之至坚，无有入无间。吾是以知无为之有益。不言之教，无为之益，天下希及之。（《老子·四十三章》）

译文：天下最柔弱的，同时也是行遍天下无所不克的最坚强的，虚无的道可以进入一切存在起作用。我因此懂得了不执着于名的"无为"的好处。"不言"的劝教，"无为"的好处，普天下没有什么比得上。

对生活的感悟

据说，在7000年之内，尼加拉瓜大瀑布将会完全溶解它周围所有的山，直到目前为止，已经有7英里的山和石头被它所溶解。所以，在7000年之后的人们将看不到尼加拉瓜大瀑布那壮丽的景色了，因为将不再有山可以让它落下来，瀑布也就消失了。或者可以说是那座山消失了。没有山的尼加拉瓜大瀑布会变成什么呢？是一条大河吗？这我们不得而知，但是最坚硬的石头被最柔软的水所溶解，仔细想来真是件神奇的事情。

正如老子所说的，至柔的可以驰骋至坚的。山是那样坚硬，而且庞大，与它相比瀑布似乎只能是流淌奔泄在山涧里而已，可是水真的只是用那始终如一的流动，便能使得一座山消失。这样想来，所有海洋里面的沙也只不过是远古时的高大山脉。水将它们带到地面上，山脉消失了，而水继续在流动，它虽然很柔软，但是却持续不断，渐渐地，那些坚硬的物质就溶解了。

如果我们能活上几千年几万年，能有着无比的耐心去看这个过程，那么或许我们才会真正领悟到水的力量。

为什么天下最柔弱的却可以消溶掉天下最坚硬的？是因为那个坚硬的会抗拒，因为那个坚硬的会抗争，因为那个坚硬的从一开始就在防卫——那个防卫使它疲倦。而那个柔弱的从来不抗争，打从一开始那个柔弱的就没有想要去溶解或摧毁任何东西，它只是按照它的本性流动，流向中空的地方，就这样而已。打从一开始，它就不是一个敌人，你怎么能够防卫住一个不是敌人的"对手"呢？而那个坚硬的是觉知的、警觉的，它一直在紧张地抗拒，而抗拒就是在消磨自己的能量，就是在走向灭亡。

是的，柔弱的最终会不争而胜。也许有人会说这个最终来得太慢，要等上几千年之久啊。在我们的社会上，谎言战胜真理，邪恶战胜正义，贪婪战胜无欲，虽然说真理可能最终会战胜谎言，可是我们哪里等得了那么久呢？也许我们等完了这一生，都等不到那个"最终"的来到。

所以，人们仍然习惯于用强硬的手段去获取，因为这样比较快。

小到一个家庭来说，如果那个家庭和睦的话，如果夫妇之间有着爱与敬意的话，那么你将会发现，几乎所有的丈夫都是怕他那柔弱的妻子的。是的，身为强壮有力的男人，他可以去打击所爱的女人，可以对她使用暴力，可以强迫她去做事，她因为同样爱着他，所以从来没有真正去抗争，可是最终她会胜利。

妻子们有着水的温柔和甜美，她们不同于丈夫们的坚硬，她们可以让男人假装说他是胜利者，但实际上所有的妻子都知道她们才是真正不争而胜的。因为妻子们就像水一样，完全准备好要去适应而不是抗争，丈夫们又怎么能够摧毁她们呢？她们的柔弱会不知不觉地"战胜"他们的坚硬。

按照老子的说法，如果你想要胜利，你就必须是柔弱的、谦虚的、不抗拒的。

4. 以柔曲之姿进取

曲则全，枉则直，洼则盈，敝则新，少则得，多则惑。（《老子·二十二章》）

译文：能柔曲的因而能自我保全，懂得纠正的便能变直，能低洼凹陷的则能自我充盈，懂得护守现成的稳定则能得到真正的逐渐更新，索取少则能得到更多，索取多则反而导致自身的混乱迷惑。

对生活的感悟

道家是能出世也能入世的，有体有用。"曲则全"，"枉则直"，都是极其实用的生活智慧。

"曲则全"便是做人处世与自利利他之道。为人处事，善于运用巧妙的曲线，便可事事大吉了。换言之，做人要讲艺术，便要讲究曲线的美。比如说要批评别人，直接指责那别人当然受不了，可是如果换种口气，说得委婉一些，那么对方接受起来就容易多了。所以，中然直道而行是好事，可是适当情况下走走曲线也是很有帮助的。

历史上"曲则全"的例子很多，比如汉武帝乳母的故事。

据说汉武帝有个奶妈，从小带大他，两个人感情十分深厚。奶妈因为皇帝是自己带大的，有靠山，所以在外面常常做些犯法的事情，"尝于外犯事"。后来汉武帝知道了，大概是有人去告了状，也可能是奶妈犯的法太大了，于是准备把她依法严办。奶妈只好求救于东方朔。

东方朔教奶妈一个办法，说："你切勿求皇上饶恕你，这件事情只用嘴巴来讲是没有用的。等皇上下令要办你的时候，会叫人把你拉下去，你什么都不要说，只要走两步便回头看看皇上，不断地回头看他。切记，什么求饶的话都不要说，喂皇上吃奶的事更不要提，否则一定会人头落地。可是如果按照我教你的方法去做，或许还有希望保全你。"

于是，奶妈就照着东方朔的吩咐，在汉武帝要法办她的时候，走一两步，就回头看看皇帝，鼻涕眼泪直流。东方朔站在旁边说："老太婆，你还看什么看啊？皇帝已经长大了，还要靠你喂奶吃吗？你就快滚吧！"东方朔这么一讲，汉武帝听了很难过，想起了从前奶妈的种种好处，毕竟是从小被她给带大的，现在要把她绑去砍头，心里实在不忍。于是"帝凄然，即赦免罪"。

这便是"曲则全"的艺术。

如果东方朔直接去向汉武帝求情，汉武帝就会更加生气，甚至可能会怀疑东方朔同奶妈有不法的往来，连东方朔也一起抓起来查办。可是东方朔设的这个计策，用不着直接求情，皇上自己就后悔了，也不会怪东方朔与奶妈有往来。而且当皇上的，特别是汉武帝这样"穷兵黩武"，很有个人主张的，尤其讨厌被臣子所左右，所以东方朔用这种方式还可以把恩惠算在皇上身上，不致于让皇上反感自己被臣子的意见所左右。

"枉则直"，歪的东西把它纠正过来，就变成直的了。但是如果纠正太过，又会变成弯曲的，所以有"矫枉过正"的成语。

晏婴有一次对曾子说："车轮虽然是圆的，可是却是用山上的木头做成的，木头可是直的啊。这是因为有好的工匠把直的木头拿来加工，使之变成弯曲的圆，中规中矩。木头的本身虽然有枯槁的地方，或者是有节疤鼓出来，或者是有个地方凹下去，这都是缺点。可是经过木工的雕凿，这些缺点就都没有了，便可发出坚强的作用来。所以说，要学会做一个君子，便要谨慎小心，致力学问修养，一天一天慢慢地琢磨成器，如同木工做车轮一样，慢慢地雕凿，平常看不出效果，等到东西做成功了，效果就出来了，到这时候，才看出成绩。"这就是告诉曾子，人生的学问道德修养，不是一下做得好的。想一蹴而就是不可能的。可见想要"枉则直"是需要时间的，是要慢慢琢磨的，不能妄想着一下就达到效果，否则可能会适得其反。

洼则盈，低洼的地方水才会聚积；敝则新，有上才有下，有旧才有新。少则得，索取少则能得到更多；多则惑。索取多则反而导致自身的混乱迷惑。人生是一个自我磨炼、自我完善的过程，几十年的时间，前面一段不懂世事，后面一段干不了事，剩下能干事的是中间一段，正是青年到壮年的宝贵时间，若不能把握，就一瞬即逝，万事成蹉跎。

年轻人总会遇到一些挫折、一些困惑，也总会获得一些机会、一些收获。最忌讳的是，在挫折时浮躁，在收获时浅薄。浮躁和浅薄都不能成就事业。

比如说，大学生刚毕业的时候找工作，有的人便一心只想进入那些大企业、大公司，认为只有在那里自己的能力才能得到充分的发挥，才能学到更多的东西。可是大公司人人想进，那些进不去的怎么办？不得已选了小公司，然后还要唉声叹气，认为自己是大材小用、明珠暗投，一边漫不经心地上班，一边寻找机会跳槽。

这样的人不在少数。可是这样的人其实很傻。

诚然，大公司、大企业因为实力强大，制度完备，所以有着良好的培训机制，对于人员的锻炼也很重视。可是它们的缺点也是同样显而易见的，公司里人才济济，刚毕业的学生有几人能在其中崭露头角呢？那么多的精英分子都在等待上位，轮到毕业生的时候只怕几年的时间都过去了。

而小企业、小公司里人才没有那么多，如果毕业生有较强的实力，老板往往会拿你当个宝。而且因为人员较少，晋升的空间大、时间短。或许别人在大公司里还只是一个普通业务员的时候，你在小公司里已经是部门经理独挡一面了。

当然，这需要你能够静下心来，不骄不躁，小公司里能学习的东西也同样很多——洼则盈啊。当你的要求不那么高时，能把自己的位置摆低，真诚地去学习，那么就会"少则得"，因为虚心而获得更多。

这是对于那些妄想一步登天的人们的一个小小的建议，由此也可以看出道家思想对于入世的实际意义。

5. 发现内心的力量

人莫鉴于流水而鉴于止水，唯止能止众止。(《庄子·德充符》)

译文：一个人不能在流动的水面照见自己的身影而是要面向静止的水面，只有静止的事物才能使别的事物也静止下来。

对生活的感悟

人的内心就像流水一样，如果一直动荡不安，就永远不能悟道，也就不能认识自己。想要看清自己的内心，要发现自己内心所潜藏的真正的力量，就必须要把心中的杂念、妄想静止，才可以明心见性。

"唯止能止众止"，只有真的安静下来，平稳下来，到达止的境界，才能够使心像止水一样澄清。然后才能开启智慧之门。

止也就是静心，是定，是专一，不仅道家讲究，佛家、儒家也都讲究。比如佛家的禅坐入定，儒家的"止于一"，都与道家的"唯止能止众止"是相通的。因为人的一切思想的混乱、烦恼和痛苦都是来源于心的乱，心若不能止，烦恼接踵而来，永无平息之日。

止是内在的修养，也是外在行为的一种认定，或许是一个目标，或许是一个方向，或许是一个途径。就好像射线起始的那个点，只不过我们是从射线发散的那一端逆转回来，寻找能让我们止住的那一个点。

琥珀在古时候又称为"虎魄"，英文名称为 Amber，来自拉丁文 Ambrum，意思是"精髓"。白垩纪早期才有琥珀的出现，它主要是源自古代裸子植物的树脂，有着芳香的松香气味，有的琥珀里会含有昆虫或植物的残体。

可以想象，亿万年之前，当一只小小的昆虫爬行在一棵松树的树干上时，刚好一颗松脂流下来将它包裹住了，于是时间和生命就在那一刻那一点被凝固成形。亿万年之后，当我们看到它的时候，它仍然保持着当初静止的那一点。在这点静止中，时间的流逝没有任何意义，外界的变化对它也全无影响，有的只是亿万年前的那一点芬芳。

现代人常常自称什么都不怕，不怕鬼，不怕死，但是扪心自问，却很少有人能不怕人生。由于社会环境的压力，生活得越久越会给人带来一种恐惧，人们往往对于自己的人生旅途有着莫名的恐慌。就像古人诗中所讲"世事茫茫难自量"，前途如何，后果怎样，谁也预见不了，所以就会有很多的不安很多的恐惧。

如果能将心止住，观照内在，以自己内心的力量去顺应外在的变化，那么这种恐惧是可以消除的。就像那亿万年前的一颗琥珀，内在止了，外在也止了，波澜不兴，亘古不变。

其实在面对恐惧的时候，如果是那种一刀下去鲜血淋漓的痛快还好忍受，君不见有多少面对千军万马吾往矣的英雄。如果是生活这样慢慢地千刀万剐的折磨，似乎内心不够坚强的人是难以承受的。

在陈丹燕所著的《上海的金枝玉叶》一书中，主人公是一个美丽柔婉的女子——郭婉莹（戴西），她是上海著名的永安公司郭氏家族的四小姐，曾经锦衣玉食，应有尽有。时代变迁，所有的荣华富贵都随风而逝，她经历了丧偶、劳改、受羞辱打骂、一贫如洗……但30多年的磨难并没有使她心怀怨恨，她依然美丽、优雅、乐观，始终保持自己的自尊和骄傲。她一生的经历令人惊奇、令人不禁重新思考：一个人身上的美好品质究竟是怎样生成的？一个柔弱如水的女子怎会坚强如斯？

戴西的一生从容、淡定、安详和尊严。她在悉尼长到6岁，进当地的幼儿园，在离开悉尼之前，她从来不会说中文。1915年底，郭父为了响应孙中山先生的号召，到上海开办百货公司——也就是后来中国最大的百货公司——永安百货公司。1918年，戴西和母亲及兄弟姐妹们一起离开了悉尼，那时候，她以为她要去一个叫"上海"的餐馆吃饭。回到上海后，戴西被送入中西女塾学习，那是一个西化的女子贵族学校。宋庆龄、宋美龄都是在那里毕业的，那里要教导学生怎么样做出色的沙龙和晚会的女主人，并且要有秀外慧中和坚强的性格。在那里，戴西坚定了一生都要独立的信念。

在那个年代，她是一个秀丽的追求完美的富家小姐，没有参加过什么轰轰烈烈的新文化运动，她眼中的一切都是明亮而美好的。从那个时候起，她的着装完全中国化，第一次穿上了旗袍，此后就一直只穿中式服装——虽然英语仍然是她最常用的语言。她从中西女塾毕业后，成为燕京大学儿童心理系的学生。

心理学让她受益匪浅，上世纪五六十年代，面对各种各样对她心怀恶意的人的折磨，她利用心理学，总能机智地应付。儿子中正回忆起她的时候，常常眼含泪水，但又由衷地笑着说："我妈妈懂得如何分析利用人的心理，来保护自己。她一直说我父亲聪明，其实他只会玩，她才是真正的聪明。"亲戚们回忆起她，总说她是个脸上常常有活泼笑容的女子，总是让人感觉愉快。跟她在一起，空气都好像是经过蜂蜜的熏染一样。

这样的戴西，谁能想象她能经受住后来时代和命运带给她的种种折磨？然而她真的做到了，真正如庄子所说，唯止能止众止。

在1963年以后，戴西和儿子住在上海市区一个狭小的亭子间里，两个人一个月只有24元钱。冬天的时候，从农场干完活回家，她常常要在隔壁的小面馆要一碗清汤素面，8分钱。在农场，她住在鸭棚里，在烂泥地上铺上一层稻草，然后就睡在上面。农场里的人分配给这个"资本家大小姐"的工作，是倒粪桶，不只是劳动，还有侮辱的意思。或许那些人是想看看这个曾经高高在上，养尊处优的富家女是怎样在最肮脏的劳动中流泪吧。可是戴西表情平静地接受了。

她在农场里倒粪桶、盖房子、烧锅炉，这种种艰苦的工作是她过去连做梦都不曾想象过的，可是她总是愉快地告诉儿子："你妈妈都能做，没有什么做不来的。"那个时候，这个外表柔弱的女子，开始从她如水的内心里散发出惊人的力量。

后来，当外国记者问起戴西在"文革"期间的生活时，她笑笑回答说："劳动让我保持了苗条的身材。"她不把自己受的苦给别人看，她让别人看到她一直到老都挺直的脊背。戴西不爱说起这些往事，偶尔说起也总是一脸平静："如果没有那一段生活，如果我和别的姐妹一样到了国外，继续做郭家小姐，我永远不会知道，我的心还可以这样大。我的生活因为这些更加丰富了。"

戴心就像一颗包裹着异香的琥珀，在变故和惊涛骇浪中静止着芬芳，以她如水的宁静和柔婉，淡淡地散发着钻石般明亮的光芒。她是水，她不抗拒生活加诸于她的种种磨难，所以那些艰苦和磨难就都微不足道了，不能够影响到她内心的平静。这样的戴西，让人看到一个智慧而理性的女子，虽然温婉柔弱，沉着安然，但却无法击倒。

时至今日，我们或许不会像戴西的一生那样大起大落，或许也不会像她那样经历众多痛苦和侮辱，可是为什么我们面对生活时的恐惧却比她更多更深？反观自心就会明白，我们的心太过动荡，不能静止。如果我们可以像戴西一样静心如水，就会像她一样平静地面对生活，在磨难中坚强起来。

6. 善于处下才能丰盈

江海所以能为百谷王者，以其善下之，故能为百谷王。（《老子·六十六章》）

译文：江海之所以能为百川河流所汇注，就是因为它善于处下，所以才能成为百川之王。

对生活的感悟

俗话说："人往高处走，水往低处流。"人们往往认为作为人来讲，站得越高越好，所以有"节节高"的祝愿，至于处低处下，那是水的事情。如果有哪一个人说："我愿意像水一样'善下之'。"那只怕会被别人当成是没出息、没理想的懦夫。

但事实上，只有真正能够效法于江海，善于处下的人，才能够真正丰盈起来，汇聚力量，成为百谷王。

晋文公是春秋时期的一位霸主，未即位时曾因争权而逃亡在外，历尽艰危险阻，吃尽苦头，几乎连命都丢掉，流亡了19年，最后才复国。

在晋文公成为春秋霸主之时，翟（在今山东）这个地方有人进献给他一张很大的狐狸皮和豹皮，都是普通百姓穿不起的名贵之物。晋文公收到后，就十分感慨，长叹说："狐狸和豹子活得好好的，也没犯什么过错，就这样被人给杀了，只是因为它的皮毛长得太漂亮，所以引来灾祸。真是可怜可叹啊。"

晋文公身边有一个叫栾枝的大夫，曾经跟随他流亡多年，听到晋文公的感慨，就说道："一个国家拥有广大的土地，可是分配得不够平均；君主的内府里财帛那么多，可是并没有分配给百姓，所以百姓仍然没饭吃。这岂不是和被杀死的狐狸、豹子一样的可怕吗？"他的意思是说，我们国家的土地很多，你私人的财富也很多，这就像狐狸和豹子的皮毛一样，华美而惹人惦记，说不定哪天就要因此招来灾祸啊。

晋文公是个聪明人，他听了栾枝的话以后，就说："你说得很有道理，请把话都讲出来，不要含含糊糊有所顾忌了。"

栾枝就接着说："地广而不平，就会引来百姓的怨恨，将来他们会为了争夺土地而起来替你分配的；你宫廷中财产那么多，只是聚敛在一起供自己享乐，而不是给社会谋福利，将来没饭吃没钱用的百姓就会来将你宫中的宝贝都拿走了。"也就是说，只有君主富有，而百姓穷困，那么当百姓生活过于困苦的时候，人们就会起来造反了，水能载舟亦能覆舟，到时候君主就会被百姓给推翻，什么都将要失去了。

晋文公说："你说得很对。"于是马上实施政治改革，"列地以分民，散财以赈贫"。

这也就是"以其善下之，故能为百谷王"的道理。

能处下，也就能吸纳，能汇聚，能丰盈。

关于晋文公还有一个故事，有一个叫咎犯的人，和栾枝一样是跟随晋文公流亡过的亲信，有一天晋文公和他讨论施政上的事情。

咎犯说："分熟不如分腥，分腥不如分地，地割以分民而益其爵禄，是以上得地而民知富，上失地而民知贫。"

意思就是说：比如我们要分配一块肉，煮熟了来分，不如生着的时候分给人家好。因为生着的时候分，别人拿到了可以炒着吃，可以炖着吃，这都很方便。如果一定要煮熟了再分，那人家就只能吃煮熟的，不能按自己的口味来吃了。这就是有着强迫别人顺从自己意志的倾向了。而且，分肉给人又不如分地给人自己去耕种好，想吃什么就种什么。不但分配给他土地，使之生活安适，而且给他适当的职务，使他有事情可做。这样一来，虽然表面上是把自己的财产都分给百姓了，好像自己什么都没有了。但其实百姓富了，也就是王室国家的富有。因为国家的土地和财富都分给百姓了，那么万一有人想侵略我们，百姓不用号召自己就会起来作战，保卫自己的财产，这是因为百姓的命运和国家是联系在一起的。历史上有很多朝代的灭亡，其实就是因为君主和贵族们将土地和财富牢牢抓在自己手里，舍不得分给百姓，结果百姓在贫困的生活里生存不下去了，就会起来反抗，争取自己的利益。或者有外来的侵入者，而百姓反正什么也没有，也就没有保护自己财产利益的想法，又怎么会牺牲自己的性命去帮贵族们守卫他们的土地呢？所以就出现那种兵败如山倒，让入侵者长驱直入的现象了。

这种治国的道理，放到我们今天来说也是一样的，把范围缩小，小到一个企业、一个公司。有的公司给员工派发股票，让员工都成为公司的股东，那么员工自然而然会加倍地努力工作，处处为公司的利益而打算。为什么呢？因为这时候公司不只是老板一个人的财产，它还是每个员工的财产，所以大家当然要想办法让自己赚更多的钱啊。

表面上把自己的东西都分给别人了，但其实利益是更加巩固而且增加了。这是先把自己的位置放低，吸纳汇聚之后的发散，这是道家在世俗的应用道理。

说到这里，好像会觉得离道家的清静无为的思想太远了，常有人认为佛家和道家都是出世的，只有儒家是入世的。其实这需要辩证着来看。佛教认为人生皆苦，四大皆空，一切事、物都是因缘和合而生，而且佛教徒一般都要离开家庭，出家修行，所以被人们认为是一种出世的理念。但是从另一个角度来看，佛教有"我不入地狱，谁入地狱"以及"佛祖以身饲虎，以身喂鹰"的故事，体现了佛教对人生的热爱。佛教中的地藏菩萨有五大誓愿，如要为众生担荷一切难行，要度尽地狱众生，这都是入世的，是积极关注世人生活的。佛教还教导人们孝敬父母、执子之道，这都是入世的思想。

儒家的积极入世是无可否认的，在这里我们就不谈了。而儒家其实也是有着出世思想的，从这一点来说，佛、道、儒是道妙暗合、有同有异的。

而道家呢，宣扬清静无为，静观玄览，追求内心的安宁，这就形成了离俗出世的理论。但从另一个角度来看，虽然老子主张清静无为，可是却留下了《道德经》才出的函谷关，这便是道家入世的最好证明。另外，在《道德经》里有很多涉及到政治和世事的策略，可见老子其实是主张入世后才出世，是"功成身退"、"事了拂衣去"的，而不是从一开始就要求人们脱离实际，超脱世俗。

所以我们在读老庄之道时，首先要从入世上来理解，这就好比是盖高楼，基础是空的，那高楼只能是图纸上的空谈，只有基础是实在的，高耸入云的通天塔才有建成的可能。毕竟在现在这样的社会里，想要出世是非常困难的，我们只是普通人，想出世成仙是很不容易的。但是我们如果总是陷于世间各种事务之中，被物欲所奴役，疏忽了精神上的自足，那就会对生活感到恐惧和疲惫，所以以出世的心境做入世的事情就很有必要了。其实无论儒、道、佛都是讲这个道理的，只不过各有偏重罢了。

如何以出世的心境做入世的事情呢？譬如老子的"无为而无不为"，譬如佛家的"砍柴担水，无非妙道"，譬如儒家的"谋事在人，成事在天"，讲的都是这个道理。我们要工作，要为家人的幸福而努力，要为社会的建设而付出心血，这就是入世。但是我们自己不应该抱有挟恩图报、沾沾自喜的念头，以为自己做了多么了不得的事情，付出了多么大的牺牲，更不应该想要得到别人的感恩和回报，只要觉得尽了力，从了心，那就足够了，也就是道家提倡的顺其自然了。

所以，我们可以如江海善于处下，而后自然内心丰盈，不受外物所役。

7. 最柔者最强

人之生也柔弱，其死也坚强；万物草木之生也柔脆，其死也枯槁。故坚强者死之徒，柔弱者生之徒。(《老子·七十六章》)

译文：人生下来的时候身体十分柔弱，但死后却变得僵硬。草木生长的时候柔嫩脆弱，死后却形枯质槁。所以顽固强硬是速死之道，柔弱灵动是生长之道。

对生活的感悟

老子所说的这种生与死的辩证关系，道出了"强大处下，柔弱处上"的道理。能柔弱的才是有活力的，而坚强的却是失去了生命活力的。

有许多人认为刚正不阿便是忠义，但是往往太过刚正不知变通，反而会引起别人的不满，好心也会办坏事。这便是"坚强者死之徒"的道理。

战国末年，秦昭王任王陵为帅，率兵攻打赵国都城邯郸。王陵虽然尽心竭力，但是赵国奋力抵抗，使战斗持续了很久，邯郸城一直没有被秦军攻下。

急于求成的秦昭王责怪王陵指挥不力，他想撤了王陵的职务，让大将白起代替他。白起知道秦昭王的意思后，没有为自己即将得到重用而兴奋，而是说："大王志在统一天下，只是现在时机还不成熟啊。赵国有各国援军相助，他们又是面临生死存亡之际，拼死相抗是难免的。这样，我军是没有获胜的希望的。大王还是先撤军吧。"

秦昭王说："赵国损伤很多，已经支撑不了多久了。这个时候放弃未免太可惜了。你能力过人，由你挂帅一定可以大功告成。"

白起分析时局，讲得头头是道，可是秦昭王固执己见，坚持用兵，请他出山。白起也很固执己见，就是不肯答应，干脆在家中称病不出。

白起的家人害怕秦昭王惩罚他，就劝他说："不管你的见解正确与否，身为臣子，就应该听从大王的。你这样固执，拒不从命，大王会饶恕你吗？"

白起说："行军打仗，如果明知道失败还要进行，那么就只能白白葬送将士们的性命啊。我不想做一个罪人，怎能为了让大王高兴而屈从呢？"

秦昭王为了说服白起，亲自登门来看望他，对他说："只要你答应出征，万一失败了，你也没有战败的责任。现在战事正紧，以国事为重，你就不要再耽搁了。"

白起却说："我身经百战，知道打仗不可硬拼，形势如果对我军不利，为什么不能回避一下呢？大王以后再战不迟。"秦昭王见说不动他，十分不悦，不久之后秦军果然遭到了失败。白起听到消息，伤心地说："大王不听良言相劝，才会有这样不幸的事，我想他会吸取教训了。"

秦昭王见事情果然像白起所说的那样，本来就很懊恼，又听到他的这番言论，恼羞成怒之下就把失败的怨气都发泄在白起身上了。先是将白起降为士卒，赶出都城，后来又派人令他自杀谢罪。

白起一再抗命不从，只知道一味强硬，结果犯了做臣子的大忌，越是强硬便越是有罪，这不正是老子所说的"坚强者死之徒"吗？

不只是白起这样，历史上有很多名臣都同样强硬，从保身的角度来看，这样做其实是不妥的。但是他们宁愿因此损身害命，也要为国而青史留名，那就是另外一种观念了。

敢为天下先，那是英雄所为，但是英雄毕竟是少数，他们的作为并不适合占大多数的普通人。普通人更适合柔弱一些，委婉一些，以此"柔弱者生之徒"，事实上这也是适合绝大多数情况下的法则。

晏子，名婴，字平仲。是春秋后期齐国的国相，曾在齐灵公、庄公和景公三朝任事，是著名的政治家和外交家，以有政治远见和外交才能，作风朴素而闻名诸侯。他爱国忧民，敢于直谏，但却又谏得巧妙委婉，所以流传下来很多有趣的小故事。

据说齐景公特别喜欢鸟，有一次他得到一只很漂亮的鸟，就派一个叫烛邹的人专门负责养这只鸟。可是几天后，那只鸟飞走了。齐景公很生气，要杀死烛邹。晏子便说："大王，为了显示您的贤明，可不可以先让我宣布烛邹的罪状，然后您再杀了他？这样也可以让他死得明白。"齐景公答应了。

于是，晏子板起了脸，严厉地对被捆绑起来的烛邹说："你可知你犯了死罪？你的罪状有三条：大王让你养鸟，你却不留心而让鸟飞了，这是第一条；令国君为一只鸟就要杀人，这是第二条；这件事如果让其他诸侯都知道了，由此会认为我们的国君只看重鸟而轻视老百姓的性命，从而看不起我们，这是第三条。你犯了三大罪，所以现在大王要杀死你。"说完，晏子回身对齐景公说，"请您动手吧。"

这是在谏阻，但很委婉，齐景公明白了晏子的意思，说："算了，把他放了吧。"接着，走到晏子面前，拱手说："若不是您的开导，我险些犯了大错误呀！"

齐景公爱喝酒，曾连喝 7 天 7 夜而不停止。大臣弦章上谏说："君王已经连喝 7 天 7 夜了，请您以国事为重，赶快戒酒；否则就请先赐我死好了。"这话说得多么强硬，您不戒酒，那就杀了我。这是忠心为主的臣子的直谏啊。可是齐景公很为难，戒酒吧，实在舍不得，杀了弦章呢，好像又太过分了。于是齐景公就向晏子诉苦说："弦章劝我戒酒，说要不然就赐死他。我如果听他的话，以后恐怕就得不到喝酒的乐趣了；不听的话，他又不想活，这可怎么办才好？"晏子没有像弦章那样硬梆梆地说："那你就戒酒吧。"而是说："弦章遇到您这样宽厚的国君，真是幸运啊！如果遇到夏桀、殷纣王，不是早就没命了吗？"

齐景公一听，啊，原来我是个很宽厚的国君啊，我和桀、纣那样的昏君是不一样的，既然如此我怎么能为了酒而杀忠臣呢？于是他果真戒酒了。

这几个小故事今天读起来趣味盎然，让我们在会心一笑中赞赏晏子的睿智和机敏，与白起的故事相对比来看，正可以体会到"坚强处下，柔弱处上"的道理。这样的人生智慧是过千年而不磨损的,是在今时今日同样适用的。比如做下属的想给上司提意见,直接说难免引起上司的不快,不如借鉴一下晏子的方式,巧妙处理。

8. 以退为进,以弱胜强

天下莫柔弱于水,而攻坚强者莫之能胜,其无以易之。弱之胜强,柔之胜刚,天下莫不知,而莫能行。(《老子·七十八章》)

译文:天下没有什么比水更柔弱的了,但攻坚克强却没有什么能胜过它,因为它的柔弱所以没有什么能真正改变得了它。柔能胜过刚,弱能胜过强,天下没有人不知道这个道理,但却没有人能实行。

对生活的感悟

老子一直提倡以温和或迂回的方式来实现自己的主张,也就是以柔胜刚,以弱胜强。他在《道德经》中反复强调了这个观念,并以水为例。但是水滴石穿的道理谁都明白,可真正能这样去做的却是少之又少。柔中含刚,刚中存柔,刚柔相济,不偏不倚,才是中国人处世的正途。这一理想化的处世方式,一个小小的太极图表现得最为形象。在一个圆圈中有一条白色的阳鱼和一条黑色的阴鱼,阳鱼头抱阴鱼尾,阴鱼头抱阳鱼尾,互相纠结,浑融婉转,恰成一圆形,无始无终,无头无尾,无前无后,无高无下。最妙的是阴鱼当中有阳眼,阳鱼当中有阴眼,相互包容,相互蕴含,相互激发,相互转化而又相互促生。这正是刚柔并济的哲理。

春秋时期,郑国的子产出任宰相的时候,正值郑国内忧外患之时,处境十分困难。子产一方面以大刀阔斧的政治手腕使国内政治步入轨道；另一方面又积极展开外交活动，功绩斐然，从而改变了郑国的困难处境。

当时朝廷有许多暴政扰民，老百姓对朝廷多有怨恨。子产建议废除暴政，他说："国家如果不为百姓设想，只会盘剥取利，那么百姓就视国家为仇人了，这样的国家是不会兴旺发达的。给百姓一些好处，好比放水养鱼一样，国家看似暂时无利，但实际上大利还在后边，并不会真正吃亏的。"

郑国大族公孙氏在郑国很有影响，为了安抚他们，子产就格外照顾公孙氏，一次竟把一座城邑作为对他们的奖赏。子产的下属太叔表示反对，说："让国家吃亏而讨公孙氏的欢心，天下人就会认为你出卖国家，你愿意背上这样的罪名吗？"

子产说："每个人都有他的欲望，只要满足了他的欲望，就可以役使他了。公孙氏在郑国举足轻重，如果他们怀有二心，国家的损失会更大。我这样做可促使他们为国效力，对国家并无损害。"

几年之后，郑国由于子产的改革，使全国人民的生活水平臻于富裕安康，渐渐步入强国的行列。

百姓常在乡校休闲聚会，非议政府的政策，大夫然明向子产建议关闭乡校，但子产不同意，他说："为什么要毁掉乡校呢？百姓在一天工作完毕之后，聚集在一起批评我们的施政得失，我们可以参考他们的意见，对获得好评的政策继续努力推展，对于获恶评的施政虚心改善，他们岂不是相当于我们的恩师？我听说尽力做好事以减少怨恨，没听说过倚权仗势可以来防止怨恨的。如果以强制的手段封闭他们的言论，就如同要切断水流，最终使河水决堤造成大洪水，产生重大损失一般，到时抢救都来不及了。不如在平时就任随水流倾泻以疏通水路。对于人民的言论，堵塞不如疏通，这才是治乱的根本。"然明说："我从现在起才知道您确实可以成大事，我的确不如您啊。"

在子产的这段话中，或者说是在他的施政方针上，可以看出他对水之本性的深刻理解。这种理解也就是他实行刚柔相济政策的依据。

子产临终时，在病榻之前，他把后事托付给心腹，并忠告说："我

读老庄之道悟生活智慧

认为施政的方式不外柔与刚两者，一般来说以刚性的施政较妥。刚与柔两者譬如水与火一般，火的性质激烈，故人民见之畏之不敢接近它，所以因火丧生的人极微；反观水，因为水是温和的，故而不易使人生畏，但因为水而丧命的却不在少数。施行温和的政治看起来虽然容易，但实际上实行起来却极困难。"

其实子产就是因为掌握了刚与柔的平衡，才能刚柔并济治国有道。他能看到民心不可逆，也能看到施政的诀窍在哪里，并从中掌握一种巧妙的平衡，既能得民心，又能使国家复兴。

如果我们在生活中和子产一样明智，能够刚柔并济，以柔克刚，以退为进，那么无论是工作还是学习，都可以以一种平衡的状态去实施。因为子产的明智，在他死后，郑国人凡是男子都舍弃玉制装饰品，妇人都舍弃珠珥，男女都在巷口恸哭，三个月不闻音乐之声。这是由于子产像水一样浸透了大地，他所浸透的地方就能生长出草木，所以老百姓是这样的爱戴他。

大到管理一个国家，小到管理一个企业，甚至是经营一个家庭，都有着与子产的施政措施相通的地方，都可以运用到水的智慧。而这同样也是道的智慧。

身居领导之职的人，或者是一家之长，都要有这样的觉悟：对下属或家人，切不可以过于严苛，也不可以过于宽纵；过严则失去人心，没有人情味，过于宽纵则不能立威，无规矩不能成方圆。当然，在细节上还是有着不同的，管理企业要更偏于刚一些，而经营一个家庭则更注重宽柔。但是无论是哪一种，作为领导者或是家长，都应该像水润草木一样，要把企业或家庭的利益放在前面。这也就需要有一颗静如止水的心灵，需要它能够明鉴万物，不受蒙蔽了。

必须指出的是，不论在历史中还是现实中，人们做人处事时往往是刚者居多，柔者居少，只知进取的多，明了后退之理的少。虽然人们都知道以柔克刚的道理，可是由于贪婪、暴躁、逞一时之快、急功近利、目光短浅等人性中的弱点，人们一般不去施用，或是施行得不好。这就需要从老庄之道中吸取智慧了。

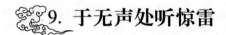

9. 于无声处听惊雷

尸居而龙见，渊默而雷声。（《庄子·在宥》）
译文：安然不动而活力展现，默默深沉而撼人至深。

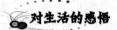
对生活的感悟

在庄子的寓言中，龙作为活力的代表，所谓"尸居而龙见"，一个人可以身如槁木，从外表来看渊静沉默，但同时又蕴含着无限的能量，可以遨游于天地之间、四海之外，那真是逍遥自在到极点了。

龙是否真的存在，人们一直没有定论，有人说那是古时候人们想象出来的精神图腾，也有人信誓旦旦地说曾经拍下了龙的照片。无论龙的存在是真是假，几千年来它确实已经成为中华民族的精神图腾和象征，无可替代。

在神话传说里，龙王掌管着大海，司普降甘露之职，所以过去天下大旱之时，人们就会去龙王庙祈雨。可以说，在人们的意识形态中，龙与水是密不可分的。即使龙离开了海，飞上了天，它也是要吞吐云气的，云气仍然是水的另一种形态。所以龙的活力，其实也就是水的活力。

龙藏深海时，世人不知它的存在，飞龙在天之时，举世都会震惊于它的壮美。水静止舒缓之时，人们忽略它的力量，水浩浩荡荡之时，没有任何力量能够阻挡。这就是静与动、屈与伸、退与进的区别。

蔡锷原名艮寅，字松坡，湖南宝庆（今邵阳）人。他在当地有"神童"之称，13岁便中了秀才。1898年，16岁的蔡锷考入湖南时务学堂。当时谭嗣同为学堂总监，梁启超任中文总教习，维新派人士唐才常也在此授课。蔡锷与梁启超结下了持续终生的深厚师生情谊。

戊戌变法失败后，蔡锷与 11 名同学应梁启超所召，东渡日本。1900 年秋天，唐才常领导自立军武装起义，不料事先泄密，唐才常遭死难。当蔡锷得知起义失败的消息后，放声痛哭，悲愤之中，将原名"艮寅"改为"锷"，取"砥砺锋锷，重新做起"的意思。

他回到日本后入陆军成城学校，继而进入陆军士官学校，从此投笔从戎，立志"流血救国"。1904 年，蔡锷毕业回国，进入军界。1911 年辛亥革命时，蔡锷发动新军响应武昌起义，举行了"昆明重九起义"，并担任起义军临时总指挥，起义胜利后被推举为云南军政府都督。

袁世凯窃取政权之后，妄图称帝的野心暂时没有暴露，蔡锷对他抱有很大幻想。当时，就连梁启超也被袁世凯所蒙蔽，出任了司法总长。

袁世凯对于拥有很强军事实力的蔡锷始终存有戒心，便以组阁为由，召时任云南都督的蔡锷入京。对于袁世凯的这种阴谋，有人劝蔡锷不要进京。但是蔡锷说："袁世凯很忌恨我，如果不去，就会更加怀疑我。怎么能因为我个人的关系，再引发战乱，致使生灵涂炭呢？你们不必担忧，我自有办法对付他。"于是毅然北上。

蔡锷到京后，袁世凯只是给蔡锷委任了一大堆虚衔之职，而在暗中对其严加监视。为了打消袁世凯的顾忌，蔡锷做出种种假象迷惑袁世凯。他把自己装扮成一个浪荡之徒，打麻将、吃花酒、逛妓院，与云吉班的妓女小凤仙整日厮混。

不久，袁世凯称帝，内外百官纷纷上劝进表章，简直是如火如荼。蔡锷原本是醉心共和、缔造共和的人，一旦要违背自己的信仰，也要加入到劝进者的行列，内心非常痛苦。但是他表面上不动声色，不仅也上劝进表，而且通电云南，让自己的部下也拥戴帝制。他还和那些鼓吹帝制最积极的分子成天周旋，甚至帮助这些人筹备登基大典。至此袁世凯才减少了对他的防备。但袁世凯为了保险，还用钱收买蔡锷，给他所兼督办的经界局提供了 600 万元的经费。蔡锷悄悄将这些钱汇到云南，作为日后大举的经费。

蔡锷家在棉花胡同，妻子、母亲都在身边，对他逃出北京十分不利。在侠肝义胆的小凤仙的建议下，他在北京广置良园美宅，以表示自己再也不想到别处去。而且他有意利用和小凤仙的关系，制造家庭不和的舆论，经常公开和妻子吵架，甚至去法庭要求离婚。妻子趁势带着母亲回了湖南。袁世凯得知情况，就对亲信说："我以前把蔡锷看成是英雄，照现在看，也不过是斗宵之器罢了，刚一富贵，就忘了恩爱夫妻之情，他的志向已经到顶了，从今以后我可以不必担心，高枕而卧了。"于是便将监视蔡锷的密探全部撤掉。

蔡锷眼见时机已经基本成熟，便开始实施逃离北京的行动。1915年11月11日，蔡锷突然从监视他的密探眼中消失了！蔡锷成功潜逃的经过神秘离奇、扣人心弦，以致产生多种传说。不管过程如何，蔡锷于1915年11月11日顺利逃出北京则是确切无疑的。

蔡锷到天津后不久便乘运煤船东渡日本，经上海、香港，越南河内，沿途躲过数次暗杀，历尽艰险，于12月19日返回了自己的大本营云南。当袁世凯得知消息后，不由得仰天长叹：我一生骗人，不料竟被蔡松坡骗过了！

就在蔡锷到达云南当天，袁世凯下令成立登基大典筹备处；25日，云南成立军政府，正式宣布独立。1916年1月1日，袁世凯登基；蔡锷亲率第一军主力入川作战，战绩辉煌。在梁启超的积极周旋下，各省纷纷树旗倒袁。3月22日，袁世凯被迫宣布取消帝制。

蔡锷将军摧毁了袁世凯的帝制梦，再造共和，居功甚伟！而他能屈能伸，以柔克刚，迷惑袁世凯最终从密探的控制中脱身的经历，更是令人惊叹。

道家倡导做人要学水的品性，而蔡锷将军无疑是深得水的特质，他能像深渊一样深沉，又能像飞龙在天一样震惊天下，正是于无声处听惊雷的典范。

10. 要有谦逊的品德

万川归之，不知何时止而不盈；尾闾泄之，不知何时已而不虚；春秋不变，水旱不知。（《庄子·秋水》）

译文：千万条河川流归大海，不知道什么时候才会停歇而大海却从不会满溢；海底的尾闾泄漏海水，不知道什么时候才会停止而海水却从不曾减少；无论春天还是秋天不见有变化，无论水涝还是干旱不会有知觉。

对生活的感悟

海纳百川，有容乃大。正因为大海能够谦逊地接纳百川汇聚，所以才成其为大海，不盈不虚。泰戈尔说："当我们大为谦虚的时候，正是我们接近伟大的时候。"苏格拉底也说："谦逊是藏于土中甜美的根，所有崇高的美德由此发芽滋长。"

懂得谦逊就是懂得人生无止境，事业无止境，知识无止境，道亦无止境。江海不辞细流，故能成其大；山不辞石，故能成其高。有谦乃有容，有容方成其广。

晋襄公有个孙子，叫惠伯谈，惠伯谈有个儿子叫晋周。

晋周生不逢时，遇晋献公宠信骊姬，晋国公子多遭残害。晋周虽然没有争立太子的条件，更无继位的希望，但同样不能幸免。

为了保全性命，晋周来到周朝，跟着单襄公学习。

晋是当时的大国，晋周以晋公子身份来到周朝，但晋周自小受父亲的教育，养成良好的品性，他的行为举止完全不像一个贵公子。以往晋国的公子在周朝，名声都不太好，但晋周却受到对人要求严厉的单襄公

— 65 —

的称誉。

单襄公是周朝有名的大臣，学问渊博，待人宽厚而又严厉，是周天子和各国诸侯王公都很尊敬的人。晋周很高兴能跟着他学习。

单襄公出外与天子王公相会，晋周总是随从在后，有时候单襄公与王公大臣们议论朝政，他就规规矩矩地站在老师身后几个时辰，一点不高兴不耐烦的神色都没有。王公大臣们都夸奖晋周是个少见的恭谦君子。

晋周在单襄公空闲时，经常向他请教。交谈中，晋周所讲的都是仁义忠信智勇的内容，而且讲得很有分寸，处处表现出谦逊的精神。

人虽然在周朝，晋周仍然十分关心晋国的情况，一听到有不好的消息，他就为晋国担心流泪；一听到好的消息，他就为之欢欣鼓舞。一些人不理解，对晋周说："晋国都容不下你了，你为什么还这样关心晋国呢？"晋周回答："晋国是我的祖国，虽然有人容不下我，但不是祖国对不起我。我是晋国的公子，晋国就像是我的母亲，我怎么能不关心呢？"

在周朝数年，晋周言谈举止的每一个细节，都谦逊有礼，从未有不合礼数的举动发生。周朝的大臣们都很夸奖他。

单襄公临终时，对他的儿子说："要好好对待晋周，晋周举止谦逊有礼，以后一定会做晋国国君的。"

果然，晋国国君死后，大家都想到远在周朝的晋周，就请他回来做了国君，成为历史上的晋悼公。

晋周本是一个没有条件去争夺国君之位的公子，仅以谦逊的美德征服了国内外几乎所有有权势的人，最终被推上了王位。可见谦逊的力量有多么巨大。老子说"夫唯不争，故天下莫能与之争"，的确不是虚言。

现在许多人都对谦逊这项美德怀有不以为然的态度，认为在现在谦逊已经不适用了，人们要想崭露头角，就得敢于张扬。但事实上，谦逊才是人性中的精髓，唯有谦逊才能吸纳更多的知识和力量，才能被别人所尊重。

《列子》中有这样一则《两小儿问日》的故事：有一次，孔子在路

读老庄之道悟生活智慧

上遇到两个小孩正争论不休,孔子问他们争论什么?一个小孩说:"我认为太阳刚出来时离人比较近,而到了中午,太阳就离我们远了。"另一个小孩却认为太阳刚出来时离人远,而中午离人近。

第一个小孩的理由是太阳刚出来时大,而到了中午时小,因此他由远者小、近者大得出自己的结论。另一个小孩则认为太阳刚出来时凉,中午时热,就由远者凉、近者热得出自己的结论。

当他们请孔子判定是非时,孔子并没有不懂装懂地随便评论,而是谦逊地承认自己不能做出判断谁是谁非。可见,学问无止境,即使是圣人也有许多不懂的地方,何况我们普通人呢,因此,任何人都不应该有骄傲自满的理由。

任何人都有知识的盲区,会有不如别人的地方。如果能够虚心求教,就能以他人之长,补自己之短,不断地提升自身的素质。

范仲淹是宋朝著名的政治家和文学家,他在写作中十分严谨和谦虚。有一次,他写了一篇文章,其中有四句是:"云山苍苍,江水泱泱,先生之德,山高水长。"

写成后,他请李泰伯看。李泰伯读后,一再称赞文章写得好,并建议范仲淹改动一个字,把"德"改为"风"。

范仲淹思考了一番,欣然同意。这一字确实改得很好,因为"风"字表达的范围更宽,而且能与前面的"云山"和"江水"相呼应。范仲淹对这一改动非常满意,后来把李泰伯称为自己的老师。

从这个小故事可见,范仲淹之所以能成为历史上的名人贤者,除了其学识本领外,与他谦虚处事的品德是分不开的。

历史和现实中,有许多建立功勋的人往往喜欢自我夸耀,结果惹得上司产生逆反心理,使得本该受重用的也得不到重用,以至于失去更好的发展机会。而有些智者立下了功劳却非常谦虚,从不自我夸耀,最终却受到了别人的尊重和景仰。

如果不能懂得谦逊对于人生的重要意义,就请去海边静静地体会吧。

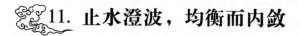

11. 止水澄波，均衡而内敛

平者，水停之盛也。其可以为法也，内保之而外不荡也。（《庄子·德充符》）

译文：均平是水留止时的最佳状态。它可以作为取而效法的准绳，内心里充盈蕴藉而外表毫无所动。

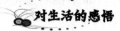
对生活的感悟

水真正保持平盈的状态时，就停住了，就不流动了，但只要有一点倾斜就会流动。当水静止的时候，像平静的湖水，里面的细沙、游鱼都能看得清清楚楚，但是它不是死水，因为它里面有生命，而死水里是没有生命的。能使心境如这样静止的水一样，也就是人的道德修养达到了很高的境界。

水静则平，这是一种司空见惯的水性特点。但慧眼独具的庄子却发现了静水与道家"无为"的思想相一致，与老子所推崇的"虚静、恬恢、寂寞、无为"的人格修养相一致。一个人若能把心保持得像静止的水一样，不受外界因素的影响，始终均平，那也就不会有任何波动，会达到无忧无虑无为的境地。

禅宗六祖慧能，俗姓卢，他早年丧父，家里很穷，每天都要背一担柴到集市上去卖，挣钱来养活母亲。一天，慧能在集市上听到有人念诵《金刚般若经》，听到"应无所住而生其心"时，不觉心中一动，忙追问跟谁能学到《金刚般若经》。诵经的人告诉他，蕲州黄梅的弘忍禅师精通此经，能够使人见性成佛。慧能听后，就像一个口渴的人饮了甘泉一样。他回到家里，置办了一些生活用品奉养老母，然后只身前往蕲州。

慧能来到弘忍门下，五祖弘忍问他从哪里来。慧能说自己从岭南来参拜敬礼，只求做佛。弘忍听后，故意用话试探他说："岭南没有开化地方的人也想成佛？"慧能应声而答："人虽然有南北之分，佛性岂有南北之分？"弘忍为了进一步磨炼他，就让他去碓房舂米。慧能依命在碓房劳作。由于身子轻，就在腰间系了块石头踏碓，成为佛门的一段佳话。

后来弘忍准备传付衣钵，便命弟子们按个人的体验作一偈，看谁的偈与正法相契合。慧能也作了一个偈子："菩提本无树，明镜亦非台。本来无一物，何处惹尘埃？"弘忍知道他已经悟道，便决定将衣钵传给他，但却告诉他说："从前达摩祖师刚来中国传法时，大家都不相信，因此达摩祖师才用传衣钵的办法表示继承者已经得法。现在大家都知道传衣钵的事，这样一来必然会引起争端，因此，这袈裟传到你为止，不必再传了。以后只传法，不传衣，免得引起无谓的争端。自古传法，命若悬丝。你赶快离开这里到南方去隐居，等到时机成熟再出山施行教化。"

慧能接受衣钵后，弘忍连夜送他下山。其他的弟子知道此事，都觉得愤愤不平，觉得师父怎么能把衣钵传给一个连字都不认识的南蛮子呢？于是就纷纷追去，想夺回衣钵。其中一个叫惠明的，曾经当过大将军，勇力过人，一马当先地追了上来。

到了江西大庾岭上，惠明终于追上了慧能。他截住去路，厉声喝道："快将师父给你的衣钵交出来，否则别想离开！"

慧能见惠明挡道，后面一伙僧人远远赶来，想起师父说过袈裟只是外在信物的嘱托，便将包袱中的袈裟取了出来，放在一块大石头上，说："你要就尽管拿去吧。"惠明见地上的袈裟金光闪闪，显然是真的，急忙俯身去取，但不知为什么，看似轻飘飘的一袭袈裟，却怎么也提不起来。惠明这才明白这件袈裟并非什么人都能受得起，立即跪拜在地说："我并非为这件袈裟而来，我是为佛法而来。请师父为我说说禅宗大法。"

慧能感叹地说："你能够说出这样的话，可见还是颇具善根。现在你摒除一切杂念，静心敛意，我才好为你说法。"

过了一会儿，见惠明把心境调好了，慧能陡然发问："不思善，不思恶，正当这个时候，什么才是你明上座的本来面目？快说！快说！"惠明被慧能这么一逼问，惊出一身冷汗，恍然大悟，感慨地说："这禅悟的体验，真是如人饮水，冷暖自知啊。谢谢师父的慈悲指引。"当下顿悟，明见了真性，不但不再抢夺袈裟，反而皈依了慧能，领着后面追上来的一干人回去了。

这个"如人饮水，冷暖自知"与庄子所讲的"内保之而外不荡也"其实是相通的道理，也就是止水澄波的境界。

同时庄子还以静水善鉴万物的自然现象，譬喻心静则可以察天地之精微，竟万物之玄妙；而水动则泥沙俱起，浑浊浮动，如人心之物欲充斥，杂念横生，心浮气躁，当然无法洞鉴宇宙之奥妙、人生之真谛。若是人们可以效法水的止静，时刻保持内心的止静，从而以一种不偏不倚、公正无私的心态认识和对待万事万物，那也就不会被世俗的功名利禄等物欲所困扰。对于静水来说，这些物欲就像是投注水中的泥沙，会引起水的浑浊，令心灵失去晶莹剔透的特质，也就不能以虚静自然之心来看透世情了。

有一句话叫作"腹有诗书气自华"，一个人若是内在修养高深了，那么外在的气质会自然而然地流露出不俗的品格。但是在道家看来，这种修养还是有限的，真正有修养的人，是"学问深时意气平"，就连在外表都看不出来他有学问了，可实际内在懂得的东西是非常多的。

可是人往往要争名争利争意气，心不能静止，不能持平，自然也就不容易做到止水澄波了。怎样让心澄澈静止呢？就是效法水平，让心保持一种平衡状态，自然会将泥沙澄清下去，然后将沉底的泥沙都倾倒掉，剩下的就是清水了。内心永远保持这个境界，不要受外界环境的影响，不论是死生存亡、穷达贫富，内心要像水平一样不流。要能入世，要能做事，喜怒哀乐都有——没有的话就成木头人了，别人看了吓一跳，也不敢接近你。但是内在的心，就像一杯清水放在那里，没有动荡，始终都是清澈见底的。

第三章
水满则溢　月盈则亏

　　满招损，谦受益，这是古人留下的名言，也是当今社会生活中不可忽略的人生智慧。有多少人因为不懂得及时地抽身退步，而给自己带来祸患；又有多少人不明白过犹不及的道理，而让自己膨胀过度，反而不美。气球再大，里面也是空的；风筝再美，也不可能飞得比鹰更高；智慧的人生是不需要太过张扬和显摆的。

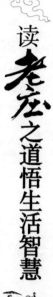
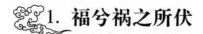 1. 福兮祸之所伏

祸兮，福之所倚；福兮，祸之所伏；孰知其极？其无正！（《老子·五十八章》）

译文：灾祸与幸福紧密相连，而幸福的旁边又隐藏着灾祸。谁能知道祸与福之间相互变幻、彼此循环的根本原因呢？它是变幻莫测，远远超出于人们的想象力和理解力之外的！

 对生活的感悟

俗话说，天有不测风云，人有旦夕祸福。古往今来，避祸之道始终是一门大学问，作为现代人，生活中处处存在竞争与陷阱，如何保身立命、趋利避害，是不得不研究的。

福与祸，在一定条件下是可以互相转化的。所谓一定的条件，既有客观原因，也有主观原因。而人的主观因素往往是其转化的最为关键的条件。在生活中，人们往往会因为目光短浅，一念之差，一时冲动，或是骄傲自满，而给自己带来祸患。

商王帝辛即商纣王的时候，雀在城边生了一只乌鸦，占卜的人说："凡是小的生出大的东西，国家一定会吉祥如意，您的名望一定会增加一倍。"帝辛听后喜不自禁，以为从此自己就是受天佑护了，从此不再管理国家，为人残暴凶狠，结果导致了外族的侵扰，商朝因而灭亡了。这就是逆道而行，由福转为祸患的例子。

《列子·说符篇》上有这样一个故事：宋国有一户人家为人十分仁义，三代都是如此，待人真诚，常常做善事。有一天，他们家的黑牛生下一只白牛，别人就去问孔子。孔子说："这是吉祥的征兆。"过了不久，那家人父亲的眼睛无缘无故地瞎了，而牛又生了一只白牛，过不多久，儿子的眼睛也瞎了。人们都觉得诧异，说这哪里是吉祥的征兆啊，明明就是恶兆啊。可是后来楚国攻打宋国，年轻力壮的人都被征召去打仗，而这父子两人因为双目失明而免于征役。等到战争结束的时候，他们的盲病不治而愈了。这时候人们才懂得吉兆的含义。

明朝人杨慎所著的《韬晦术》中有一句名言："荣利之惑于人大矣，其所难居。"意思是说荣华利禄、高官显爵对于人的诱惑力很大，但是荣利场也是最难站稳脚根的。《周易》有云："安而不忘危，存而不忘亡，治而不忘乱，是以身安而国家可保也。"一个人在成为大权在握的领导者之后，居安要思危，位置越高越要谨慎。

往往人们就是在位置越来越高，生活越来越富裕的时候，就忘记了福祸相倚的道理。

唐朝郭子仪因平定安史之乱而立下大功，爵封汾阳王，任宰相，王府建在首都长安的亲仁里。郭子仪戎马一生，屡建奇功，但他从不居功自傲，忠勇爱国，宽厚待人，因此在朝中有极高的威望。

唐代宗大历二年（公元767年）十二月，有人掘了郭子仪父亲的坟墓，可是盗贼却没有抓到。人们怀疑是朝中宦官鱼朝恩指使人干的，鱼朝恩一向嫉妒郭子仪，并向皇上屡进谗言，一再阻挠皇上任用郭子仪。郭子仪对于祖墓被毁的原因心里也是明白的。他入朝时，皇帝先提起此事，郭子仪哭奏道："臣长期主持军务，不能禁绝暴贼，军士掘毁别人坟墓的事，也是有的。这是臣的不忠不孝，招致上天的谴责，不是人患所造成的。"满朝的公卿大臣原来都很忧虑，怕郭子仪闹出事端，听了他的回奏后，都对他无限钦佩。郭子仪想到的是国家安危事大，朝廷的安稳远比自己私事重要。

汾阳王府自落成后，每天都是府门大开，任凭人们自由进进出出，而郭子仪不允许其府中的人对此加予干涉。

有一天，郭子仪帐下的一名将官要调到外地任职，来王府辞行。他知道郭子仪府中百无禁忌，就一直走进了内宅。恰巧，郭子仪的夫人和爱女正在梳妆打扮，而王爷郭子仪正在一旁侍奉她们，她们一会儿要王爷递毛巾，一会儿要他去端水，而郭子仪毫不在意自己被使唤来使唤去。

这位将官当时不敢讥笑郭子仪，回家后，就禁不住讲给他的家人听。于是一传十，十传百，没几天，整个京城的人都把这件事当成笑话来谈论。郭子仪听了倒没有什么，他的几个儿子听了却觉得大丢王爷的面子，他们相约一齐来找父亲，要他下令，像别的王府一样，关起大门，不让闲杂人等出入。郭子仪听了只是大笑，一个儿子说："父王您功业显赫，普天下的人都尊敬您，可是您自己却不尊重自己，不管什么人，您都让他们随意出入。孩儿们认为，即使商朝的贤相伊尹、汉朝的霍光也无法做到您这样。"

郭子仪听了这些话，收敛了笑容，对他的儿子们语重心长地说："我敞开府门，任人进出，不是为了追求浮名虚誉，而是为了自保，为了保全我们全家人的性命。"

儿子们感到十分惊讶，忙问其中的道理。郭子仪叹了一口气，说道："你们光看到郭家显赫的声势，而没有看到这声势有丧失的危险。我爵封汾阳王，往前走，再没有更大的富贵可求了。月盈而蚀，盛极而衰，这是必然的道理。所以，人们常说要急流勇退。可是眼下朝廷尚要用我，怎肯让我归隐，再说，即使归隐，也找不到一块能够容纳我郭府1000余口人的隐居地呀。可以说，我现在是进不得也退不得。在这种情况下，如果我们紧闭大门，不与外面来往，只要有一个人与我郭家结下仇怨，诬陷我们对朝廷怀有二心，就必然会有专门落井下石、妒害贤能的小人从中添油加醋，制造冤案，那时，我们郭家的九族老小都要死无葬身之地了。"

郭子仪的确明智，他能在自己位高权重之时保持清醒的头脑，懂得福祸相倚的道理，善于规避灾祸，所以才能四朝为臣。如果他对于自己的高官厚禄感到自满，就难免会生出骄横之气，不能忍气，那么那些想和他作对的人也就有机可乘了。

所以说，不论自己处在什么样的位置上，也不论眼前的风景有多么迷人，都不应该忘记一件事，美丽的风景之后可能就是悬崖峭壁。一定要保持清醒的头脑，规避可能隐伏的祸患。

2. 满瓶的水不晃

知者不言，言者不知。（《老子·五十六章》）

译文：明于道者贵行不贵言，立言的不明于道。

对生活的感悟

对于那些洞悉天地运行之道的人来说，他们是贵行不贵言的，因为言传则流于炫耀，浮浅而表面。而且，不合时宜、不合对象的言讲，不仅不能够传授道理，反而会遭到诽谤。所以，知者不言。

而不知者因为其不知，因而也无智，所以就会夸夸其谈卖弄口舌之利，这不过是为了哗众取宠，自以为可以展现才能。这就好像一瓶水，如果装满了，那就晃荡不了，可如果只有半瓶，那摇晃起来可就响亮了。

有这样一个寓言故事：

从前有一位国王，命令他的大臣给他做一道世界上最好的菜。几天之后，献给国王的是一碟用不同的动物的舌头所做的菜肴。

后来，国王又叫这位大臣给他做一道世界上最差的菜。这次大臣呈上来的仍然是一碟舌头。

国王于是问这位大臣，他先后要的是两种不同的菜，为何给他同样的东西。这位大臣解释说，舌头如果善加利用，就是一种伟大的才能，但若用作伤害与刻薄的工具时，则又是最可怕的。

这里说的是舌头，但实际上指的就是言语。

据说孔子曾来到太祖后稷之庙，只见庙堂右阶之前，有一个金人，口上贴有三道封条，背上有一行铭文，上写："古之慎言人也。"相传这是周公的口嘱，劝人出言慎重，处世小心。多言多事，多事多灾，多灾多悔。孔子读完铭文后，对弟子们说："你们要记住，这些教训合于一般人情，中于一般事理。如果能以此立身处世，就不会闯祸了。"

有这样一首诗写道："缄口金人训，兢兢恐惧身。出言刀剑利，积怨鬼神嗔。缄默应多福，吹嘘总是蠢。"

结合老子的话来看，不仅是知者重行不重言，而且因为言语容易引起误会，带来灾祸。言语是容易产生歧义的，不同的人听了会有不同的理解，一旦误解了言语中的含义，把善意当恶意，那就会产生争端。而且人们还喜欢传话，告诉甲的事情，甲又会说给乙听，乙又会讲给丙听，一传十、十传百，最后所有人都知道了，没有秘密可言。所以谨慎的人才会遵循"言多必失"的戒条，信守"沉默是金"。

知者不言，教给我们的又是修身的道理。话该讲的时候就讲，但不要讲那么多大话、废话、空话、假话，也就是说要去掉与道不相符的东西，去掉那些虚假浮夸的东西，使自己的言行品德越来越接近道的标准。

凡是能够达到道的境界的人，必然具有非凡的品德和出众的能力，这样的话就会形成"木秀于林"的情况，但是"木秀于林风必摧之"，一个人一旦在人群之中显得突出，就会招惹来外界的伤害。所以，通晓大道的人，才会"知者不言"，将自己湮没于人群之中，不使自己显得过分突出，免得招来不必要的灾祸。这和道的属性是一致的，道是随顺自然不彰显自己的，普通人可能察觉不到它的存在，可是它又无处不在无时不在，不停地发挥着影响力。

麦克·史瓦拉是位美国的电视节目主持人，他所主持的"六十分钟"节目人人乐道。关于他有这样一个故事：在刚进入电视台的时候，他是一名新闻记者，因为口齿伶俐，反应敏捷，所以除了白天采访新闻外，晚上还主持7点半的黄金档。以他的努力和观众的良好反映，他的事业应该是可以一帆风顺的。

但是因为麦克为人直率，一不小心得罪了顶头上司新闻部主管。结果主管不再让他主持黄金档的新闻报道，而是改为在深夜11点报道新闻。

这个决定让麦克十分意外，他知道自己被贬了，心里很难过。但是他又想，这也许是上天的安排，是在帮助自己成长，于是平静下来，欣然接受了这个决定，并说："这样我可以利用 6 点钟下班后的时间来进修了，这是我一直以来的希望，只是一直没有时间去做。"

此后，麦克每天下班后就去进修，并在晚上 10 点左右赶回电视台准备 11 点的新闻。他把每一篇新闻稿都详细阅读，充分掌握它的来龙去脉，他的工作热诚绝没有因为深夜的新闻收视率较低而减退。

渐渐地，收看夜间新闻的观众越来越多，佳评也越来越多，随着收视率的上升，有些观众也责问："为什么麦克只播深夜新闻，而不播晚间黄金档的新闻？"最后惊动了总经理，总经理下令将麦克调回了黄金档播新闻，不久之后，麦克被评选为全国最受欢迎的电视记者之一。

过了一段时间，电视界掀起了益智节目的热潮，麦克获得十几家广告公司的支持，决定也开办一个这样的节目，便去找新闻部主管商量。但是满肚子积怨的主管却拒绝了麦克的提议，要他去做一个新闻评论性的节目。

虽然麦克知道当时评论性的节目争论多，常常吃力不讨好，收入又低，但他还是欣然接受了。麦克为这个节目吃尽了苦头，但他什么也没说，仍全力以赴地为节目奔忙。节目渐渐上了轨道，也开始有了名气，参加者都是一些出名的重要人物。

总经理看好麦克的新节目，也想多与名人和要人接触。有天他召来新闻部主管，说："以后节目的脚本由麦克直接拿来给我看，为了把握时间，由我来审核好了，有问题也好直接和制作人商量。"从此，麦克每周都直接与总经理讨论，许多新闻部的改革也都有他的意见。他由冷门节目的制作人渐渐变成了热门人物，获得了全美著名节目的制作奖。

麦克的经历正好印证了老子的话，如果他因为主管的多方为难而大发雷霆据理力争，那么可能早就在办公室的政治斗争中被清扫出门了。他不是浪费时间去做争执，而是相信自己的实力，迎接一个又一个挑战，全力以赴地去工作，重行不重言，最终得到应有的成就。

可见，知者不言，是我们修身的一大法则，也是做人处世的一条原则。

3. 适可而止的重要性

善者，果而已，不敢以取强。果而勿矜，果而勿伐，果而勿骄。果而不得已，果而勿强。物壮则老，是谓不道，不道早已。（《老子·三十章》）

译文：有道的人成就功果就适可而止，不敢执取功果而强梁霸道。不把功果作为凭恃，不借功果而张扬夸耀，不恃功果而骄慢待人，只把功果作为情非得已的必需，并不因此而强霸天下。要知道，事物强壮了就难免趋于老化，这是不合于道的，不合于道总是自速其亡。

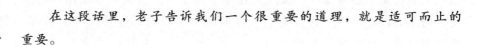

在这段话里，老子告诉我们一个很重要的道理，就是适可而止的重要。

有智慧的人，明了世事如浮云瞬息万变的道理，不过，世事的变化并非毫无规律，而是穷极则返，循环往复。《周易·复卦·象辞》中说："复，其见天地之乎！""日盈则昃，月盈则食。"老子将这种周而复始的自然变化概括为"反者道之动"，也就是说，人生变故，犹如环流，事盛则衰，物极必反。

生活既然如此，安身立命就应该讲究恰当的分寸，过犹不及，恰到好处的是不偏不倚的中和。基于这种认识，我们就不难明了"物壮则老，是谓不道，不道早已"的道理。这句话老子反复强调过，也就是说凡事要适可而止，留有余地，避免走向极端，特别是在权衡得失进退的时候，务必注意这一点，不能"恃果而骄，恃果而强"。

《菜根谭》里说"花看半开，酒饮微醺"，这是一种境界，古诗也有云"美酒饮教微醉后，好花看到半开时"。酒饮微醺，正得其醺醺然然的快感，若是狂饮烂醉，超过了微醺的度，那接下来不仅感受不到酒的好处，反而会头痛、呕吐，在生理上遭受痛苦。还有的人喝醉了之后会做出一些平日清醒时绝对不会做的事，说错话，这就不仅仅是个人生理上的痛苦了，还会给其他人带来麻烦。

而花看半开，自然，花未开时领略不到它的美，而花若全开也就离凋谢之期将近，最美便是半开时，就像是妙龄少女，尚未褪孩童稚气，却又未曾沾染成人的风尘，正是半开之花最美之时。

做人要有一种自惕惕人的心境，得意时莫忘回头，着手处当留余地。宋代人李若拙有感于仕海沉浮，作《五知先生传》，谓安身立命当知时、知难、知命、知退、知足，时人以为智见。反其道而行，结果必适得其反。

但是君子好名，小人好利，人们往往为各色欲望所驱使，身不由己，只知进不知退，得意处张扬跋扈，全然不懂未雨绸缪。

长孙无忌是唐太宗李世民的宠臣，他早年追随秦王李世民打仗，多有战功，屡有升迁。而且他的妹妹是李世民的结发妻子，贤良淑德，世人敬仰。有这两层关系在，李世民对长孙无忌是非常信任和重用的。

在李世民登基后，长孙无忌受封齐国公，但他从不倚仗自己的身份而骄横行事，每言大事必反复思量，然后方徐徐陈进。有人说他太过谨慎，长孙无忌就说："身为重臣，当自知厉害，慎对宠恩。我若倚仗皇上垂爱，不知检点，乱进谏言，一来对皇上不敬，二来也会由此失去皇上的信任。怎敢大意呢？"

有一次，在朝会上商议讨伐突厥的事，有人主张借突厥发生内乱之机，发兵讨伐，以成大功。长孙无忌听后却久久不发一言，唐太宗就问他的意见："你足智多谋，相信此事自有明断。你不作声，可是另有打算吗？"

长孙无忌见皇上相询，这才上前应对说："此事臣以为不可征伐。"

唐太宗很奇怪，说："你从前一向主战，今何故致此呢？"

长孙无忌说："动止之间，全在变化，焉能不变呢？从前突厥与我为敌，不伐不行。如今突厥刚与我结盟，伐之失信，毁我天威。再说夷狄今已内乱，无力再侵我朝，这正是我朝求之不得的好事，何必多此一举呢？如果一兴刀兵，徒增烦恼不说，恐怕祸患将生，于我大唐有弊无利，故不应出兵。"

唐太宗接受了他的谏言，说道："动止之祸，你已言透了。朕若贪恋全功，只怕终有抱憾。"唐朝不攻突厥，突厥感恩戴德，最后归顺了唐朝。

这里长孙无忌说明了两个道理，一个是事情是不断发展变化的，对同一件事情的处理方式要根据它的变化而有所不同，要因地因时制宜；另一个就是要适可而止，表面上看来唐朝正占了有利时机，可是如果因此而贸然讨伐突厥，后果却是自损大唐的威名，让其他附属国家认为唐朝不重结盟的诚信，也就会失去归顺的想法，从这一点来看大唐的损失要比得到的更多。

后来长孙无忌的权力过大，以至于许多人都不断上书攻击他。唐太宗没有猜忌他，却把这些表文直接拿给他看。长孙无忌背生冷汗，坚持辞官，还泣泪说："陛下信任于臣，可是臣也不该让陛下为难。臣为国做事，本不在意身任何职，倘若为了那些身外之物而令天下猜忌，却非臣之所愿了。"

唐太宗一口回绝。长孙无忌忧心更甚，对自己的家人说："我虽然表面上受到尊崇，可实际上已经处在风浪中了。这个时候，若不知退让，只是倚仗皇上撑腰，只怕他日有悔。"

他的家人反对说："皇上不准你辞官，别人又能把你怎么样呢？他们嫉恨你，难道就让他们得逞吗？你也太软弱了。"——看，这就是世俗的看法，不明白物壮是不合于道的。

长孙无忌说："只进不止，只能授人以柄，时间一长，皇上也会疑心。何况既是皇上厚爱于我，我又何必为了那些虚名而自树强敌，招惹祸端呢？"在他的坚请辞官下，唐太宗只好解除了他的尚书右仆射之职，但仍让他主持门下省的事务。长孙无忌还是推辞，唐太宗下诏说："黄帝因为得到了力牧，才能成为五帝中第一个帝。夏禹因为得到咎繇，才能成为三王中第一个王。齐桓公因为得到了管仲，才成为五霸中第一个霸主。我得到了你，才平定了天下，你不要再推辞了。"

唐太宗还亲自作了一篇《威风赋》赐给他，以表彰他的功绩。长孙无忌深感其诚，这才勉强留在朝中。此事传出，人们对他的攻击也就戛然而止了。

由此可见，在身处繁盛时期尤其不能恃果而骄，因为事物是在不断转变的，今天的繁盛可能就是明天的衰败，谁也不能保证自己永远在一个永盛不败的境地里。所以要适可而止。

4. 做任何事都要适度

形劳而不休则弊，精用而不已则劳，劳则竭。（《庄子·刻意》）

译文：形体劳累而不休息那么就会疲乏不堪，精力使用过度而不止歇那么就会元气劳损，元气劳损就会精力枯竭。

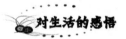

对生活的感悟

庄子认为，人的身体和精神是有一定限度的，过度役使就会耗损精气，使其枯竭。这段话说的是养生的道理，说人们不能过于劳役自己的身体和精神，过则衰。推衍开来，放到我们做人处事上讲，其实这也是在讲一个把握度和分寸的问题。

超过了那个限度，不仅人的身体和精神会枯竭，走向衰弱，任何事物的道理也都是相通的。

换而言之，我们在这里要谈的仍然是适度的问题。

汉武帝时，公孙弘60多岁高龄时才被征为博士。晚来的机遇让他非常激动，认为多年以来的抱负终于有了可以施展的时机了，于是一上任他就上书言事，对朝政之弊横加指责。

但是汉武帝并不看重公孙弘，对他的谏言也没有做出反应。公孙弘高昂的热情受到打击，一时十分沮丧，他对朋友们说："我已经老了，从前有心报国，却没有机会，今日有书上奏，为何皇上不喜呢？看来还是我的名望不够啊。"

朋友们劝他稍安毋躁，暂隐锋芒，他们说："皇上即位不久，自有他的新主张，我们对皇上的心意都无从察测，又怎么能打动他呢？你求名的心实在太切，弄不好要惹祸的。"

后来公孙弘受皇命出使匈奴，他为了邀功取赏，竟把许多不利的事瞒住不报，汉武帝知道后非常生气，斥之无能使诈。公孙弘恐惧之下只好称病辞官了。

这时候的公孙弘就是超过了一个度，这是官场为官的度，他以书生意气和一己私心来办理事情，即使谏言再一针见血，也是没有用的。因为当权者根本不需要这种谏言。

元光五年（公元前130年），汉武帝再次征召贤良文学，公孙弘又被地方官推举。有了上次的教训，公孙弘百般推辞，地方官却说："你不知道朝廷事宜，不懂为官之道，只怪你未入此中啊。好在你已深有感触，相信你一定和往日不同了。"

公孙弘被汉武帝取为对策第一，任命为博士。此时的他事事慎重，再不贸然上书言事。每次朝廷议论政事，他很少开口，从不早下断言；纵有争辩，他也不肯疾言厉色与人强争，而是出语平缓，多有谦让。

有人问他何以变得如此小心，他说："我乃书生出身，凡事过于认真和固执，这本是引以为傲的事，在朝堂上却行不通啊。何况身为大臣，当凡事有理有节，考虑周到，怎么能还意气用事呢？"

这时候的公孙弘想必是在家里已经多次反复地考虑过自己从前被迫辞官的原因了，多方揣摩之后对于该如何当官也有了心得，所以小心地将自己的言行都维持在一个度里，不越雷池一步。

公孙弘的转变让汉武帝十分高兴，他对群臣说："公孙弘有错就改，朕十分欣慰，为什么呢？像他这样的人，能改掉书生的毛病，实在不是件易事啊。书生往往自恃太多，清高浮狂，纵是他们学问再大，不能治国，也无大的用处。"

受到汉武帝的赞扬，公孙弘却愈加自谦，他每日闭门苦读法律条令，一日不敢稍辍。有人见他这样卖力，说："你学问已成，又有皇上的嘉奖，你当趁热打铁，和群臣交结联络，以助自己步步高升。像你这样学习，又有什么用呢？"

公孙弘回答说："名誉地位是要有坚定的根基才牢靠的，在此弄巧使诡，早晚必受报应。法律条文是从政之学，学好了这些才能办事得体，治国有谋，这才是谋取一切的本钱啊。其他的方法是无法与之相比的。"

一年之后，公孙弘便被汉武帝提升为左内史的高位，掌管京畿一半地区。

数年之间，他便升为御史大夫，位列三公。有一次，汲黯指责他沽名钓誉，公孙弘十分惊骇，问道："我事事小心，唯恐有失声誉，自问没有缺失，你何以诽谤我呢？"

汲黯冷笑说："你身居高位，俸禄丰厚，听人说你却盖着布面的棉被，这就是在装假，其意何在？"汲黯说得对啊，以公孙弘的官职来说，盖着绫罗绸缎都属平常事，何必要盖布面的棉被呢？这虽然是件小事，却可以反映出他是小心谨慎过度了，因为公孙弘的俸禄又没有捐赠给灾区老百姓，不都还是留在他自己手里吗？有钱却不花，还要在这些小事上做出俭朴的样子，那就不是真的勤俭，而是在为自己做表面功夫了。

公孙弘听了汲黯的话久不作声，后来点头称是："这实在是个毛病，我坚决改掉就是了。"他从此更加勤于反省自己，再无缺失之处。80岁时他病终于丞相位上，哀荣无限。

从公孙弘的经历来看，我们先不去评价他的人品是否虚伪之类的问题，只看他的小心谨慎，就可以看得出做人处世要把握好分寸确实挺难的，太过了不好，低于水平线了也不好。可是真正能懂得大道之理的人就没有这些烦恼了，因为他们所作所为都合乎于道，顺从自然，而自然大道是不会出现过犹不及的问题的，因此"至人"是不会有"劳则竭"的危机的。

5. 不自夸，而人敬之

大道泛兮，其可左右。万物恃之以生而不辞，功成不名有。衣养万物而不为主，常无欲可名于小；万物归焉。而不为主，可名大。以其终不自为大，故能成其大。(《老子·三十四章》)

译文：至高无上的道，恩泽博大如海、无所不至，可普及于或左或右的各种领域。万物依靠它才得以欣欣向荣，道不偏不倚，不居功亦不占有。道之本体不忮不求，可以说是微不足道。而道之影响所及，万物都以其为依归，故而其大无极。正因道不自以为大，所以才能充塞宇宙之间，大至无极。

对生活的感悟

天地之大，以无为心；江海之大，以虚为本。因以善处下才能接受得更多，虚己接物就能容纳万物，继而成就其大。这是一种因果相继的关系。我们做人处世也是如此，唯有谦逊谨慎，不骄傲自满，不倚势横行，才能够得到别人的尊重，才能够圆融于世，才能够不争而胜，才能够充盈自我。

所以，真正做善事的人，不会留下自己的名字，也不会到处去宣扬，但是别人会因此更加敬重他。真正有学问的人，不会四处彰显自己的学富五车，也不会贬低别人的见解，但是别人会更加认同他。真正有能力的人，不会喋喋不休谈论自己的功绩，也不会故意出风头抢功劳，但是别人会更加赞赏他。

因为他们不自以为是，不认为自己就是大的、好的、强的，所以他们的"大"才是真正令人钦服的"大"。

"以其终不自为大",故而有虚己之量,足以容纳世界,从小处来说也能保全自身。

有的人身处高位而倚仗权势,以为自己可以横行天下,结果引来杀身之祸,胡惟庸、和珅就是这样。有的人有学问而不谦虚,以为自己可以恃才傲物,有竹林之风,结果身首异处,弥衡、陆成秀就是如此。有的人积财而不散,贪恋世俗的金银珠宝,以为这就是得到一切的途径,结果祸患不请自来,沈季、徐百万就是这样。

东汉明德马皇后(公元 39 年～79 年),是伏波将军马援的小女儿,扶风茂陵(今陕西兴平东南)人。

在马援死后,公元 52 年,年仅 13 岁的小女儿被选入太子刘庄的宫中。刘庄是皇后阴丽华所生,深得光武帝的宠信。马氏入宫后,悉心侍奉阴皇后,一举一动都合乎封建礼法的要求,待人又和蔼可亲,与宫中上下都相处得十分融洽。因此深得阴皇后的喜爱。公元 57 年,光武帝刘秀去世,太子刘庄即帝位,即汉明帝,封她为贵人。公元 60 年,大臣们联名上奏,请立皇后。明帝去问阴丽华皇太后,太后说:"马贵人德冠后宫,即其人也。"

马贵人当上皇后以后,依然保持勤奋、恭谨、俭朴的本色,衣服很朴素。

马皇后不仅为人恭谨朴素,悲天悯人,而且很有处理国家政务的才能。有时明帝在宫廷上遇到公卿大臣难以裁决的事,便回到后宫试着让马皇后解决。马皇后为他深入地分析事情原委,并提出解决方法,弥补了许多朝政上的缺陷,明帝也总是听从。虽然马皇后受到明帝的如此敬重,但却从未提及过自己的家事,也没有趁机为自己的亲属要求封赏。

马皇后真正是能够虚己的人,不因自己是皇后之尊而肆意妄为,而且还能够约束亲属,不让他们做出不合礼度的事情,这是非常难能可贵的。虚己处世,千万求功不可占尽,求名不可享尽,求利不可得尽,求事不可做尽。这样不居功自恃,才能成其大道。

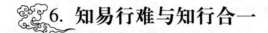

6. 知易行难与知行合一

吾言甚易知，甚易行；而天下莫之能知，莫之能行。言有宗，事有君；夫唯无知也，是以不吾知。知我者希，则我者贵。是以圣人被褐怀玉。（《老子·七十章》）

译文：我的话很容易理解，也很容易做到，但天下却没有人能理解，也没有人去实行。我的言论都有根据，行事都有所本，他人对这用意、动机的不明白，所以才导致对我的不理解。能理解我的人很少，能效法我而在行事中加以贯彻的就更难能可贵。因此说，圣人外面穿着的似乎是粗布衣裳，但里面包含的却是稀世的美玉啊。

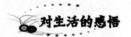

对生活的感悟

在大千世界芸芸众生之中，人类有着得天独厚的专长，就是"知"，也是"智"。可以说这是人类区别于万物的最基本的属性，所以，"知"是人类生存发展的关键。但是"知"不代表就能"行"，也就是说讲理论很容易，可具体实行却是很难的。这不是古人的偏见，而是客观存在的事实。

举个很浅显的例子。

大家都知道十字路口的红绿灯的作用，也都知道红灯的时候不应该过马路，可是当红灯亮起，左右500米之内没有疾驰的车开过来时，大多数人都还是会选择闯红灯。这些人不知道交通法规吗？具体的条款不知，但不可闯红灯这一条可是连幼儿园小孩子都懂的，只是知道却不肯去做罢了。至于违反规定的背后隐藏着怎样的社会问题，那是多数人都不会去考虑的了。这便是"知易行难"的一个常见的例子。

唐代鸟窠道林禅师9岁出家，初随长安西明寺复礼法师学《华严经》和《大乘起信论》，后来学禅，参谒径山国一禅师得法，并成了他的法嗣。

南归后，道林禅师见杭州秦望山松林繁茂，盘曲如盖，便住在树上，人们遂称他为"鸟窠禅师"。

元和十五年，诗人白居易出任杭州刺史。白居易对禅宗非常推崇，听说高僧鸟窠禅师住在秦望山上，非常高兴，决定上山探问禅法。

一天，白居易上山来参访鸟窠禅师。他望着高悬空中的草舍，十分紧张，不由得感慨："禅师的住处很危险哪。"

鸟窠禅师回答说："我看大人的住处更危险。"

白居易不解地问："我身为要员，镇守江山，有什么危险可言？"

鸟窠禅师回答说："欲望之火熊熊燃烧，人生无常，尘世如同火宅，你陷入情识知解而不能自拔，怎么不危险呢？"

白居易沉思了一会儿，又换了个话题，问鸟窠禅师："什么是佛法大意？"

禅师回答说："诸恶莫作，众善奉行。"

白居易听禅师用这样简单的话来塘塞自己，非常失望，说："这话连3岁小孩都知道。"

鸟窠禅师说："虽然3岁小孩都知道，但80岁老翁却都未必能做到。"

白居易豁然开悟，施礼而退。

要做善事，不要做坏事，这是3岁小孩都懂得的道理，可是观其一生，到他垂垂老矣的时候，却未必能做到这一点。甚至可以这样说，我们在红尘俗世里的芸芸众生，有几个人一生都能够做到扬善惩恶呢？

1978年，75位诺贝尔奖获得者在巴黎聚会。

人们对于诺贝尔奖获得者非常崇敬，有个记者问其中一位："在您的一生里，您认为最重要的东西是在哪所大学、哪所实验室里学到的呢"

这位白发苍苍的诺贝尔奖获得者平静地回答："是在幼儿园。"

记者感到非常惊奇，又问道："为什么是在幼儿园呢？您认为您在幼儿园里学到了什么呢？"

这位诺贝尔奖获得者微笑着回答："在幼儿园里，我学会了很多很多。比如，把自己的东西分一半给小伙伴们；不是自己的东西不要拿；东西要放整齐；饭前要洗手；午饭后要休息；做了错事要表示歉意；学习要多思考，要仔细观察大自然。我认为，我学到的全部东西就是这些。"

所有在场的人对这位诺贝尔奖获得者的回答报以热烈的掌声。

这个故事与白居易的故事有着相通的道理，做人处世的道理其实并不深奥，其中很多原则我们在孩提时代就已经知道了，但是能够将这种已知的道理贯彻在自己的日常生活中，却是很难的。因为我们都有着私欲，当道理与私欲相冲突的时候，我们又总是那样容易就退让给私欲，将道理轻轻挥到一边。小孩子都知道做错了事要承认错误，要道歉，可是真的犯了错的时候，又不由得会说谎逃避，因为会害怕随之而来的惩罚。等到成人立世，步入工作岗位，推卸责任、让别人背黑锅的事更是做得信手拈来，毫不费力。究其根底，就是因为我们其实不明了"道"的真谛，将自己看得过于尊贵，将别人看得过于低下，所以任何事情发生的时候，都自然而然地先为自己的私利着想，而不是先去想自己的所作所为是否符合道义。

再举个常见的例子，大家都知道坐车的时候要买票，小孩子身高超过1.1米的时候也要买票。但是很多家长为了省下票钱，会教小孩子在量身高的时候稍微向下蹲一蹲，不够1.1米的线。他们是不知道逃票是不对的吗？当然知道，但是这种违规和省下的钱相比实在不够让他们产生任何愧疚感。不仅不会愧疚，而且理直气壮，在旁观者看来也都觉得十分正常。

其实这是不正确的行为，孩子时时都在观察和模仿成年人的行为，当他们看到父母让自己逃票的时候，会以为钻空子讨便宜是很正常的事，以后就会照样模仿。可笑的是，有的父母一边教育着孩子要诚实，一边却又在"以身作则"地教孩子不要诚实，理由是太实诚了在社会上会吃亏。

分析世界上一些大企业家成功的因素不难发现，第一个原因就是诚信。市场经济是以诚信为基础的，没有诚信哪有市场。这是最基本的交往规则。诚信危机是怎么出现的呢？或许就是在父母教孩子逃票、闯红灯这样的小事上开始的。知易行难，其实也就是难以让知与行统一起来，所以老子才会发出这样的感叹：吾言甚易知，甚易行；而天下莫之能知，莫之能行。

能知亦能行，让知与行统一起来的人，才是合乎于道的。这样的人或许在有些自认为聪明的人眼里是呆板蠢笨的，但是从长远来看，他们才是得到尊重的，才是真正获利的。这样的人也才是能够支撑起华夏脊梁的人。

7. 强大未必就是好事

兵强则灭，木强则折。坚强者处下，柔弱者处上。（《老子·七十六章》）

译文：一个国家若是只注重发展壮大军事力量，则必然走向灭亡。一棵树若是长得过于粗壮，就会被人砍伐。这就是顽固强硬要处于劣势，而柔弱灵动则处于优势的道理。

对生活的感悟

在兵强与灭，木强与折之间并没有必然的因果关系，而只是一种偶然的现象。老子举这个例子，只是想用来说明以柔弱胜刚强的道理，以及同"物壮则老"是一个含义，寓意凡事都要掌握一个"度"，过"度"则不合于"道"。

三国时，东吴白衣渡江奇袭南郡，杀害关羽。其时刘备已于成都称帝，建立蜀国。曹操患中风疾而亡，其子曹丕即位并废除汉献帝而建立魏国，自称魏文帝。

刘备痛心于关羽之死，一心要为他报仇，虽然诸葛亮等人都劝他以进攻曹魏为要事，但他还是坚持亲率大军征伐东吴。

还没等到刘备出兵，张飞的部将叛变，杀了张飞投奔东吴。刘备一连丧失两员猛将，力量大大削弱，但他急于报仇，已经丧失冷静考虑的理智了。

孙权听说刘备这次出兵声势很大，便派人向刘备求和，但是遭到刘备的拒绝。刘备的大军很快攻下巫县（今四川巫中县北），一直打到秭归（在湖北省西部）。孙权知道讲和已经没有希望，就任命陆逊为大都督，带领 5 万人马去抵抗。

刘备出兵没几个月，就攻占了东吴的土地五六百里地，气势不可阻挡。他没有听从随军的官员黄权的建议，执意亲率主力沿着长江南岸，翻山越岭一直进军到了猇亭（今湖北宜都西北）。

东吴将士看到蜀军得寸进尺，步步紧逼，都摩拳擦掌，想和蜀军大战一场。可是大都督陆逊却不同意。

陆逊说："这次刘备带领大军东征，士气旺盛，战斗力强。再说他们在上游，占领险要地方，我们不容易攻破他。要是跟他们硬拼，万一失利，丢了人马，这是非同小可的事。我们还是积蓄力量，考虑战略。等日子一久，他们疲劳了，我们再找机会出击。"

蜀军从巫县到彝陵（今湖北宜昌东）沿路扎下了几十个大营，又用树木竖起栅栏，把大营连成一片，前前后后长达 700 里地。刘备以为这样好比布下天罗地网，只等东吴人来攻，就能把他们消灭。

但是陆逊一直按兵不动，双方相持了半年。刘备等得急了，派将军吴班带了几千人从山上下来，在平地上扎营，向吴兵挑战。东吴的将军，耐不住性子，要求马上出击。

陆逊说："我观察过地形。蜀兵在平地里扎营的兵士虽然少，可是周围山谷一定有伏兵。他们是想将我们引出去之后包围我们，我们可不能上他们的当。"将士们都不相信。过了几天，刘备看见东吴兵不肯交战，知道陆逊识破他的计策，就把原来埋伏的 8000 蜀军陆续从山谷中撤出来。东吴将士这才知道陆逊是正确的。

一天，陆逊突然召集将士们，宣布要向蜀军进攻。将士们说："要打刘备，早该动手了。现在让他进来了五六百里地，主要的关口要道，都让他占了。我们打过去，不会有好处。"

陆逊向他们解释说："刘备刚来的时候，士气旺盛，我们是不能轻易取胜的。现在，他们在这儿待了这么多日子，一直占不到便宜，兵士们已经很疲劳了。我们要打胜仗，是时候了。"

当天晚上，陆逊命令将士每人各带一束茅草和火种，预先埋伏在南岸的密林里，只等三更时候，就直奔江边，火烧连营。到了三更，东吴四员大将率领几万兵士，冲近蜀营，用茅草点起火把，在蜀营的木栅栏边放起火来。那天晚上，风刮得很大，蜀军的营寨都是连在一起的，点着了一个营寨，附近的营寨也就一起燃烧起来。一下子就攻破了刘备的40多个大营。

等到刘备发现火起，已经无法抵抗。在蜀兵将士的保护下，刘备总算冲出了火网，逃上了马鞍山。

陆逊命令各路吴军，围住马鞍山发起猛攻，留在马鞍山上的上万名蜀军一下子全部溃散了，死伤不计其数。一直战斗到夜里，刘备才带着残兵败将，突围逃走。吴军紧紧在后面追赶。刘备狼狈不堪地逃到了白帝城（在今四川奉节县白帝山上）。

这一场大战，蜀军几乎全军覆没，船只、器械和军用物资，全部被吴军缴获。历史上把这场战争称作"猇亭之战"，也叫"彝陵之战"。

刘备失败之后，又悔又恨，说："我竟被陆逊打败，这岂不是天意吗？"过了一年，他就在永安（今四川奉节）病倒了。

刘备将自己的失败，归结为天意。事实上，刘备正是犯了兵强则灭的大忌，他为了给结拜兄弟报仇，无视于战争局势的实际条件，没有采纳诸葛亮等人的意见，用以柔克刚的计谋委婉处事，先灭曹魏再谋东吴，结果发动了这场本不该发生的战争。虽然开始的时候气势如虹，势如破竹，但因为刘备的注意力全被报仇的念头所左右，不能冷静客观地观察形势，发现机会，结果只进不退，心急失误，结果大败。这完全是因为刘备违背天道而为之所惹下的灾祸，是他没有掌握好"度"。

人们常讲"天时、地利、人和"，也就是说只有在与天道相合的时候，才能成就大事，若是脱离了天道，超过了"度"，就无法成事。不顾客观事实而以主观愿望进行决策，也就是属于刚强的范畴，这种刚强是不可取的，是会物壮则老的。

8. 功成身退，天之道

持而盈之，不如其已。揣而锐之，不可长保。金玉满堂，莫之能守。富贵而骄，自遗其咎。（《老子·第九章》）

译文：与其满而溢，不如适可而止。锋芒毕露，难以长久。金玉再多，终有去时。富贵而骄横，则自埋祸殃。

对生活的感悟

持，握也，把东西抓在手里不松开。那么，是什么东西会让人抓住了就不想放手呢？无非是名利私欲。把这些东西抓在手里，而且是想要越多越好，与其让这些东西多到成为负累，还不如早点放手。

将刀剑放在砧铁上敲打，使它们变得锋利，但是这样的锋利却不能保持很久，因其锋利而易造成缺口或折断。刀剑的锋利也就是它们所处的最高点，但是这种状态是不可能持续很久的。这就像是短跑运动员，大家都知道他们最后冲刺的时间都很短，因为要在那短暂的时间里将力量积聚在一处发挥出来，这是非常消耗体能的，时间长了的话人体会负荷不了，也没有那么多的能量去支持。

其他事物也是一样，都有其能量的存在，过于消耗这种能量，也就是在加速它们的消亡。火烧得最旺的时候，也就离它熄灭的时候不远了。

接下来老子又说，金玉满堂，莫之能守；富贵而骄，自遗其咎。这其实是在说社会财富过于集中在少部分人手中，就必然会造成大部分人物质生活的严重匮乏，也就会有各种社会矛盾的产生和激化，这样一来社会就会变得动荡不安。在这种动荡之中"莫之能守"是必然的事情。随着财富的集中和社会地位的提高，人往往会恃势而骄，给自己积聚祸端。

美国每年法定的休假日里，有一个为纪念开国总统华盛顿而设的"总统日"。虽然华盛顿的生日是 1732 年 2 月 22 日，但为了与其他休假日的规格相一致，美国政府决定把每年 2 月的第三个星期一作为总统日来纪念他。

从华盛顿到小布什，美国有过 43 位总统，但无论林肯、罗斯福、肯尼迪或里根，谁的功劳和威望都比不上华盛顿。270 年来，美国流传着很多关于华盛顿的美谈，说他在世时"像父亲照管孩子那样领导国家"，他是美国"战争中的第一人，和平中的第一人，国人心目中的第一人"。

但事实上，当华盛顿在世之日，他并没有获得众口一辞的赞语，他的能力和品质都曾受到怀疑。在包括杰弗逊在内的反对联邦主义者的人们心目中，华盛顿是头号恶棍的代号。许多报纸发表过攻击他的言论，如《曙光报》就声称："如果有哪个国家由于一个人的存在而堕落，这就是华盛顿统治下的美国。"这些言词纵然涉嫌个人攻击，但也不为无因。华盛顿是一个讲求现实的人物，其为人行事并非完美无缺。例如，他曾因杰伊条约之故背弃昔日盟友潘恩，令后者饱受牢狱之苦，差点命丧异国。

但是在华盛顿去世之后，他的名声却越来越受到人们的敬仰。美国不仅有华盛顿州和华盛顿市，还有 32 个州都有华盛顿县，121 个邮局以华盛顿为名！所有这些都带着神圣的意味。亚伯拉罕·林肯曾在演讲中指出："给太阳增添光辉或给华盛顿的名字增添荣耀都是不可能的。"

为什么会出现这样的变化呢？

华盛顿的杰出贡献和崇高历史地位不仅在于他领导北美殖民地军民抗击英军赢得独立，领导制定联邦宪法，担任国家元首建立共和政体与权力制衡的联邦政府，还在于他高瞻远瞩的政治智慧，在达到权力顶峰时功成身退的心胸气度与政治品德，以及他为后世树立的光辉榜样。1782年，他拒绝部下尼古拉上校皇袍加身的建议，消除了君主制对美国的威胁。次年英国承认美国独立之后，他以功成而辞去一切公职，回乡务农。

1787年9月的一天，富兰克林步出制宪会议大厅，费城市长的夫人问他，新国家将是什么样？富兰克林回答说："一个共和国，夫人，如果您能够维持它。"不仅如此，当时华盛顿也估计制宪会议拟定的宪法能维持20年就算不错了。这反映了新生美国的不明朗的前景。后来的历史发展却是这部宪法200多年来一直管用，至今仍是各民主国家的宪法摹本。之所以如此，华盛顿的努力和影响是功不可没的。

1797年，华盛顿在连任两届总统之后，再次自行引退。当时美国宪法尚无任期限制，他完全可以当一个终身总统，因为没有别人比他更受爱戴与敬仰。但是1796年秋天，华盛顿还不到65岁，就向人民发表告别词，说自己"年事增高，越来越感到退休的必要"，因此"下定决心谢绝将我列为候选人"。可以说华盛顿开创了总统任期不超过两届的光辉典范，弥补了美国宪法的严重缺陷，为人类结束终身制、消除个人独裁的隐患提供了一个弥足珍贵的惯例。

这样也就不难理解，为什么华盛顿会在今日受到人们如此爱戴和缅怀了。

人的一生是短暂的，而一个组织、政党或国家的存续时间在理论上来说却是可以不受限制的。当一个人的功业达到顶峰的时候，也就是该考虑引退的时候了，因为他不能使自己个人的顶峰成为集体发展历程的至高点，否则整个集体的生命将随同其个人一起衰老、死亡，这是不符合"道"无尽循环之意的。

就今天某些企业的发展来看，也能发现同样的道理。有的企业领导者，个人成就辉煌，但是后继者却往往不能使企业更上一层楼，这就是因为之前的领导者不能够功成身退，或者在退位后仍然把持企业的重要命脉，使得个人成为企业的灵魂，而一旦自己不在了，企业就会难振雄风。

9. 不要画蛇添足

常因自然而不益生。（《庄子·德充符》）

译文：常常顺益自然而不妄自添减。

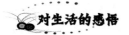

对生活的感悟

顺益自然而不妄加增减，这和佛家常讲的"不增不减"是一个意思。关于这个问题，庄子和惠子有一段对话。

惠子谓庄子曰："人故无情乎？"他问庄子，人本来就是没有情的吗？

庄子说："是的。"

惠子说："人而无情，何以谓之人？"惠子觉得奇怪，一个人如果没有情，那怎么还能称作人呢？

庄子解释说："道与之貌，天与之形，焉得不谓之人？"就是说，道赋予人容貌，天赋予人形体，怎么能不称之为人呢？这可和情没有什么关系呀。

惠子听了以后，说既然都已经称为人了，那又怎么能够没有情呢？

庄子说："是非吾所谓情也。吾所谓无情者，言人之不以好恶内伤其身，常因自然而不益生也。"就是说，你说的情和我说的情是两码事，我说的情不是你所说的那种普通的感情，而是包括后天的思想观念。人天生就有感知，有普通的感情，而我说的那个情是后天加上的意识。我之所以讲人要修养到无情，是不要偏见，不要后天加上的好恶，而自己伤害到自己本身，我们如果加上妄情，加上后天的好恶，就会伤害到生命的本身。那人要怎样用知用情呢？"常因自然而不益生也。"要很自然地活下去，运用天生的自然感知，不要起分别心，不要被俗世所污染。这样人就可以长寿，可以常在。

惠子说："不益生，何以有其身？"不增不减，那靠什么来保有自己的身体呢？是呀，人体是需要补充能量的，不吃东西，不休息，那怎么能让身体不损坏呢？

庄子说："道与之貌，天与之形，无以好恶内伤其身。今子外乎子之神，劳乎子之精，倚树而吟，据槁梧而瞑，天选子之形，子以坚白鸣！"庄子一看惠子还是不明白自己的话，就接着说，我是说生命要顺其自然，要不增不减，是指心中保持清明，没有妄情妄念妄想，这样才是神仙之道。上天给我们的道，这个道就是本性，上天又给了我们形体，这就很好了。人何必要加上后天的人情世故，有喜怒哀乐，来内伤其身呢？你看看你，把自己的神都用在身体外面去了，没有内养其神，心里一天到晚胡思乱想，杂念不断，这不就是在把自己生命的能量消耗完了吗？你靠着树干吟咏，凭倚几案假寐，天给了你形体，你却非得以"坚石非坚"、"白马非马"这些诡辩而自鸣得意。这种事情也要考虑个没完，考虑来考虑去有什么意义？不过是迟早把自己给累死罢了。

庄子跟惠子的辩论告诉我们，一个人要修养其内在，要使心灵顺益自然，不增不减，不要自找麻烦。自找麻烦就同惠子一样，认为自己学问好知识高，学问越好知识越高，就烦恼越多痛苦越深，也就同自己生命过不去，自己往死路上走，那就不是道德的境界了。

要让心境很平和，顺天而行，自养内在的精神，自然生命道德就充沛了，身体内容也充沛了，才是道的境界。

晋武帝时，杨骏以国丈的身份把持朝政，声势显赫。

杨骏为人奸诈，凡事营私，为了永葆权势，他上台伊始便结党派，排挤打击不屈从于自己的人。他为此还得意地对自己的两个弟弟杨珧和杨济说："古时智者谋事在先，我们兄弟要权位永固，岂能无所作为？趁皇上宠信我们，任用私人是最要紧的，若是满朝文武皆为我党，我们还怕什么风吹草动吗？"——权位永固，这简直是神话啊，谁能权位永固？权力这种东西和其他事物一样，是盛极则衰，物壮则老的，怎么可能永固呢?

杨珧、杨济颇有见识,对哥哥的做法不以为然,杨珧忧心地说:"兄长处心积虑,未免有些过头了。兄长的智谋是高妙的,但人人得见、路人皆知,当大违智谋的本意。现在兄长如果不另取他法,只怕招人忌恨,于事无益啊。"

杨济也说:"人心向背,绝不是智谋所能赚取的。兄长若是能礼贤下士,以诚待人,自然会有奇效,否则只会自取其辱。"——他所说的是要杨骏修养自身,以品德感化他人,让别人自然归服,这是凭借内心的力量来达到的,是用不着什么外在的谋略。对于内在的修养来说,那些所谓的智谋就是多添加上的污染罢了。

可是杨骏刚愎自用,对兄弟的劝谏嗤之以鼻。晋武帝病重时,杨骏撤换掉了很多与他不和的大臣,安插大量亲信进入朝廷。他的做法引起了众怒,被罢斥的大臣们纷纷弹劾杨骏不法,晋武帝病情略有好转,知道此事后十分震怒,当面斥责了杨骏,又诏命汝南王和杨骏共同辅政,以分散杨骏之权势。

杨骏十分害怕,便将诏书藏匿起来,两天之后晋武帝病情加重,其他人也不敢追究此事,不久之后晋武帝就病死了,杨骏因此侥幸保住了富贵。

经过此事,杨骏得意忘形,更不把继位的惠帝和大臣们放在眼里,他日夜盘算如何整治他人,往往心血来潮便违反常制,大树亲党。杨珧、杨济劝阻他说:"兄长惟恐算计不到,岂不知这才是最大的失策啊。兄长担负国家大任,当以情动人,以德服人,怎可一味徇私枉法呢?一个人的智力终是有限的,你这样对待天下人,天下人自会这样对待你,你岂有胜算?"

杨骏十分讨厌弟弟们的规劝,他说:"身处显位,焉能无智无计?我只怕智谋不多,又何谈当止呢?别人算计于我,难道我也要坐以待毙?"

他自知众望难孚,于是想出大开封赏这一招来,以便向众人示好,收买人心。但是结果有功受封者不感其恩,无功受封者难服众心,没有受封者更是对他增加了怨恨。殿中中郎孟观、李肇因对杨骏不满,就向贾后诬告他要篡位，贾后早有干预政事之心，借此就和汝南王亮、楚王玮勾结一处，发动了兵变。杨骏逃到马棚里被人杀死，他的党羽也被诛杀，牵连数千人。

杨骏自以为聪明，实则愚蠢。他不知道自己的种种计谋实乃画蛇添足，于事无益。若是他能像庄子所说的，顺益自然，不增不减，修养内心的品德，那也就不会有后来的祸患了。

10. 居功不可自满

昔吾闻之大成之人曰："自伐者无功，功成者堕，名成者亏。"（《庄子·山木》）

译文：从前我听圣德宏博的老子说过："自吹自擂的人不会成就功业；功业成就了而不知退隐的人必定会毁败，名声彰显而不知韬光隐晦的人必定会遭到损伤。"

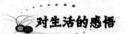
对生活的感悟

世人常犯的毛病是，有了一点功绩就沾沾自喜，自吹自擂；一旦有了成就就自以为可以权势永固，仗势欺人，不知退让；一有了些名气就恨不能让全天下都认识自己。然而这样的人往往难以得意许久，通常很快就会衰败下来。

宋真宗时，晏殊在朝中官职低微，做事却是勤勤恳恳。

当时，许多官吏都纵情声色，留宿欢场，过着花天酒地的生活。时人以为这才是风流才子的本色。但是晏殊却只一心工作，从不涉足欢场。

一次，同僚拉他出去玩，晏殊说："我不是不想玩乐，但是我没有闲钱啊。我的俸禄不多，哪里玩得起呢？”

同僚嘲笑他一番，然后提出为他付账，晏殊拒绝，说：“人生之乐，当在自食其力，若是依靠别人施舍去买欢，又有什么快乐可言？你不要侮辱我了。”

晏殊因为职位低微，所以很多琐事、烦事都交给他办，别人怨气冲天，他却任劳任怨，只是埋头苦干。有人问他：“你这样工作，一点也不嫌烦吗？有些事只要应付一下就行了，用不着这么认真啊。”

晏殊说：“我官小职低，又没有靠山，若不老实做事，将来还有希望吗？我和别人情况不同，自然没有办法和别人相比。在我看来，眼下虽忙虽累，却可磨炼我的性情，培养我的耐心，有什么不好呢？”

其实，晏殊并不是一个没有生活情趣的人，他对那些玩乐的人十分羡慕。但他自知浮躁不得，所以才压抑自己的欲望，为将来铺路。

晏殊文才出众，学问渊博，有一次他向朋友诉苦说：“现实不公，我有大才也得忍耐。我都快疯了，但又有什么办法呢？别人不愿意干的事我都干了，只等出头那一天了。”

后来，朝中有一个受贬的官员要离京，晏殊写了一篇赠别词送给他。别人笑他和落魄的人结交，他说：“他和我是同僚，虽然交情不深，但我也要略表寸心。我不是什么大人物，没有资格笑话人家落魄。”

宋真宗为太子选老师时，有人推荐了晏殊，并以不游玩和送人赠词两事为例，来说明他人品高尚。

宋真宗向晏殊询问此事，晏殊却说：“我没有人家说得那么好。我不玩乐，只是因为没有钱。我做事认真，是因为不这样就没有办法晋升。说老实话，这样做很辛苦，可是为了前程，也只能如此。”

他的坦率真诚让宋真宗十分满意，就把太子交给他辅佐。

此后多年，晏殊都尽忠职守，大事小事从不出错。后来任升宰相。

晏殊能耐住寂寞，埋头苦干，有了些贤名却又不鼓吹自己，这便是他的成功之道。

晋朝名臣陶侃年轻时就严于律己，做事从不马虎。他分内的事，没有一样是不用心的。因其踏实肯干，步步高升，成了封疆大吏，镇守一方。

陶侃在外统兵时，军务繁重，千头万绪，他忙而不乱，从未疏漏一事。他常对人说："大禹是个圣人，也不浪费一寸光阴，我们作为一般人，又怎敢空度时日，不勤于做事呢？只要心有大志，做任何事都不会烦。"

朝廷公文和亲朋的书信，陶侃都要亲自作答。陶侃的手下想为他分忧，愿意代劳，但陶侃都拒绝了。他说："自己的事情一定要自己解决。一个人若是贪图安逸，凡事借助他人，自己就懒惰了，这是败亡的开始。"

一次，陶侃的属下因为吃酒行乐耽误了正事，陶侃要惩罚他们。有人替他们求情说："他们跟随你多年，何况又是初犯，你就饶了他们一次吧。"

陶侃不肯答应，说："我也知道玩乐轻松，但我们身肩重任，就不能把自己等同于常人。他们厌烦公事无趣，以致喝酒赌博，如不严惩，此风一开，后果就会十分严重。到时候再想约束就很难了。我惩治他们，是督促他们上进，这也是为他们好。"

陶侃对失职者进行了惩罚，又命人把酒器、赌具拿来，全部扔进江里。他对众人说："嫌做事烦劳，就是堕落的先兆了。用心于嬉戏，这个人就不能再有大的发展了。请你们都记住今天的教训。"

陶侃能成为一代名臣，与他居功不自夸，掌权不自矜，勤于政事，从不懈怠是有很大关系的。

一个人若是能这样约束自己，不因为一点功名成就而骄傲自满，那么也就不会因之而招来灾祸了。

第四章
悟无形之道　做有用之人

　　做父母的常常会教育自己的孩子：你将来要做一个有用的人。那么，什么才算是有用的人呢？不同的人有着不同的答案，但是通常在人们心中有着一些约定俗成的默认的规则，认为只有符合这些规则的才算是有用的，不符合的、偏离的便是无用的。可是事实真的像人们以为的这样吗？不见得。在老子与庄子的笔下，为我们描绘出了有用与无用的奇妙更替，原来人间大道就在有用与无用间。

1. 清静中和乃是天下正道

大成若缺，其用不弊。大盈若冲，其用不穷。大直若屈，大巧若拙，大辩若讷。躁胜寒，静胜热。清静为天下正。（《老子·四十五章》）

译文：最完善的事物和行为若有缺憾，其用却无弊困；最圆满的事物和行为若有不足，其用却无穷竭。大直是守经达权，顺物自然，所以若似枉屈；大巧是不设不施，至妙无机，所以若似迂拙；大辩是实事求是，唯恐虚妄，所以若似讷言。躁极则生寒，万物将凋零；静极则生热，万物而得生；清心方能寡欲见性，宁静则可循道致远，清静中和乃是天下正道。

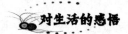
对生活的感悟

大成，也就是老子所说的"道"，是最完善的天地万物运行之规律。既然如此，它怎么又会"若缺"呢？这是因为"道"是在不断地运动和变化着的，这种变化和运动是有无相生的绵延不绝，比如说花开花谢、月圆月缺、潮涨潮落，这就是"道"的运行。这个规律本身是完美的，但是在运动之中会有着局部的"缺"，没有"缺"也就没有圆，没有旧也就没有新，没有死也就没有生。所以这个"缺"是为圆满留下了生长的空间。所以，大成必定若缺，否则事物就会只在"成"的状态下不再继续变化，没有新旧更替，也就谈不上循环往复了。

虽然是"若缺"，但是其作用和影响却不会凋敝，这就好像我们在地球上仰望夜空，看到月亮有圆有缺，可是不论是新月如钩还是月盈如盘，月亮本身其实是不会有变化的，是绵延不绝的。

大盈若冲，其用不穷。说的道理和前一句是一样的，盈是满的意思，可是这种满是永远也不会溢出来的，因为如此，它的作用才会无穷无尽。这同样是在讲"道"，只不过切入点不同罢了。

春秋时期，晋国有位大臣名叫祁奚，官拜中军尉。

周灵王二年（公元前570年），祁奚年老，便想辞官归家养老。国君晋悼公问他有没有继任的人选可以推荐，他就推荐了自己的仇人解狐。但是不久之后，解狐死了，晋悼公又问他有没有其他人可以推荐，他便又推荐了自己的儿子祁午。没过多久，祁奚的好朋友中军佐羊舌职也去世了，晋悼公又一次让祁奚推荐继任人选，这一次祁奚推荐了羊舌职的儿子羊舌赤。

晋悼公问他："为什么你既举荐你的仇人，又举荐与你关系密切的人呢？"

祁奚回答说："因为国君问的是能够胜任这些职位的人，而不是问被荐者与我的关系如何。"

晋悼公认为他说得很有道理，便任命祁午为中军尉，羊舌赤为中军佐。

对此，史学家说祁奚"能举善"，"称其仇，不为谄；立其子，不为比；举其偏，不为党"。《尚书·洪范》说："无偏无党，王道荡荡。"说的就是祁奚这样的人了，而《诗经》里说："惟其有之，是以似之。"因为他自己坦坦荡荡是个君子，所以才能够推举像他一样有仁德的人。

如果用世俗的眼光来看，祁奚的这三次推举，一次是举荐自己的仇人，似乎是想要讨好对头；一次是推荐自己的儿子，好像是假公济私，要给儿子谋求前程；另一次推举自己好友的儿子，不免有着结党营私之嫌。这样一看，祁奚的人品是不怎么样的，这就是"大直若屈"，因为他其实内在人品高洁，是"大直"，所以这样"若屈"也只是用世俗的眼光看来如此而已。祁奚自己何尝不知道自己这样做会给别人留下这样的误解呢，可是国君要他推荐人选，他就要考虑被举任者是否能够胜任，这是主要的问题，其他的再过多考虑就是颠倒主次了，那才是真正的顾忌自己个人的名望而不顾及国家大事了。这种"直"是虚伪的，是有着私心的。

大巧若拙，大辩若讷，含义同大直若屈是近似的。

躁胜寒，静胜热，躁也就是运动，人觉得冷的时候，搓搓手跺跺脚可以驱散身上的寒气，这就是"躁胜寒"。人觉得热的时候，常常会说"心静自然凉"，让自己平静下来，自然就会神清气爽，这就是"静胜热"。

老子提倡"清静无为"，因为我们所处的世界本身有着自己的运行规律，人类只要遵守这种规律就可以安然地生活了，如果要逆反规律，想用自己的意思来改变它，那就会使得世界变得动荡不安，人类也就难以兴旺发达。所以老子才说"清静为天下正"，这里的清静就是一种"道"在运动中的平衡，自有其新陈代谢，无有相生循环不息。

那么，把这些道理应用在我们日常生活中，我们可以说，最机巧敏捷的看起来就像最笨拙的一样，最有辩才的却像是不太会说话的一样。

《三国演义》记载，曹操对刘备原本很不放心，消灭吕布后，让车胄镇守徐州，把刘、关、张带回许都。因为刘备是皇族血统，论辈份还是汉献帝的叔叔，所以人称"刘皇叔"。为了拉拢刘备，曹操荐举他当上了左将军，而且厚礼相待。

刘备也知道曹操防备自己，于是处处隐藏锋芒，躲在后花园里种菜，看起来非常窝囊。

一天，刘备正在后花园浇水种菜，许褚、张辽未经通报就闯了进来，说曹操有请，让他马上过去。刘备只得去见曹操。曹操说要请刘备一起青梅煮酒，谈谈天下大事。刘备心里忐忑不安，唯唯诺诺地应付着。

正巧天降大雨，曹操便带刘备到亭子里一边躲雨，一边喝酒聊天。其实曹操是想趁此机会探测一下刘备的志向，看他是不是也像自己一样有着称霸天下的野心。酒过三巡，曹操说："玄德，你久历四方，见多识广，请问你看谁称得上是当今的英雄呢？"

刘备不知道曹操的用意，只好搪塞说："我哪里认识什么英雄呢？"

曹操说："即使你不认识，也应该听别人说过吧？"

刘备只好说："淮南的袁术，已经称帝可以算作英雄吧。"

曹操一笑，说："他呀，不过是坟中的枯骨。我这就要消灭他了。"

刘备又说："河北的袁绍，出身高贵，门生故吏满天下，现在盘踞四个州，手下谋臣武将众多，可以算作英雄吧。"

曹操说："袁绍外强中干，虽然善于谋划，关键时候却犹豫不决，

这种干大事怕危险、见小利不要命的人，算不上英雄。"

刘备又说："刘表坐镇荆州，被列为'八骏'之首，可以算作英雄吗？"

曹操不屑地说："他徒有虚名而已，也不能算。"

刘备说："孙策血气方刚，已经成为江东领袖，是英雄吧？"

曹操摇头道："他是凭借他父亲孙坚的名望，也不能算。"

刘备说："那益州的刘璋呢？"

曹操摆摆手说："刘璋只仗着自己是汉家宗室，不过是个看家狗罢了，怎么配得上英雄二字？"

刘备见这些割据一方的大军阀都不在曹操眼里，只好说："那么像汉中的张鲁、西凉的韩遂、马腾这些人呢？"

曹操听他说出的尽是些二流货色，不禁拍手大笑道："这些碌碌小辈何足挂齿！"

刘备只得摇头道："我孤陋寡闻，除了这些人，再也想不出还有谁配称英雄了。"

曹操停住笑声，盯着刘备，眼露寒光，说："英雄就是要胸怀大志，腹有良谋。所谓大志，志在吞吐天地；所谓良谋，要能包藏宇宙。"然后指指刘备，又指指自己，说："现在天下称得起英雄的，只有你和我二人而已！"

刘备心中一震，吓得手一松，筷子都掉到了地上。恰巧此时天上打雷，震耳欲聋，于是刘备弯腰拾起筷子，从容说道："天威真是厉害，这响雷可把我吓坏了。"

曹操通过刘备之前的一番议论，再看到刘备被响雷吓得连筷子都掉了，还真以为刘备不但是个目光短浅的人，而且还是个胆小鬼。于是从此对刘备的戒备也就松弛下来，最终使刘备寻得脱身的机会。

刘备正是依靠示人以拙、韬光养晦的计策，屈中求伸，使得自己保全了利益，最终得以三分天下。

可见，那些在人前表现得笨拙的人，未必就真的是无用之人。我们观察一个人有用无用，不能只是看他表面展现出来的，还要观察他内在的智慧。

2. 世事洞明皆学问

吾生也有涯，而知也无涯。以有涯随无涯，殆已；已而为知者，殆而已矣！（《庄子·养生主》）

译文：人们的生命是有限的，而知识却是无限的。以有限的生命去追求无限的知识，势必体乏神伤，既然如此还要去不停地追求知识，那可真是十分危险的了！

对生活的感悟

庄子说，生命是有限的，而知识是无穷尽的，用有限的生命去追求无穷尽的知识，太危险啦！如果这是真的，那么他自己为什么又要写《庄子》呢？白居易曾写了一首诗，诗中言道："言者不知始者默，此语吾闻于老君。若道老君是知者，缘何自著五千文？"是呀，老子自己说知者不言，那他自己为什么又写下《道德经》呢？

所以庄子的这段话我们要从另一个角度来理解，不能只看表面的意思。

生命有限，而知识无穷尽，以我们现在学到的一点知识，然后就自以为是，那岂不是太可笑了吗？要知道我们所知道的，和我们所不知道的相比较起来，是多么渺小啊。真正的学问是要"入乎其内，出乎其外"，用通俗的话来讲，就像学生读书，先是要把书通读，进入其中，然后要把书读厚，从一个论题衍出另一个论题，从一个知识点发散出其他知识点，将知识融会贯通。然后才是要把书给读薄，将其中的重点归纳整理出来，将众多的知识点汇聚到一起，抛弃其中熟知的、无用的东

— 106 —

西。这样才算是学好了这一门课。所以学问到了最高处，是要把一切书本知识都丢开的，就像白纸一张，到了这个境界，才算是触摸到了"道"的境地了。

但是在这之前，如果自己的知识还不够，还是在无知的状态，那又怎么可以去冒充已经通晓了大智慧呢？

《红楼梦》中有一个对子："世事洞明皆学问，人情练达即文章。"对世事都洞明、透彻了，这是真学问，对人情世故都通达了，那是大文章。一个人的修养若能达到这种境界，就是很了不起的了。真正明了练达了世事人情，那才能真正明白庄子这段话的含意。

错误和失败并不是百分之百一定的，只要懂得去总结整理，错误和失败也是一笔财富，而且可以向着成功转化。这也是世事洞明皆学问的道理。

我们的生命是有限的，所以我们所经历的不论是成功还是失败，都是我们人生里宝贵的财富，而对大多数人来说，所经历的失败会远远多于成功，如果因此而自认为是个失败者，那就不免浪费了生活赐给我们的珍宝。

在有限的生命里，使自己成为一个洞明世事练达人情的智者，而不要用寻常人的眼光早早将自己限定为一个成功者或是失败者，这才是超然于物外的明智。

🌀3. 世人眼中的无用未必不是好事

庄子行于山中，见大木，枝叶盛茂，伐木者止其旁不取也。问其故，曰：无所可用。庄子曰：此木以不材得终其天年。（《庄子·山木》）

译文：庄子在山里看到一棵大树，枝繁叶茂，但是伐木者在旁边待着却不砍伐它。庄子就问是什么原因，伐木者说："它没有什么用处。"庄子说："这棵树是因为没有用处才得以存活了那么久啊。"

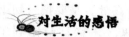

在这里庄子给我们讲了一个寓言故事：

有一次，庄子去山里游玩，看到一棵枝叶茂盛的大树，但是伐木者站在树下乘凉却不砍伐它。庄子就问是什么原因，伐木者回答说："别看这棵树长得挺大的，可是砍下来也没什么用处啊。"庄子感慨说："原来这棵树是因为没有用处才得以存活了这么久啊。"

从山里出来后，庄子到老朋友家去借宿，朋友很久没见面，非常高兴。于是朋友让童仆杀一只鹅来招待客人，童仆说："家里有两只鹅，一只会叫，一只不会叫，杀哪一只？"朋友说："杀不会叫的。"

第二天，庄子的弟子就问他："昨天我们在山上看到的大树，因为没用而得以存活，后来主人家的鹅却是因为没用而被杀了。先生对此有什么看法呢？"

庄子笑道："我将处于成材与不成材之间。处于成材与不成材之间，好像合于大道却并非真正与大道相合，所以这样不能免于拘束与劳累。假如能顺应自然而自由自在地游乐也就不是这样。没有赞誉没有诋毁，时而像龙一样腾飞，时而像蛇一样蛰伏，跟随时间的推移而变化，而不愿偏滞于某一方面；时而进取时而退缩，一切以顺和作为度量，优游自得地生活在万物的初始状态，役使外物，却不被外物所役使，那么，怎么会受到外物的拘束和劳累呢？这就是神农、黄帝的处世原则。至于说到万物的真情，人类的传习，就不是这样的。有聚合也就有离析，有成功也就有毁败；棱角锐利就会受到挫折，尊显就会受到倾覆，有为就会受到亏损，贤能就会受到谋算，而无能也会受到欺侮，怎么可以一定要偏滞于某一方面呢？可悲啊！你们要记住，只有归向于自然才是正道啊！"

看看大树和鹅的不同遭遇，实在是让我们觉得困惑，究竟是表现得无用才能保全自己呢，还是表现得有用才可以？恐怕一直都很难在这中间取得一个平衡吧。最好的办法就像是庄子所言，役使外物而不被外物所役使，随着所处环境的不同而调整自己的外在表现。

这听起来是在教人们圆滑处世之道，其实是指凡事必须看清事物的本质，掌握其内在的规律，这样才能知道很多东西看似矛盾实际是合理的，我们在有用与无用之间取的是遵循中道。

《三国演义》里讲了一个"空城计"的故事，人们看后都赞叹诸葛亮的智谋和胆略，可是细想一下却不由得要觉出几分古怪来。司马懿的才智不亚于诸葛亮，为什么他竟然会中了"空城计"呢？

如果仅仅用"多疑"来解释司马懿突然撤兵，那似乎显得过于草率，因为作为一个领兵多年的将军，他完全可以先派出小股部队入城试探，或者干脆用大军将城包围起来，耗上几天再看。然而这些正常该做的措施司马懿都没有做，一向以能征善战、老谋深算著称的司马懿竟然选择了退兵，这不免太反常了。

但是结合司马懿当时的背景来看，这种选择却又是合情合理的。

司马懿因为才华过人，军权在握，所以时常受人嫉妒，政敌很多，做事往往受到多方的掣肘。曹操就对他一直存有戒心，曾对华歆说："司马懿鹰视狼顾，不可付以兵权，久必为国家大祸。"等到曹丕即位后，司马懿曾一度被重用，一直做到了骠骑大将军。可到了曹睿做皇帝时，司马懿领兵与诸葛亮对垒，在战场上成为诸葛亮的劲敌。于是诸葛亮就利用曹睿对司马懿的猜忌，派人到洛阳等地散布司马懿谋反的谣言，同时又四处张贴司马懿兴师废君的榜文告示。曹睿果然信以为真，而朝中大臣们出于各自的私心也开始对司马懿落井下石，欲置之死地而后快。幸亏大将军曹真知道司马懿是个难得的人才，上奏力保，司马懿才侥幸活命，但是显赫的职位已然不保，他只得辞官回家养老。

待到诸葛亮出祁山伐魏，屡败曹军，曹魏全军上下竟然没有人能是诸葛亮的对手。在这种危机下，魏主才决定重新起用司马懿。经此大起大落，司马懿又怎么会不明白，自己之所以能重新回到朝廷掌握军权，在某种意义上讲，是由于诸葛亮这个对手的存在。因为满朝文武之中，只有他能在疆场上与诸葛亮一较高低，在这种情况下来看他才是有用的，政敌也就奈何他不得。可是如果诸葛亮不在了，失去了这个劲敌，对于曹魏来说他也就变成了无用的，到时候难免像不会叫的鹅要被宰杀一样，下场难料。

在"空城"里虚张声势的诸葛亮势单力孤，正是一举拿下的大好时机，但是司马懿在此却不能不考虑自己的生死存亡。毫无疑问，一旦他抓住了诸葛亮，曹魏就将没有致命的强敌了，他的利用价值也就结束了，那时候谁还会在意他的死活呢？况且魏主始终对他有猜忌，是不可能在没有了劲敌之后还留着他来威胁自己的。

所以，老于世故的司马懿在这种情况下要放过诸葛亮，同时也为自己留下生存空间，这不是很正常的事了吗？这是他对自己有用与无用的一个巧妙衡量下做出的决定。

后来，魏明帝曹睿去世，临终前让司马懿与大臣曹爽共同辅佐太子曹芳。曹芳即位后，便是魏少帝，曹爽当了大将军，司马懿当了太尉，两人各领兵 3000 人，轮流护卫皇宫。曹爽虽说是皇族，但能力和资历都跟司马懿差得很远，开始的时候他不得不做出尊重司马懿的样子，事事听他的意见。

后来，曹爽以魏少帝的名义提升司马懿为太傅，实际上是夺去他的兵权。接着，曹爽又把自己的心腹都安排在了重要的职位上。司马懿看在眼里，却一点也不干涉，为了去掉曹爽的疑心，他就推说生病，不上朝了。曹爽听说司马懿生病，正合心意，但又担心他是装病。有一次，曹爽的亲信李胜被任为荆州刺史，曹爽便让李胜以告别为由去探望司马懿，看他是否真的生病。李胜到了司马懿的卧室，只见司马懿躺在床上，旁边两个使唤丫头伺候他吃粥。他没用手接碗，只把嘴凑到碗边喝。没喝上几口，粥就沿着嘴角流了下来，流得胸前衣襟一片狼藉。李胜在一边看了，觉得司马懿病得实在可怜。

李胜对司马懿说："这次蒙皇上恩典，派我担任本州刺史（李胜是荆州人，所以说是本州），特地来向太傅告辞。"

司马懿喘着气说："哦，这真委屈您啦，并州在北方，接近胡人，您要好好防备啊。我病得这样，只怕以后见不到您啦！"

李胜说："太傅听错了，我是回荆州去，不是到并州。"

司马懿还是听不清，李胜又大声说了一遍，司马懿总算有点搞清楚了，说："我实在年纪老，耳朵聋，听不清您的话。您做荆州刺史，这太好啦。"

李胜告辞出来，向曹爽一五一十地说了一遍，说："太傅只差一口气了，您就用不着担心了。"

曹爽听了非常高兴，放松了对司马懿这个无用之人的警惕，在手握大权的情况下开始肆意妄为起来。

公元249年新年，魏少帝曹芳到城外去祭扫祖先的陵墓，曹爽和他的兄弟、亲信大臣全跟了去。司马懿既然病得厉害，当然也没有人请他去。

哪儿知道等他们一出皇城，司马懿立刻披戴起盔甲，抖擞精神，带着他两个儿子司马师、司马昭，率领兵马占领了城门和兵库，并且假传皇太后的诏令，把曹爽的大将军职务撤了。

曹爽和他的兄弟在城外得知消息，急得乱成一团。有人给他献计，要他挟持少帝退到许都，收集人马，对抗司马懿。但是曹爽和他的兄弟都是只知道吃喝玩乐的人，哪儿有这个胆量。司马懿派人去劝他投降，说是只要交出兵权，决不为难他们。曹爽就乖乖地投降了。

过了几天，就有人告发曹爽一伙谋反，司马懿派人把曹爽一伙人全下了监狱处死。

这样，司马懿巧妙地在有用与无用之间寻找着平衡，保全了自己的性命。可见有用和无用是要看周围环境变化的，而不是一成不变、一概而论的。

4. 留白的妙处

天地之间，其犹橐籥乎？虚而不屈，动而愈出。多言数穷，不如守中。（《老子·第五章》）

译文：天地之间，不正像是风箱一样，因有空间而得以运作，能在运行之中生化不息。多说多做无益，不如持守空虚而顺其自然。

— 111 —

"橐籥"，是旧时农业社会用作鼓吹通气的工具，俗话叫作风箱。也就是《淮南子》本经所说的"鼓橐吹埵，以销钢铁"的冶炼金属的工具之一。"橐"，是指它的外形的箱椟。"籥"，是指它内在的往来活动的管片。但在旧时的农业社会里，用布缝成两头通、中间空，用来装置杂物的布袋，也叫作"橐"。"籥"，又指后世的七孔笛。总之，"橐籥"，是老子用来说明万物的造化生灭都是乘虚而来，还虚而去，而常用的比喻。这是为了说明这个物质世间的一切活动，只是气分的变化，动而用之便有，静而藏之便无，有无相生，绵延不绝，就好像停留在止息状态。

报纸上刊登了一家公司招聘员工的信息，有一个人前去应聘。他事先打听到这家公司总经理一些过去的情形，一见面就对那位总经理说："我十分荣幸能在这里工作，我更愿意追随您左右努力工作！因为我知道在十几年前，这个办公室里只有一台打字机和一个职员，经过您的艰苦奋斗和努力经营，才能成就今天这样伟大的事业，这是多么令人敬佩的事啊！"

那位经理本来对来应聘的人，大都瞧不上眼，所以应聘的人虽然络绎不绝，结果都扫兴而归。可是这个人这么一说，正中那位经理的下怀，使他想起自己创业之始的艰辛，再看看现在的成绩，自然是有很多感慨。于是便和这个人聊起了自己的奋斗历史，兴高采烈，眉飞色舞。这个人只是在旁边侧耳恭听，不时用简短的词句表示敬佩。谈了半晌，那经理也没有问他的学历、技能，就对坐在旁边的副经理说："我看这位小伙子很不错，我们就定下要他吧。"

有人做过统计，看人们在日常生活中最常用的一个单词是什么，结果发现就是"我"这个字。人们的注意力大都放在自己身上，做事时会以自己的角度出发去考虑问题、做出决定，在与人交谈的时候也都喜欢把话题围绕在自己身上。这是一种潜意识的行为，并不一定是有意为之。所以，如果在与人交谈时，能认真倾听对方说话，无须自己多说什么，就能够与对方拉近距离。

法国大哲学家洛士佛科说："与人谈话，如果自己说得比对方好，便会化友为敌；反之，如果让对方说得比自己好，那就可以化敌为友了！"这句话真是说得一针见血！如果对方总是夸自己的长处，并陶醉其中，觉得自己像个伟人，那么你就不妨多谦逊一下，表示卑小无能，这样自然容易获得对方的好感。

做一个倾听者比做一个倾诉者更有用，而适当的沉默无疑便是巧妙的留白，将空间留给对方去发挥，也就是给予了对方极大的尊重。世上说话说得天花乱坠的人不在少数，可是能够善于倾听的人却不多，往往这样的人才更容易办成事。

"留白"是一书法绘画术语，指的是一幅书法或绘画作品的整张纸面上，线条与颜色以外的地方。书画艺术所谓"疏能跑马，密不插针"讲的就是书画艺术"黑"与"白"的辩证关系：后者讲的是线条与颜色上的功夫，前者则是神奇的灵魂所在——看上去似不经意，细品味乃神来之笔，所以有的艺术家又将"留白"叫作"造白"。

中国画的留白，留得其所，便生气韵，使画面上流动着生命，使观者得以在那白而不空的"间"倘佯。留白是中国画的智慧，其表现力与感染力决不逊于有形的线条与颜色，"留白"有时甚至可以将人带到线条与颜色所无法达到的境界。可以说没有留白便不能彰显出着墨处的美妙。

据说，当毕加索看到齐白石的水墨画时，不禁惊叹：白石先生画水不着一点色，只用一根线，却使人看到了江的涌流，嗅到了水的清香。由此便足见"留白"之境界：创作之人在留白里可以洒脱地留下自己的胸臆与情怀，而欣赏之人在留白里则可以展开想象的翅膀，读出自己心中的山水与风月。

生活也需要"留白"，这便是老子所说的"虚而不屈，动而愈出"。

比如说，在爱情和婚姻上，这种留白便是十分重要的。有很多人虽然爱得很深，但是爱情和婚姻却十分短暂，这就是因为他们不懂得要在爱情中"留白"。这就使爱情"密不插针"，没有可以喘息的空间，那么爱情也就会进入坟墓。

那么如何为爱情与婚姻"留白"呢？

首先，要尊重对方的自主性。我们常说"爱情是自私的"，这是指在感情问题上具有排他性，不允他人染指，否则爱情就会变质，就会消失。但是这种"自私"绝不意味着一方对另一方的绝对支配和控制。如果有一方以爱为名而强迫对方绝对服从自己，穿什么衣服、梳什么发型、吃什么东西、交什么朋友、做什么工作等等都要听从自己的安排和意见，那么另一方就会失去了主体性。这其实是一种精神虐待，因为它已经变成了一方对于另一方的奴役，爱情的和谐已经荡然无存。

所以，在爱情和婚姻生活里，我们要尊重对方的"隐私"。这是给予对方的信任和尊重，每个人都有自己不方便说出来的事情，无论两个人有多么亲密，这样的事情多多少少都还是会有一些的，这是心理空间上的自我保护。如果这些事情不影响双方感情，对家庭生活不构成障碍，那么我们就没有必要去强迫对方坦白。比如对方与前任恋人的关系等，既然已经成为过去，既然两个人已经决定要共同生活，那么未来都是你们的，何必纠缠于已经过去的事呢？

其次，爱情与婚姻的"留白"还在于给自己留下一份清醒。

人们形容恋爱，往往用"干柴烈火"、"海枯石烂"等激烈的形容词，这是爱情的天性，但不是爱情的全部。爱情里除了激情，还有责任和义务，还有从爱情转化而来的亲情、友情，平等和尊重。火烧得虽然旺，可是终究不会长久，真正持久的是细水长流。所以在恋爱的时候，我们没有必要把自己的缺点都伪装起来，只给对方看自己完美的一面，事实上这样的伪装是不可能长久的，一旦脱去伪装展露真实的时候，就不免会让对方感到意外和伤害了。

再次，爱情与婚姻的"留白"还在于保持对方的独立人格。

有的人会喜欢将对方按照自己理想中的样子作雕琢，还认为这样是为对方好，可是每个人都是独一无二的，按照老子和庄子的话来说，只要顺其自然便好，多作伪饰矫正反而不美。

如果能够在爱情与婚姻中"留白"，给予对方和自己私有的空间，有余地地去回旋和体味，那么就不至于在爱情中迷失自己的个性，爱情也就不会轻易破裂了。总之，爱情的质量，也许不在于我们"做了什么"，而在于我们"没做什么"。

其实，这个天地间的万物，都在永远不息的动态中循环旋转，并无真正的静止。所谓静止，也只是相似止息而偶无动态感觉的情景而已。因此，可以了解到天地之间气分的变化往来，变动不息，生生不已，有无相生，动静互为宗主。那么，就可进而了解到一切人事的作为、思想、言语，都同此例。

人世间的是非纷争，也是越动而越有各种不同方面的发展，并无一个绝对的标准。只有中心虚灵常住，不落在有无、虚实的任何一面，自然可以不致屈曲一边，了了常明，洞然烛照。这便是"多言数穷，不如守中"的关键。

如果转进一层，了解风箱的作用，那么，便可明白老子所说的"多言数穷，不如守中"的话，并不完全是教人不可开口说话。只是说所当说的，说过便休，不立涯岸。不可多说，不可不说。便是言满天下无口过，才是守中的道理，否则，老子又何须多言自著五千文呢！

所以我们只要在生活中注意"留白"的妙用，就能发现生活会更加自在。

🌀5. 生活得简单一点

日出而作，日入而息，逍遥于天地之间。(《庄子·让王》)

译文：太阳升起时就下地干活儿，太阳下山了就返家安息，无拘无束地生活在天地之间，而心中的快意只有我自身能够领受。

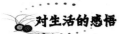
对生活的感悟

这段话出自《庄子·让王》中的一个寓言故事，据说当年尧要将天下让给许由，许由不接受，又要让给子州支父，子州支父说："让我来做天子，那也行。不过，我现在正生着病呢，病得挺严重，打算认真治一治，没有时间来治理天下啊。"

舜要把天下让给善卷，善卷说："我处在宇宙之中，冬天披柔软的皮毛，夏天穿细细的葛布；春天耕地下种，形躯能够承受这样的劳作；秋天收割贮藏，自身完全能够满足给养；太阳升起时就下地干活儿，太阳下山了就返家安息，无拘无束地生活在天地之间，而心中的快意只有我自身能够领受。我又哪里用得着去统治天下呢！可悲啊，你不了解我！"他也没有接受。因为不想让舜再来找他托付天下，于是善卷离开了家而隐入深山，再没有人能够知道他的住处。

舜再把天下让给石户地方的一位农夫，这位石户的农夫说："当君主要处处尽心尽力，太勤苦劳累了！"于是农夫和妻子二人背的背、扛的扛，带着子女逃到海上的荒岛，终身不再返回。最让人匪夷所思的是，还有一个叫北人无择的，觉得舜成天不好好地在地里干活，却常到尧身边去左右奉承，简直是个势利小人，他听说舜要将天下让给他，就觉得舜是在故意侮辱他，于是投河自尽了。

看过这个故事，我们不禁要好笑起来，掌管天下的君主之位，竟然让这些贤士如避蛇蝎般地拒绝，甚至宁可逃进深山荒岛，这真是让人难以想象的。特别是对照历史上那些为了当皇帝而计谋百出的人，尤其难以理解许由、善卷他们为什么这样排斥掌管天下。

也许这是因为尧、舜那个时代是被人称颂的圣明时代，出现这样的高士也就不足为奇了。在我们后世人看来，能掌管天下不仅是大荣耀，而且是有着非凡才能的表现。可是在许由、善卷这样的高士看来，治理天下不过是个虚名而已，对自己来说是有百害而无一利的事情。是啊，当皇帝有什么好？虽然说富有四海，掌管天下，可实际上一年到头能出宫几回？能真的畅游这"属于他"的天下么？还不如平常人能够四海遨游来得洒脱自在呢。

在历史上那些但凡有些成就的帝王，无不是鞠躬尽瘁的勤政之人，其中的辛苦恐怕一般人难以预料。例如清朝的雍正皇帝，对于他的死因众说纷纭，有一种意见认为他是累死的。因为雍正在位 13 年，在奏折上的批文就达 1000 万字，并且写书达 500 多万字，平均每天要写七八千字，这说明他是非常勤政的。

况且当皇帝的身边总是跟着大臣、侍卫、太监，一时一刻连点个人隐私都没有，这样的尊位有什么趣？难怪善卷要往深山里逃了，宁可领略山林间的风光也好过掌管天下，让自己劳累不堪且没有个人空间啊。

为国为民而鞠躬尽瘁固然可敬，但对于个人来说，这样的生活未必就比"日出而作，日落而息"的普通人的生活更为幸福。

其实人要满足生存需要，所需的真的并不多，为着各种欲望才会需要更多，这些本不需要的东西多了，人也就会觉得有负担，觉得累。然而人们往往会以为是自己得到的不够多，所以才这么累，于是就要得更多，也就会更累。这样就会陷入一种无法自拔的恶性循环里，终将会因自己的欲壑难填而被累垮。

想要追求更多的知识和能力其实也是一种欲望，不见得有利。很多做父母的为了让孩子将来在社会上能有一席之地，在孩子本该享受童年乐趣的时候，就要求他们去学外语、学钢琴、学舞蹈……将孩子玩耍的时间都占去了，可是却没有考虑一下孩子的天性就是玩，这样强迫他们过早地去负担那些累赘，和揠苗助长又有什么区别呢？等到孩子长大离开家的时候，父母才能体会到，他们本该珍惜同孩子沟通玩耍的时间就这样被错过了。每个孩子都只有一个童年，一去不复返。

如果做父母的能体会到老庄之道，明了一个人要活得自在快乐并不需要有那么多的外在的东西，或许就能够珍惜孩子的童年了。毕竟，这童年的无忧无虑不只是属于孩子的，也是属于做父母亲的。

活得简单并不代表偷懒，也不代表着无所作为。日出而作，日落而息，只是这样去做自己应该做的事，不逃避责任，也不妄求自己不需要的，顺应自然。这样的生活才是简单而快乐的。

有一位禅师叫佛光，他门下有一个弟子，叫作大智。大智到外面参学，一走就是 20 年。20 之后，大智回来拜访自己的老师，在跟佛光讲述这 20 年来的见闻的时候，佛光总是带着勉慰的微笑倾听。大智说完之后问师父："师父，我离开的这 20 年您还好吧？"

佛光禅师说："好啊好啊，整天讲经说法、著作写经，接待来访的居士，这样天天在法海里遨游真是一件快乐的事啊。世上还有什么比这种生活更令人欣悦呢？每天我忙得很开心啊。"

谈到夜深后，佛光禅师就让大智回去休息，说有什么事情改天再谈。

大智睡到凌晨的时候，被佛光禅师房中的诵经声和木鱼声吵醒，他起床之后发现老师已经开始对信徒们讲经说法了。等讲完经，佛光禅师又回到禅房里忙着批阅学僧的心得报告。终于等到佛光禅师有了片刻空闲，大智忙过去说："师父，为什么20年过去了，您的生活还这么忙碌，但是却一点也没有觉得您变老了呢？"

佛光禅师微微一笑，说："因为我没有时间老啊。"

是啊，每天日出而作，日落而息，不贪不吝，不妄求不闲散，只是自然而然地随顺众生，这样简单的生活里又哪有老的空闲呢？这是禅语，也是道的教化，而这样的智慧早在千年之前就已经由庄子轻轻道出了。

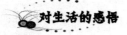 6. 别人看不到的好处

人皆知有用之用，而莫知无用之用也。（《庄子·人间世》）

译文：人们都知道有用的用处，但不懂得无用的更大用处。

对生活的感悟

不成材的树，对于做家具来说是没有用的，但是对于这棵树免于被砍伐尽其天年来说却是有用的。这有用与无用之间，究竟谁能说得清呢？

匠人石去齐国，来到曲辕这个地方，看见一棵被世人当作神树的栎树。这棵栎树树冠大到可以遮蔽数千头牛，用绳子绕着量一量树干，足有几十丈粗，树梢高临山巅，离地面80尺处方才分枝，用它来造船可造10余艘。

观赏的人群像赶集似的涌来涌去，而这位匠人连瞧也不瞧一眼，不停步地往前走。他的徒弟站在树旁看了个够，跑着赶上了匠人石，说："自我拿起刀斧跟随师傅，从不曾见过这样壮美的树木。可是师傅却不肯看一眼，不住脚地往前走，为什么呢？"

匠人石回答说："算了，不要再说它了！这是一棵没有什么用处的树，用它做成船定会沉没，用它做成棺椁定会很快朽烂，用它做成器皿定会很快毁坏，用它做成屋门定会流脂而不合缝，用它做成屋柱定会被虫蛀蚀。这是不能取材的树。没有什么用处，所以它才能有如此寿数。"

匠人石回到家里，做了一个梦，梦中那棵栎树对他说："你将用什么东西跟我相提并论呢？你打算拿可用之木来跟我相比吗？那楂、梨、橘、柚都属于果树，果实成熟就会被打落在地，打落果子的时候枝干也会遭受摧残，大的枝干被折断，小的枝丫被拽下来。这就是因为它们能结出鲜美果实才苦了自己的一生，所以常常不能终享天年而半途夭折，自身招来了世俗人们的打击。各种事物莫不如此。而且我寻求没有什么用处的办法已经很久很久了，几乎被砍死，这才保全住性命，无用也就成就了我最大的用处。假如我果真是有用，还能够获得延年益寿这一最大的用处吗？况且你和我都是'物'，你这样看待事物怎么可以呢？你不过是几近死亡的没有用处的人，又怎么会真正懂得没有用处的树木呢！"

匠人石醒来后把梦中的情形告诉给他的弟子。弟子说："旨意在于求取无用，那么又做什么栎树让世人瞻仰呢？"匠人石说："闭嘴，别说了！它只不过是在寄托罢了，反而招致不了解自己的人的辱骂和伤害。如果它不做栎树的话，它还不遭到砍伐吗？况且它用来保全自己的办法与众不同，而用常理来了解它，可不就相去太远了吗？"

在这个故事里，栎树因为不结果子、不能盖房子造船，对于人来说什么用处也没有，所以才没有人去砍伐它，让它活了那么久。结果活得久了以后，它是这样庞大，引人注意，反而又被人们供奉起来，这样一来更没有人会去砍伐它了。

这棵栎树用来保全自己的法子真的不同寻常，令人惊异啊。

山上的大树，天然活在那里很好，但为什么不是所有的树都变成栎树，永远活下去呢？"自寇也"，因为它们本身长得太美丽，长得太好了，自己招来别人的寇盗。因为太有用的材料，一定招来别人的砍伐。动物招来杀身之祸，是因为它身上的脂膏皮毛有利用的价值。凡是有利用价值的东西，就被人们破坏了。这样看来，要活着才有价值，其实人生的价值做到没有用，才是最有用！才可以规规矩矩活一辈子。这是庄子的结论，看起来非常消极，对于人生、社会是讽刺的。实际上庄子很积极，他是告诉我们："世路难行。"世界上这条路很难走，万物活着要有价值，自己处世要很有艺术，在不同的环境中，自己要懂得怎么处，否则自取其辱，就完了。

我们在社会上是否也是如此呢？有时候需要显得有用，才能有被利用的价值，才可以生存；有时候却又要显得没用，让人不去防范，才能够活命。通常人们都不会去在意那些自己觉得没有什么用的人，可是这样的人真的就一点用处都没有吗？也不见得。

战国时代齐国的孟尝君，是四大公子之一，他养了食客3000多人，都有各自的才能。一旦孟尝君遭遇困难，食客们一定全力相助，帮他解决困难。

秦昭襄王一向很仰慕孟尝君的才能，因此就派人请他到秦国做客。孟尝君为了报答秦王的赏识，于是就送上一件名贵的纯白狐裘，作为见面礼。孟尝君与秦昭襄王二人一见如故，秦王对于孟尝君的才华也是非常敬佩，因此就想拜他为宰相。但是秦王对孟尝君的宠幸，引起了秦国大臣的嫉妒，于是有许多大臣就在秦王面前说孟尝君的坏话。起先秦王并不理会，但是大臣们一而再，再而三地向秦王进谗言，最后孟尝君终于被软禁起来了。

孟尝君遭到软禁后，就派人去求秦王的宠妾燕妃帮忙。但是燕妃却说："如果孟尝君送我一件和大王一样的白狐裘，我就替他想办法。"孟尝君听了燕妃的话，不禁暗暗叫苦："白狐裘就这么一件，现在要到哪里再去找一件白狐裘呢？"

就在这时候，有一位食客自告奋勇地对孟尝君说："我有办法，天明以前我一定可以弄回一件白狐裘来。"这天晚上，这位食客就偷偷进入皇宫，学着狗叫把卫士引开，顺利地偷回当初献给秦王的那件白狐裘。孟尝君利用白狐裘收买了燕妃，燕妃果然替孟尝君说了不少好话，过了没多久，秦王就释放了孟尝君。

孟尝君害怕秦王临时反悔，因此一被释放就马上乔装改扮，趁着月黑风高的夜晚，来到了秦国的边界——函谷关。只要通过了这道关口，秦王就奈何不了他了。可是当时是深夜，城门紧闭，根本没有办法出关。孟尝君一行人内心真是急死了，城门必须等到鸡鸣才会开放，但是如果等到天亮，又怕秦王发现他们逃走了，而派人追赶，这该如何是好呢？

就在这时候，忽然有位食客拉开嗓子，学着鸡鸣"喔——喔喔"，一时之间，全城的鸡都跟着一起鸣叫。守城门的将兵一听到这么多公鸡在叫，以为天亮了，于是就按照规定把城门打开了。

孟尝君一行人就这样平安通过了函谷关，离开秦国，回到齐国去了。

鸡鸣狗盗的这两位食客，他们的才能平时看起来简直就和没有才能一样，学学狗叫鸡叫、偷偷东西，这难登大雅之堂，甚至连作为杂技娱乐一下的资格都不够。可是在关键时刻这两项技能却救了孟尝君一行人的性命，这又怎么能说它们没用呢？

虽然世路难行，但并不是世路不可行，世路是可行的，关键在于你自己要善于处。那么归结起来告诉我们什么呢？三个字：守本分。人要守本分，在什么立场就做什么事，处什么态度。

🌀 7. 敬畏自然，人定顺天

道者，万物之所由也，庶物失之者死，得之者生，为事逆之则败，顺之则成。（《庄子·渔父》）

译文：大道，是万物产生的根源，各种物类失去了道就会死亡，获得了道便会成功。

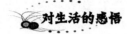

对生活的感悟

我们以前会说"人定胜天"，认为只要努力没有办不到的事，可是事实证明，这是人类的一厢情愿。事实上，人类只能顺应自然，而不可能去战胜它、逆转它。

比如说我们可以将果树嫁接，但是我们不能让一头牛的角上长出苹果来；我们可以人工降雨，可是我们不能控制一场海啸的发生；我们可以提高粮食的产量，但是不可能让一亩地里长出 1 万斤粮食来。

也就是说，我们尽可以利用大自然的馈赠，可以用人类的聪明才智去创造一些东西，但是不可能完全违背大自然的规律，不能逆"道"而施。否则就会自取灭亡。

什么是自然？老子所讲的自然就是"自然而然"，也就是没有"外力"影响的这个世界的本来面目。现在来理解，它既应包含所有"自然"的存在，也应包括"自然运行的规律"。可是，自然既然是至大无外的话，有什么能成为"外力"而使之"不自然"呢？

我们常说的自不自然的概念其实是针对人类自身来说的，是从人类角度出发的。人，自有文明以来，也就一直处于这样的矛盾之中：既认为自己是自然的一部分，又时常将自己置身于自然之外，以至于将自己看成一个能够影响"自然"的外力。这岂不是本末倒置了么？

有的人认为，人类无须敬畏自然，更不必顺天。

但是，在人类制造了工具，有了一些发明，有了科学发展之后，开始提出人定胜天这类的口号，在处理人与自然的关系时，总是以人为本。结果如何呢？

因为以人为本，树木被滥砍滥伐，野生动物被屠杀，地球的生态环境越来越恶劣。人类似乎已经完全忘记了自己本来就是自然的一部分，有什么道理不去顺应自然而非要以我们人类为本呢？民盟中央副主席张梅颖在看了德国一个小学生的环保纪实后很感慨地说：那种不认为自然为母，反以自然为器，乃至要征服自然的反自然观念，助长了环境灾害中日益严重的人祸。

的确，许多天灾实为人祸，是因为人类的活动为自然环境的资源带来无可逆转的伤害。

如果我们认定大自然中的一切都是在为人类服务，而用各种手段去改造它、控制它，那么距离人类的灭亡也就不远了。

如果在一个有许多子女的家庭里只重视一个孩子，处处为他考虑，而将其他的孩子都利用起来为这个孩子谋求发展，甚至不惜破坏其他孩子的一切，那么是不是大家都会觉得不合理？其实自然就像一个大家庭，这个家庭中不只有人类一个孩子，还有其他的物种。

当面对自然的时候，我们考虑的不能仅仅是人类自身，否则就会被其他的"兄弟姐妹"所抛弃。

我们提倡敬畏自然，是要顺"道"而行，因为"道"是万物之所由。我们说敬畏，重点在敬，而不是畏，是要以深厚的现代环境科学作为支撑趋利避害，明了自己该做什么不该做什么。我们应该善待我们的环境，同时摒弃自以为能够对自然为所欲为的科技迷信，以及对人自身的盲目崇拜。只有这样才会"得之者生，顺之者成"。

《易经》云："在天成事，在地成形，变化足矣。"自然世界，人类社会，天地间没有不变的事情，万事万物，时刻在变，变是"天道"的法则，是事物发展的规律。一个人要想有所成就，想成其所事，个人的努力固然非常重要；但顺守天道，顺其自然，尊重现实，实事求是，量力而行，以变应变更是关键。

大道无术，若自以为是、不知天高地厚地一味偏激和固执，明知其不可为而强为，只能为自己增添无尽的烦恼和痛苦，带来无穷的失败和灾难。即使是神机妙算、被国人誉为智慧之神的诸葛亮在遇到挫折时也不能不仰天慨叹："谋事在人，成事在天。"

无论历史上还是现实中，我们都不难见到有些人或愚昧无知、意气用事，或匹夫之勇、不自量力，或骄妄轻狂、倒行逆施。结果往往事与愿违，功不成名不就，落得个身败名裂，有的更为自然带来破坏，为社会带来损失，为他人带来灾难。这些人，除了没有真正了解自己，过高地估计自己的力量，就是悖时势，逆天道。

8. 做人不要本末倒置

丧己于物，失性于俗者，谓之倒置之民。（《庄子·刻意》）

译文：为追求物欲而丧失自我，为趋就流俗而失掉本性，就叫作本末倒置之人。

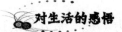

对生活的感悟

美国著名哲学家梭罗曾说："我来到森林，因为我想悠闲地生活，只面对现实生活的本质，并发掘生活意义之所在。我不想当死亡降临的时候，才发现我从未享受过生活的乐趣。我要充分享受人生，吸吮生活的全部滋养……"

然而，身处现实生活中的我们，被太多的物欲所驱使——房子要越大越好，钱要越多越好，女人要越漂亮越好，男人要越体面越好，孩子要越出人头地越好……我们上学的时候，成绩要比别人好，考的学校要比别人好，毕业后找的公司要越大越好，职位要越高越好……随波逐流的追逐使我们精疲力竭，太多的追求使我们失去了心灵的自由。我们没有时间问自己是否真的需要这些，还是以世俗的规范为自己幸福的原则？其实这就是在本末倒置了，因为我们的生活其实是简单的，是只需顺其自然就好的，根本用不着把自己淹没在物欲之中而丧失掉自我。

秦朝末年，刘邦斩白蛇起义，节节胜利，最后攻到秦都咸阳城下。秦王子婴众叛亲离，只好选择投降，刘邦于是进驻咸阳。

当走进秦王宫殿时，刘邦被这宏伟华丽的建筑惊呆了，他连声赞叹说："生而为人，就应该住在这里啊！现在这里的一切都归我了，老天爷真是对我格外开恩哪！"

后宫里的美人为求自保，都出来迎接奉承刘邦，刘邦在花团锦簇之中眼睛都不够用了，一时心花怒放。

刘邦的大将樊哙看出了他的心思，就对刘邦说："你是想夺取天下呢，还是想只为了眼前的富贵？"

刘邦缓过神来，一时没有说话。樊哙又说："我军占领咸阳，本来是件好事，但如果你因此不思进取，沉迷声色，那就是天大的坏事了。如今天下未定，项羽还虎视眈眈，我们还没有取得最后的胜利，你不该感到满足啊。"

刘邦明知道樊哙说得没错，但还是舍不得这些美人和豪华的宫殿，他迫不及待地想要体验君王的感觉，就说："我只在这里住一个晚上，不会耽误大事的。"

樊哙又要开口劝阻，刘邦不高兴了，他生气地说："我征战劳苦，好不容易才盼到这一天，享受一下有什么不可以？事情没有那么严重，你不必多说了。"

刘邦坚持要住在宫里，樊哙也无可奈何。

张良听说此事，急忙赶过来，他开口对刘邦说："我军能打胜仗，你能进入这里，都是因为秦王贪图享乐，不行仁义啊！一旦贪求富贵美人，人的大志就会被消磨掉，可见富贵美人并不是好的东西。现在你刚入咸阳，就想在此快乐，恐怕秦亡之后，便是你的末日了！"

刘邦深受震动，他改变了态度，立刻撤离了秦宫。

刘邦后来能建立汉朝，有很大一个原因就是他能够纳谏，能够听从手下的谏言，不至于偏离自己的既定目标。如果他在取得一点胜利之后就骄傲自满、耽于享乐，那也就是把自己逐鹿中原的理想给放到一边，而让暂时的诱惑支配了自己，那就是本末倒置了。还好，刘邦的头脑还算清醒，没有让自己过于留恋醇酒美人，否则汉家天下恐怕也就不存在了。

现在不少人感到心里浮燥，不能自持，不知道该如何应对生活。《菜根谭》里说："风恬浪静中，见人生之真境；味淡声希处，识心体之本然。"一个人在宁静平淡的安定环境中，才能发现人生的真正境界；一个人在粗茶淡饭的清贫生活中，才能体会到人性的真实面目。

了解了自己内心真正的需求，才知道自己要向外界获得什么，才不会终日忙忙碌碌结果却是在追求些自己并不真正需要的东西。

人往往是在生病的时候才感觉到健康的可贵，在亲人远去的时候才觉得应该珍惜相处的时光，在身边那片绿地变成了高楼时才觉得可惜未曾享受那份天然。

虽然追求简单的生活在世人眼中是"没出息"的表现，但是如果这是自己真正觉得幸福的事，那又何必在意自己在别人眼中是没用的呢？要知道，那些在别人眼中是有用的人可未必有你这样自在快乐啊。

9. 厚积才能薄发

水之积也不厚，则其负大舟也无力。（《庄子·逍遥游》）
译文：水汇积不深，它浮载大船就没有力量。

对生活的感悟

如果把万吨游轮放到河里去，那它也只是不能动的废铁，船能航行还要看是否给了它足够的空间。而水是否能够浮载大船，要看它是否够深厚、广阔。

每个人的胸襟气度、知识修养都不相同，如果要想立大功成大业，就得培养自己的气度、学问、能力，像大海一样深广才行。要想懂得"道"的真谛，同样也得先让自己像海一样"虚心"才行。

秦始皇是中国历史上一位杰出的政治家。他的主要历史功绩，是结束了春秋战国时期诸侯长期割据的混战局面，实现了统一。也就是说，秦始皇是历史上第一个把中国统一起来的帝王。自秦以后，中国封建社会虽然在某种程度上仍然保留着封建割据的状态，但统一始终是中国历史的主流。从这个意义上说，没有秦，就没有汉、唐、宋、元、明、清，也就没有今天的中国。

秦始皇之所以能够统一六国，既有他个人出众的才华，又有秦国几代人留下的基础，还有当时客观的历史条件。有的人说："秦始皇在做好了统一战争的准备之后，用了10年的时间，完成了统一中国的事业。"这似乎是说秦统一六国的战争是从秦始皇开始的，而秦始皇文韬武略仅用了10年的时间就完成了这样宏伟的大业。其实这是不符合历史实际的。其实，在始皇之前，秦国不仅在军事力量方面已经压倒了东方六国，而且已经相继兼并了六国的许多地区。如秦惠文王时，秦国收复了被魏国占去的河西地，并进而攻占魏的上郡；随后又灭蜀并占领楚的汉中。秦昭王时代是秦国大发展时期。秦不断蚕食韩、魏，占领了河东、上党、南阳等郡，又攻破楚都鄢郢，以其地置南郡，并夺取了楚的巫郡和黔中郡；又灭义渠，置陇西郡和北地郡。庄襄王时，秦灭东周，置三川郡，取赵榆次等三十七城，置太原郡，并重新攻占被韩一度收复的上党郡。而商鞅变法、范雎的远交近攻都使得秦国实力大大加强。

贾谊在《过秦论》中说："及至秦王，续六世之余烈，振长策而御宇内。"这个评述是符合历史实际的。秦始皇即位的时候，他的先辈已经为统一六国打下了一定的基础。汉代桑弘羊在《盐铁论·险固》中指出："秦所以超诸侯，吞天下、并敌国者，险阻固而势居然也。"这个"势"就是指原来所留下的基础。

当然，在看到秦始皇统一中国原有的条件和基础时，也不能抹杀秦始皇个人的作用。汉代主父偃评论说："昔秦皇帝任战胜之威，蚕食天下，并吞战国，海内为一，功齐三代。"这里也充分肯定了秦始皇个人的胆识和魄力。桑弘羊还称赞秦始皇所完成的统一中国的大业是"功如丘山，名传后世"。王夫之对秦始皇统一大业的贡献予以充分的肯定，称赞"秦王之勇略，老大而功成"，又说"嬴政统一六宇，贤于五帝三王也远矣"。

但是总体来看，秦始皇能够完成统一大业还是离不开秦国几世留下的基础的，这也是厚积薄发的一个例证。

厚积薄发，因为这个"厚"不可能是一蹴而就的，所以很多人就会逃避它，宁可相信自己可以"薄积厚发"。但是平时"积之也不厚"往往就容易暴露其浅薄。钱钟书嘲笑过一些弄禅的人，说他们往往并未会心先自微笑。想想那些毫无精神担当，眼界狭隘，弄着禅，却不懂禅的和尚们，也在撞钟，也在晨课，这难道不好笑吗？

何止是参禅的和尚在不懂装懂，在平时我们也可以看到许多人在不懂装懂，只是自己出些丑贻笑大方也就罢了，怕的是对社会有不良影响。做人还是应该静下心来先谦虚地接受，然后再考虑回馈，否则回馈出去的也只能是些无用的垃圾。

读老庄之道悟生活智慧

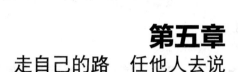

第五章
走自己的路　任他人去说

　　"走自己的路，让别人说去吧。"当但丁的这句名言已被人们用得泛滥成灾时，还有多少人是在真正地走自己的路呢？自己愿意走别人的路并不可怕，可怕的是当看到别人不走这条路时还要批评他，强迫他回到这条路上来，难道就不嫌这条路太拥挤吗？还是认定了他所走的路就一定是崎岖的、错误的？选择自己想走的路，不要理会别人说什么，也不要一定给自己找个同路客，非得去评判别人的路是否正确，这样才是真正顺随自心的行走。

1. 视富贵为浮云，视忧辱为轻风

宠辱若惊，贵大患若身。何谓宠辱？辱为下，得之若惊，失之若惊，是谓宠辱若惊。（《老子·第十三章》）

译文：得宠与受辱一样，都是对身心安宁的惊扰；重视大患等同于对身家的珍重。为什么说得宠也是像受辱一样使人惊扰呢？因为就其对人的惊扰程度而言，得宠更为下劣，得到它的时候为之惊喜难安，失去它的时候又为之惊慌恐惧，所以说得宠与受辱一样都是对身心安宁的惊扰。

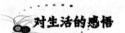 对生活的感悟

尊贵的地位，谁都想得到，得到了便高兴，失去了便忧虑；地位卑下的谁都不想要，得到了就忧虑，失去了就高兴。不论是喜还是忧，都会引起情感的剧烈变化。而这种变化往往激烈得让人难以承受，范进中举便是一例。

这里说的宠辱，其实就是在剖析人们对待外物的态度。身外之物看得轻了，也就不会有患得患失的惊扰了。那么为什么人们总是对身外之物看得这样重，而使得自己宠辱若惊呢？这是因为我们把自己的这副臭皮囊看得太重了，把自己的各种欲望看得太重了。

人们总以为如果不这样看重外物，就是不符合这个社会的潜规则，

就不容易在社会上生存。例如学历、财富、汽车、楼房，如果没有这些平常人都认为是有用的东西，那么生活就不会快活。

可是社会终究也是自然的一部分，它的运行也是符合"道"的，因此真正能顺"道"而行的人，也就不会在真正意义上违背社会的潜规则。一个人若是把外物看得太重了，就难免被外物所役，而忘记自身本来是应该役使外物的。这就像我们平常所说的，某个人爱财如命，结果就成了守财奴。其实金钱只有在流通的时候才有意义，将金钱囤积起来是葛朗台的做法，是既可笑又可悲的。

东汉的隐士申屠蟠少时家贫，受人雇用做漆工，他辛苦工作之余，刻苦读书，从不间断。同郡人蔡邕对他十分看重，在州府征召时，他便极力推荐申屠蟠，上书说："俗人为小利奔忙，看似聪明却无大志，于国并无帮助。申屠蟠少小志大，即使身陷困境，亦能发愤苦读，可见他乃不俗之人。他父亲去世，申屠蟠的孝心动天，几乎毁形灭身。他体察道理，保持自然本性，不因外界改变自己的形体，也不因穷困和显达而改变自己的节操，这绝不是一般人所能做到的。"

朝廷于是征召申屠蟠为陈留郡的主簿，申屠蟠的亲友闻讯都来向他表示祝贺，申屠蟠却对众人说："为朝廷做事，本来是每个臣民应该尽到的责任，可是我自愧德识不够，担不起大的责任，所以我是不想应召赴任的。"

众人闻言大惊失色，纷纷劝申屠蟠改变主意，有的还责备他说："征召为官，这是多少人羡慕的事啊，你怎么能轻易放弃呢？一为官吏，身份立即显贵起来，利益也多了，这是无论如何都不该放弃的。你读书修习，苦熬多年，为的还不就是这一天吗？你太让人莫名其妙了！"

申屠蟠为了避开众人的骚扰，索性隐居起来，继续学习。他的好友一次和他恳谈，旧事重提，申屠蟠意味深长地说："我看天下已有乱象，朝廷又是昏暗腐朽，这才醉心治学，以避其祸。人们只看到当官为吏多好处，却不知身处官场的风险，这些急功近利的人又怎么能理解我呢？从古到今，不明晓这一点的人，又有几个能保全自己的呢？我不便当众说明，只怕他们的误解是永难消除了。"

太尉黄琼征召申屠蟠到京师做官，他一口回绝，但当黄琼死后遗体运回江夏郡安葬，申屠蟠感其知遇之恩，便来吊唁以示敬意。当时参加丧礼的名豪富绅有六七千人之多，只有一个南郡的儒生肯与申屠蟠攀谈。但当申屠蟠告辞的时候，那个儒生却说："你没有被聘请，却来祭吊太尉，想不到却让我们有缘相会，希望下次还能见到你。"

申屠蟠闻言色变，马上说："我不屑与俗人交往这才和你交谈。想不到你貌似不俗，却也是个拘于礼教、喜欢攀附权贵的人。"

他就此对家人感慨说："让人迷失本性，利实在是害人的东西。人们都想从中捞取实惠，却不知不觉把自己的人格和尊严都赔进去了。到头来他们又能得到什么呢？我真是无法理解啊。"

在京师游学的汝南郡人范滂非议朝政，名声大振，一时人人效仿。很多公卿不惜降低身份居于他的门下，太学生对他也是极力推崇。有人就此事对申屠蟠说："时下崇尚学问，文章将兴，先生何不仿效范滂呢？这是有百利而无一弊的好事，切不可错过了。"

申屠蟠却哀叹一声，缓缓道："今日之利未必是他日之福，如此目光短浅，随波逐流，又怎保无失无损呢？战国时代，文士议论无忌，争鸣不断，各国君王为己之利，都恭敬待之。最后，坑杀儒生、焚烧书籍的祸患却发生了，依我看，这样的事不久就要重演了。"

人们都笑他不识时务，出言讥讽，申屠蟠于是隐居在梁国砀县一带。两年之后，范滂等人纷纷遭祸，被处死和下狱的有几百人之多，人们这时想起申屠蟠的话才深深叹服于他的先见之明。

世俗之人对于眼前的利益看得太重，所以当有尊宠利益降临的时候，便迫不及待地迎上去，哪怕因此趋炎附势丢掉自己的尊严也在所不惜。因为有宠与辱的利害关系，所以人们就会对上级表现为溜须拍马、吹捧颂扬，这样就会给社会带来极大的危害。

然而从长远来看，这是不可取的。当人们为了这些利益而宠辱若惊的时候，就已经失掉了平常心，也就看不清事物运行的方向了，当然也就不能够规避祸患了。所以真的不必因为顾忌世俗的眼光而把自己安排进一场场争名逐利的闹剧里去，相比之下保持内心的清静才是更重要的。

2. 知足才会逍遥

绝圣弃智，民利百倍；绝仁弃义，民复孝慈；绝巧弃利，盗贼无有。此三者以为文，不足。故令有所属：见素抱朴，少思寡欲，绝学无忧。(《老子·十九章》)

译文：抛弃贤圣权威及权威的成见，人民可以得到更大的好处；抛弃仁、义等道德律则，人民将恢复他们的孝慈本性；抛弃机巧与厚利的助虐与诱引，盗贼将自动消失。不过，这三项措施作为治标之举，还不足以治本，所以，应把它们作为从属的措施并继之以更为基本的总体原则：表现纯真，持守混沌，减少私心杂欲。

对生活的感悟

在物欲横流的时代，相当一部分人往往在以功利的、消费的观点去看待社会，重物质利益，重物质消费的观念占据了人们的主导思想。这是十分危险的。反映在社会上，一些人铺张浪费，讲排场，大行其道。反映在文化艺术领域中，有些人不顾文化、艺术的品位，甚至不顾艺术家的人格而去粗制滥造，追逐名利。反映在学校中，学生看重名牌和高档物品，而人文文化的修养则很差。凡此都在竭力说明"见素抱朴，少思寡欲"的朴素思想已经被排挤了；也都在警示我们：亟待加强人文建设和人文素质教育。

　　现在，很少有人再谈"见素抱朴，少思寡欲"了。似乎到了这个物质享受发达的时代，都以为只需要消费，"朴素和寡欲"的思想已经没有什么实际意义了。这显然是一种人生的失误。持这种人生观的人表面上很充实，整天忙乱不堪，似乎是对发展经济、建设社会的积极响应。其实，他们恰恰不明白，消费其实是一种最消极的因素，代表着精神上的空虚。物质享受本身无论有多么丰富也不能导致精神上的充实，只能给人增添更多的物欲。

　　有人说这是一个没有信仰的时代，所以也是一个堕落和可悲的时代。也许现代人不知道信仰的重要，或者单纯地把信仰理解为一种迷信。这都是错误的。宗教固然是一种信仰，那些对于生活理念的正确把握其实也同样是一种信仰。有了正当的信仰，就像是有了种子，能生根，能发芽，能抽枝，能于时间和空间的变幻中生长出信条来。有了信条，人就会有所为有所不为，就能够体会到"道"的运行。

　　没有信仰，固然不影响我们吃饭、睡觉和工作，好像是行得通的。但是我们难免会感到空虚和烦恼，觉得生活没有意义，觉得所作所为没有价值。所以有的人就会因此而寻找刺激，甚至为了一己私欲不惜伤天害理。这对社会来说是种危害，对个人来说也是自寻灭亡的不归路。

　　也许是因为现代人太聪明了，因为有巧智，所以远离了原本的清静混沌，越来越不知足，于是也就偏离了"道"的自然而然。在杭州西子湖畔虎跑寺内一个不很起眼的地方，有一副对联："事能知足心常惬，人到无求品自高。"这是已故弘一法师的遗墨。凡是了解弘一法师的人都知道，无论从家境、才学、阅历上来看，还是用爱国之情、志向之取、进取心来比，弘一法师都不会亚于当时或现代的大多数人，甚至远比大多数人都更符合精英分子的含义。然而恰恰是这位自豪"魂魄化成精卫鸟，血花溅作红心草"的热血男儿，认认真真地写下了这样一副对联留诸后世，这便使人不得不冷静下来，认真想一想这副对联的深刻内涵。

孔子有一天感叹，他说我始终没有看见过一个够得上刚强的人。要注意这个"刚"字，脾气大不算刚；刚的人是方正，并不一定脾气大；高帽子戴不上，骂他也不改变，这差不多有点像刚，但还要看他的品德、智慧、修养。前面曾经提到上等人有本领没脾气，中等人有本领有脾气，下等人没本领脾气大。孔子这里的刚是指有本领没脾气的上等人而言。

孔子讲了这句话，有一个人说，有啊，申枨不是很刚吗？子曰："枨也欲。焉得刚？"孔子说申枨这个人有欲望，怎么说是刚呢！一个人有欲望是刚强不起来的，碰到你爱好的，就非投降不可。人要到无欲才能刚，譬如说，这个人真好！真了不起！就是有一点毛病，爱钱。既然他爱钱，你拿钱给他，他的了不起就变成起不了。你说这个人品德样样都好，就是有一个毛病爱读书，遇到懂得手段的人就利用他了，什么都不和他谈，专谈书，他就中计了。历史上有些人，"天子不能臣，诸侯不能友"。请他出来做官，他不干；任何权贵拉拢他，理都不理。但是中国政治上有一个传统的手法，只要在人上者，肯"礼贤下士"，只要以礼下人，任何英雄都不免来入彀中。不过要有道德作背景，如果没有道德的基础，仅是这样乱用，礼也是一把刀，所以真正刚强的人是没有欲望的——即所谓"无欲则刚"。

这个无欲，换种角度来说就是知足。一个人能知足，自然也就不会对外物生出多余的欲望来了。

曾国藩曾说："知足天地宽，贪得宇宙隘。岂无过人姿，多欲为患害。在约每思丰，居困常求泰。富求千乘车，贵求万钉带。未得求速赏，既得勿求坏。芬馨比椒兰，磐固方泰岱。求荣不知厌，志亢神愈忕。岁燠有时寒，日明有时晦。时来多善缘，远去生灾怪。诸福不可期，百殃纷来会。片言动招尤，举足便有碍。戚戚抱殷忧，精爽日凋瘵。矫首望八荒，乾坤一何大。安荣无遽欣，患难无遽憝。君看十人中，八九无倚赖。人穷多过我，我穷犹可耐；而况处夷涂，奚事生嗟气？于世少所求，俯仰有余快，俟命堪终古，曾不愿乎外。语云：名根未拔者，纵轻千乘甘一瓢，总堕尘情；客气未融者，虽泽四海利万世，终为剩枝。"

可见这世上不知足的人多，贫者有贫者的不知足，富者有富者的不知足，总之，欲望是无止境的。看来只有按照老子所说，让自己能够"见素抱朴，少思寡欲，绝学无忧"，方可以知足而常乐啊。

3. 智慧的高低

知人者智，自知者明。胜人者有力，自胜者强。知足者富。强行者有志。不失其所以者久。死而不亡者寿。（《老子·第三十三章》）

译文：能够彻底了解他人的是有见识，而能够敏慧自知才是真的明智。战胜别人的是坚强有力的人，而战胜自我能不受私欲支配的才是真正的强者。知足就是富有，顽强地为理想而奋斗不息的才是真正胸怀天下之人。不离失他所维系、归依的道的人可以长久，身虽死而精神流传不被人所忘怀的人就是长生。

对生活的感悟

我们在这个世界上应该走什么样的道路，取决于对自身的清醒认识，如果不能够了解自己，只是听从他人的意见、按照世俗的看法去度过自己的一生，那未免太浪费自己的生命了。

可是一个人了解别人还算容易，最难的却是了解自己。

中国古代选拔人才最早是采用贤者推举的办法，这和"伯乐相马"

有异曲同工之妙。不过，如果伯乐的水平不够，那么千里马再好也只能被当成是病马了。那时候除了大臣们的推举，还有自荐的，如"毛遂自荐"、"吴起杀妻求将"等。

春秋时期，管仲和鲍叔牙是一对好朋友。管仲家境不好，而鲍叔牙比较富裕，两个人早年合伙做生意，管仲出很少的本钱，分红的时候却拿大头。鲍叔牙毫不计较，因为他知道管仲的家庭负担大。有好几次，管仲帮鲍叔牙出主意办事，反而把事情办砸了，鲍叔牙也不生气，还安慰管仲说："事情没办成，不是因为你的主意不好，而是因为时机不对，你别介意。"管仲曾做了三次官，但每次都被罢免，鲍叔牙认为不是因为管仲没有才能，而是因为管仲没有碰到真正赏识他的人。后来管仲参军作战，临阵逃脱，鲍叔牙不但没有嘲笑管仲怕死，反而解释说这是因为管仲挂念家中的老母亲，要回去尽孝。

后来，管仲和鲍叔牙都从政了。当时齐国朝政混乱，王子们为了避祸，纷纷逃到别的国家等待机会。管仲辅佐在鲁国居住的王子纠，而鲍叔牙则在莒国侍奉另一个齐国王子小白。不久，齐国发生暴乱，国君被杀死，国家没有了君主。王子纠和小白听到消息，急忙动身往齐国赶，想抢夺王位。两支队伍正好在路上相遇，管仲为了让纠当上国王，就向小白射了一箭，谁知正好射到小白腰带上的挂钩，没有伤到小白。小白假装中箭身亡，在管仲等人放松警惕后加紧赶回齐国，抢先一步当上了齐国国君，史称"齐桓公"。

齐桓公即位后，就让鲁国把王子纠杀死，把管仲囚禁起来。齐桓公想让鲍叔牙当丞相，帮助他治理国家。鲍叔牙却认为自己没有当丞相的能力，他说自己只是小心谨慎，循礼守法，非治国之才，于是力谏管仲为相，并说自己才能不及管仲者有五点："宽柔惠民，弗若也；治国家，不失其柄，弗若也；忠信可结于百姓，弗若也；制礼义可施于四方，弗若也；执枹鼓立于军门，使百姓敢战无退，弗若也。"

于是齐桓公请管仲为相，并尊为仲父。管仲为相后，推荐齐国的五杰：隰朋、宁越、王子城父、宾须无、东郭牙等参与国政，唯独没有推荐鲍叔牙。后来管仲病危，桓公问谁可以继任，并说打算用鲍叔牙。管仲回答说，鲍叔牙是君子，但其善恶过于分明，好善还可以，但他见人之一恶，终身不忘，是他的短处，不可以当政。他推荐隰朋继任。桓公从之。

婴臣易牙得知后，以告鲍叔牙说："仲父为相是你所荐，仲父病，君往问之，却说你不可以为政，而荐隰朋，我都替你感到不平。"鲍叔牙回答说："这正是我要推荐管仲的原因，他忠于国而不私其友。要是让我来当政的话，你们这些佞人将没有容身之地了。"管仲曾说："生我者父母，知我者鲍叔牙。"

管仲临死时，劝桓公驱除竖刁、易牙、开方三位佞臣，否则必乱国，桓公问管仲为什么他执政时没有提此三人呢，管仲回答说，臣这样做是为了满足君王的愿望，臣对这三人如像对水，为之堤防，使它不致泛滥，臣死后，堤防没有了，将有横流之患，请君一定要远离这三人。这说明管仲有能力控制这三个佞臣，可称得上是"胜人者有力"。

后来隰朋执政一月而死，桓公要鲍叔牙继隰朋之位，鲍叔牙固辞不得，乃对桓公说："我好善而讨厌小人，一定要用我，请君远离竖刁、易牙、开方三个佞臣。"桓公就把这三个人罢黜了，鲍叔牙不改管仲制定的法度，桓公的霸业得以继续。

但后来桓公又忍不住用竖刁、易牙、开方三人，鲍叔牙愤郁而死。这三个佞臣终乱齐国。

从这段历史，可以看出鲍叔牙能识管仲之才，而且也能明了自己的优点和弱点；管仲也能识"五杰"之才和叔牙之短，不徇私于友，也是智者。更可贵的是鲍叔牙不仅有知人之能和自知之明，而且能摒弃一己之私，称得上是"自胜者强"。

战国时，秦将白起攻赵，赵王命赵括代替廉颇为将。赵括之母上书赵王说，括父赵奢为将，所得赏赐尽与军吏；受命之日，即宿军中，不问及家事，与士卒同甘苦；每事必传咨于众，不敢自专。而赵括徒读兵书，但纸上谈兵，不知变通，今一旦为将，东向而朝，军吏无敢仰视，所赐金帛，尽归私家，括父赵奢临终前曾言："括若为将，必败赵兵。"因此请赵王不要任赵括为将，但是赵王执意任用赵括。结果赵括败于白起，赵兵40万被一夜坑杀。

从这个例子来看，赵括是自以为是，没有自知之明的，而他的父亲赵奢却有着不自矜持、自知且知人的品格。父子之间相差甚远。

老子的"自知者明"的思想，至今仍有深刻意义。不少民营企业昙花一现，就是因为没有自知之明，自以为是，自我决策，稍有成绩就骄傲自满，不知培养人才和充分发挥人才的作用，使得企业领导独断专行，任人唯亲，致使人才流失，而使企业经营每况愈下。

4. 闻道而笑

上士闻道，勤而行之；中士闻道，若存若亡；下士闻道，大笑之。不笑不足以为道。（《老子·四十一章》）

译文：有识者得悉"道"之理后，勤勉行政、身体力行；普通人听了似懂非懂，半信半疑，不知如何是好，终究无所得；无知的人听了觉得难以置信，大加嘲笑。如果"道"不能让这种人听了觉得可笑，那也就不是什么真正的"道"了。

对生活的感悟

有学者把人类社会横向分为三个层次，即上、中、下，其中上层大约占整体的3%，中层大约占17%，下层大约占80%。当然谁都不想成为那80%的下层社会的人，可惜的是大部分人都是处于这个层面中的。这不仅是指物质生活水平，也是指思想意识层次。

宣扬成功学的人们会主张，一个人若想成功，就要先向成功的人学习，然后和成功的人合作，这样才能从已经成功的人身上学到他们成功的因素，并找到使自己成功的方法。同样的，若是想成为上士，那么就要掌握他们是怎么思考问题，是有着什么样的处理问题的方式，有着什么样的人生观和事业观。如果你有着成功者的心态和思维方式，再加上能够坚持不懈，那么你前面的终点就只有一个：成功。如果不具备这种心态，即使拥有再多的物质，也不能算是上士，看看那些"富不过三代"的显赫之家，就是因为子孙没有先祖创业时的那种兢兢业业的态度，所以即使有了财富也守不住。所以才有人说"创业难，守业更难"。

如果觉得这些道理好像有些用处，自己也想要成功，可是又觉得不容易做到，对前途感到渺茫，也许付出了什么也得不到，还不如再等等看，看别人照着这方法做会怎么样，等他成功了我再跟着做，要是他不行，那我就笑他不知道观火候……如果是抱着这种观念做事，那就属于"闻道"后"若存若亡"的人，是中士。或许可以触及到成功，但也有可能是失败，这就要看最终的选择如何了。如果只是存有观望的态度，而迟迟不肯迈出第一步，那就是在选择失败。

而下士是些什么样的人呢，那是根本就不相信这些道理的人，如果有人跟他说："你现在穷，是因为你的观念造成的。"他或者听不懂，或者要"大笑之"以示不信。这只是举个例子，不是针对那些现在没钱的人，不论是否有钱、是否有权或者是否有名，将来的走向都是被你的意识所牵制的，如果你只有下士的心态，那又怎么可能利用现有的物质基础发挥上士的优势呢？即使因为一时的运气，或是凭借先人的积累，而获得了一些机遇，但这都是不可能长久的。

没有上士的心态却想成为上士的人，难免要做出一些危险的事情，有可能在物质欲望膨胀起来之后什么事情都做，偷盗、抢劫、绑架、贩毒、贿赂……事实上这样的人并不在少数，这就是因为他们没有一个正确的意识去支配自己的行为。

有这样一个故事：一个富翁要出门远行，临走之前把三个仆人叫到面前来，交给他们每人 100 个金币，对他们说："你们拿着这些钱去做生意，等我回来时，再来见我。"三年之后，富翁回来了，第一个仆人报告说："主人，您交给我的 100 个金币，我已经用它赚了 10 倍。"富翁很高兴，就把这些钱都奖励给他。

第二个仆人说："主人，您交给我的 100 个金币，我用它赚了 5 倍。"富翁也很高兴，照样奖励了他。

第三个仆人说："主人，您交给我的 100 个金币，我害怕丢失，又怕做生意赔本，所以一直埋在地底下。"富翁很生气，命令将那 100 个金币也奖励给第一个仆人，并说："凡是少的，就连他所有的也要夺过来。凡是多的，还要给他，叫他多多益善。"

这就是著名的"马太效应"。这其实就是基于心态和思维方式的不同，付出的越多就会得到的越多，而害怕损失不敢付出的就会连现在所拥有的都会失去。因为没有什么东西是可以守住一直不失去的，这是事物运行的必然。想要一直拥有，就得一直付出，像流水一样，有进有出，水才是活的，才是丰盈的，若只进不出，或只出不进，那水要么会溢出来，要么就会干涸。人生也是一样。

老子虽然提倡清静无为，要顺其自然，而不给自己的天性妄加些没有用处的东西，但是这不是说让人不思进取，碌碌无为。要顺其自然，就要吐故纳新，要新陈代谢，所以这种清静无为是积极的而不是消极的。

如果一个人只是想平庸地过一生，可是又不能让自己心静如水，对着各种物欲的诱惑心动不已，那么这种生活就是痛苦的，是不幸的，更是与老子所说的那种顺其自然的生活搭不上边。

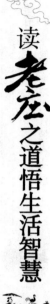

5. 关键时刻不要走错路

故建言有之：明道若昧，进道若退，夷道若类。（《老子·四十一章》）

译文：所以有人说，真正清楚明白的"道"在愚昧的人看起来似乎是晦暗不清的；最高畅通无阻的"道"在愚昧的人看来却是最闭锁不通的；最宽阔平坦的"道"在愚昧的人看来却是最崎岖坎坷的。

对生活的感悟

明白了大道就抛弃了小聪明，在只有着小聪明的人眼中看来反而是糊涂了；走上了歧途还以为自己是走在正道上，那是因为从未真正体会到正道的存在，或者说从来就没接触到过那个境界的边缘。最完美的美德就是虚怀若谷，只有这样才能接纳百川，然而人们往往并不这样认为，他们只要有一杯水就以为自己得了大智慧，只要有了一块石头就以为自己拥有了天下。

在这种情况下，人们往往走不出自己的路，前途在他们眼中迷迷茫茫，歧途甚多，有时候循着自然大道才走了没多久，被旁边的小聪明的人说上几句，就以为自己走错了路，慌慌张张地改道而行，殊不知这才是歧路。

因为看起来通往"道"的路是如此崎岖不平，而且晦暗不清，所以人们觉得走这种路太艰险了，可是风光往往只有在险峰上才可以领略到。

北宋真宗时，契丹人入侵宋境，告急的文书连连发到朝廷，却都被宰相寇准给扣下了，不让真宗皇帝知道。

真宗在别处听说这个消息，非常着急，就向寇准问讯。寇准说："大敌当前，如果没有拼死的决心，任何妙计都是无用的。我请求皇上御驾亲征，为将士们击鼓打气。"

真宗害怕了，说："我贵为天子，怎么能以身犯险呢？除非你能保证我的绝对安全，否则就是对我不忠了。"

寇准说："如今敌军气势正盛，我军连连失地，这种局面必须改变了。皇上虽然冒些凶险，但只有这样才能鼓舞将士们的士气，挽回颓势。我想敌军万万预想不到皇上会亲自上阵，他们一定会十分恐慌的。"

真宗被寇准劝服，勉强出征。走到南城的时候，随行的大臣又劝真宗回去，他们说："契丹的兵力强大，皇上为什么要和他们硬拼呢？不如迁都到南方，以后再作打算。"

寇准舌战群臣，坚持请真宗到澶州督战。他说："成就大业，就不能回避风险，以求安稳。现在契丹势在灭我大宋，我们如果退让，那么就会一败涂地不可收拾。"

真宗犹豫不决，寇准于是把负责军事的武将高琼找来，对他说："国家危难，皇上决心难下，还请你去劝谏皇上不要后退。如今人心不稳，这也是你们武将为国报效的时候了。"

高琼便去面见真宗，说："兵来将挡，水来土掩，这是很自然的事，皇上不该听信南迁的话。皇上带领我们杀敌，军心一定大振，我军一定会大胜的。"

有了武将的保证，真宗终于安心了一些，于是亲临澶州督战，全体将士奔走相告，士气大振。契丹人果然胆怯起来，不敢进攻了。

最后，双方签订了"澶渊之盟"，大宋北方的一些领土得到了保全。

寇准力主真宗涉险亲征，这在大多数人眼里都是一条不可取的路，然而正因如此才避免了宋朝亡国的命运。人们不愿冒险走自己认为是不清楚的路，这是因为他们不知道，有时候只有那些他们认为不安全的路才是真正合乎"道"的，是顺应事物发展趋势的正确之路。在这一点上，只有像寇准这样的有远见的人才能坚持正确方向。

在面临紧要关头的时候，因为人们缺乏远见，更加不容易看清前途，这种时候尤其容易选错了路。

公元979年初，宋太宗御驾亲征北汉，北汉主刘继元走投无路，只好投降。面对这巨大的胜利，宋太宗心花怒放，难以自持，他不顾兵疲财缺的现状，主张乘胜伐辽，收回被辽占据的燕云十六州。

宋朝大将潘美反对此议，他对宋太宗恳切地说："我军大胜，此刻也不能志得意满，轻敌冒进。眼下尚需稳定局势，巩固胜果，士卒也需要休整。"

但是宋太宗求胜心切，坚持大举北进，快到高粱河时，宋军遭到辽军的伏击，损失惨重，宋太宗一时也不知去向。

当时，宋太祖赵匡胤的长子、武功郡王赵德昭也随宋太宗亲征，他手下的将领猜测宋太宗不是被杀就是被俘了，于是私下商议立赵德昭为帝。众人讨论过后，就去劝说赵德昭："皇上失踪，想必已经蒙难。如今军心不稳，大敌当前，郡王如不当机立断，承继大统，恐怕变乱不止。恭请郡王速即帝位，以此安定军心，号召天下。"

赵德昭面对众将拥立，一时心动。本来宋太祖赵匡胤去世时没将皇位传给儿子赵德昭，却是传给了弟弟赵匡义，就让赵德昭很是郁闷。但是后来他为了避免宋太宗的猜忌，就处处表现得恭敬，丝毫也不敢表现出自己的怨尤，这才君臣相安无事。此时面对众将的拥立，在最初的欣喜过后，他开始考虑这件事关系太大，万不可因贪图帝位而犯下致命之祸。虽然在众人看来，此刻登上帝位是顺理成章之事，但如果太宗并未蒙难，一旦回来看到他轻率即位，必然不会放过他，到时候大难就要临头了。

于是他故作愤怒之状说："皇上生死未明，大敌在侧，尔等不思报国杀敌，却在这里胡言乱语，动摇军心，这是忠臣所为吗？我为皇上臣子，誓死效忠皇上，岂能受你们的唆使，干下这等大逆不道之事？你们真是昏了头了！"

众将面面相觑，口中只好自称有罪，但是心里未免异样。

为了安抚他们，赵德昭又低声说："你们的好意我心领了，可是荣辱之事，岂可操之过急？再说赵氏江山谁做皇帝都是一样，我岂能趁皇上危难而行其私呢？倘若皇上真的遭遇不幸，为了宋室江山，我还是不会令各位失望的。"

众将皆服其义。第二天早上，宋太宗被杨业父子救回，安然无恙，众将又深服赵德昭的慎重了。

在不同情况下看来，同样的路表现的状况也是不一样的。当天还是光明一片，第二天就变成了灾祸之源。因此在选择该走哪一条路的时候不可不慎重，尤其应该带有一双睿智的眼睛，顺应大道，不可逆道而行。

6. 有时候规矩太多并不是件好事

天下多忌讳，而民弥贫；民多利器，国家滋昏；人多伎巧，奇物滋起；法令滋彰，盗贼多有。（《老子·五十七章》）

译文：政令越繁琐，人民越贫困；社会上以暴力手段获取利益的行为越多，国家也就越是难以治理。人们的技能越是巧妙高明，反常的东西也就日益增多。法律越是严苛，盗贼反而越是难以遏阻。

对生活的感悟

多忌讳，往往是那些心理脆弱不堪一击的人忌讳多，而无所顾忌的人心理健康，自然不需要什么忌讳。而忌讳多的人往往一旦被触犯，就会怒不可遏，做出些失常的举动来。如果是天下多忌讳，也就是国家的法令繁琐严苛，那人民不知道自己哪里一不小心就会触犯了法令，做起事来小心翼翼，不敢稍越雷池一步，为求自保，自然也就宁可少做少错，这样也就谈不上什么发展了。那么"民弥贫"也就是显而易见的事了。

"民多利器，而邦家滋昏；民多智能，而奇物滋起；法令滋彰，而盗贼多有。"这段话说来就像是在专为今日欧美社会所言一样。文明越是先进，物质基础越是丰厚，利器、智能、法令越是增多，祸患反而越深了。这是因为人们的自身修养并没有像迅速发展的物质基础一样发展起来，当人心不能够顺其自然、清静平正时，面对种种利器、智能、法令，自然也就容易盗贼奸伪迭起了。

明太祖朱元璋刚刚即位不久，发现官员腐败之事已经开始迅速蔓延：刑部尚书收受罪犯贿赂，指示属下把罪犯放走，用死囚来替他坐牢；宝钞提举司和户部官员勾结，印了七百万锭纸币，自己私吞了一百四十三万锭；兵部侍郎借抓捕逃亡军人的机会，收受军人家属贿赂二十二万锭……而那些地方官中的贪污程度更是惊人。

作为一个农民出身的皇帝，朱元璋非常痛恨贪污腐败，他采取了中国历史上最严厉的措施来惩贪。他规定凡贪污六十两的，就剥皮食草，摆在衙门前示众。按说这一规定已经残酷至极，不想他后来公布的政策更为极端："今后犯赃的，不分轻重都杀！"

朱元璋生性苛细，连多用一张信纸在他眼里都算贪污。翻开《大诰三编》，你会看见皇帝亲自惩办的贪污案里，有这样一些赃物："收受衣服一件、靴二双"，"圆领衣服一件"，"书四本，纲巾一个，袜一双"。

朱元璋对贪污之官，宁肯错杀一千，不可放过一个。他规定，凡有贪污案件，都要层层追查，顺藤摸瓜，直到全部弄清案情，将贪污分子一网打尽为止。但是这样做虽然可以使贪吏无所遁形，可是在法制不健全的情况下，却也易生流弊，审理者务为严酷以当上旨，株连蔓引，往往累及无辜，有时候连坐冤杀的甚至达数万人之众。

虽然惩贪措施如此严厉，腐败却从来没有绝迹。大的腐败案消失了，小的腐败却仍然层出不穷。固然说官员们的贪污之风由来已久，一时难绝，但朱元璋施行的低薪制无疑在加剧着腐败的蔓延。史称明代"官俸最薄"，正一品官月俸米八十七石，正四品二十四石，正七品七石五斗。折合成银两，一个县令月收入不过五两，折换成现在币值，1000元左右。我们要知道，这五两银子不光要负担县令个人的生活，还要供养家庭，支付师爷们的工资。因此，如果不贪污，大明王朝的官员们根本活不下去。

朱元璋却从来没有想到应该提高官员的待遇。他从道德高度出发，理直气壮地认为官员们都是用孔孟思想武装起来的人，理所当然地应该不计报酬，敬业奉献。然而，皇命也不能剥夺官员们糊口的权利，况且朱元璋一个人毕竟监督不过来普天下所有官员。随着朱元璋惩贪力度的不断加强，用"书四本，纲巾一个，袜一双"之类标准衡量出的贪污"案件"暴露得越来越多，在朱元璋眼里，腐败已经发展到了"无人不贪"的程度。

在这种情形下，再加上朱元璋惩治贪官污吏时往往不遵守自己修订的《大明律》的规定，而受自己情感的影响，经常出现轻罪重判，无罪枉断的现象。据说，洪武时期的大臣每天早朝前，定要与妻子诀别安排好后事，如同上刑场一般，意谓此去凶多吉少。下朝后合家欢悦，庆贺又活过了一天，真是"度日如年"。

我们可以想象，在人皮草囊相伴下，那些明朝的官员们的心境是如何忐忑不安，而且薪水又少得几乎养活不了家人，收受一双袜子都要被砍头，这种情况下官员们又怎么能安下心来处理政事呢？所以虽然朱元璋惩贪的力度举世罕有，可是不仅未能使贪污之行绝迹，而且也没有使得明朝出现"贞观之治"或是"康乾盛世"那样的大好局面。

这也就是老子所说的"天下多忌讳，而民弥贫；民多利器，国家滋昏；人多伎巧，奇物滋起；法令滋彰，盗贼多有"的体现了，虽然朱元璋重典严刑，可是朝廷中贪污不断，百姓中起义不断，实在是没有达到真正治贪倡廉的效果。可见，规矩太多并不一定是好事，想将事情处理好，不能光靠立规矩，还得真正将法令与社会现实相结合，不能不顾实际。

7. 世俗的看法不一定就是对的

正言若反。（《老子·七十八章》）

译文：正道与俗世的看法往往是相反的，让人觉得不以为然。

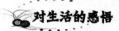
对生活的感悟

所谓"正言若反"，是老子辩证思维理论体系中的一个重要环节，也是老子的一个基本观点和思维表达方式，表现了老子逻辑思想的特色。黑格尔在评论赫拉克利特的辩证思维时曾说："理性在他物中认识到此物，认识到在此物中包含着此物的对方。"老子的辩证思维也体现了这个思想。

老子概括出，在事物的发展变化中，有时候条件与结果、目的与手段乍看是相反的，而实际是一致的。这对缺乏辩证思维的人来说，似乎是悖谬之论，但是无数的实践证明了这是真理。而且这种真理是我们每一个人应该都能体会到的，只是大多数人从未思考过这类问题。

作为老子思想的继承和发扬者，庄子在自己的著作中也表现出了和老子一致的辩证思维方式，唐注释家陆德明在《经典释文序录》就曾

说庄子是"辞趣华深，正言若反"。例如在《庄子·秋水》中，说风蓬蓬然起于北海而入于南海，以手指挡之，风不能折指，指却能胜于风，以足踏之，风不能折足，足却能胜于风，然而风能折断大树，掀翻大屋，这就是以众小不胜为大胜。从许多局部说，是小不胜，但积聚许多局部的小不胜却能够整体上大胜。表面上看这是一个悖论式的语句，实际上是巧妙地表达了局部和整体相反相成的辩证性质。

而在《庄子·山木》中则说"君子之交淡若水，小人之交甘若醴，君子淡以亲，小人甘以绝"，君子的交往是出于志同道合，虽在物质利益上淡薄如水，感情上却能够亲密无间。小人的交往是出于蝇头小利，虽在物质利益上美如甜酒、却会在感情上导致决裂断绝。这是庄子总结的交友之道，其表达形式也是正言若反。

老庄"正言若反"的辩证思维方法与表达形式在现代仍有着巨大的生命力，对现代人的生活有着深切启示，值得仔细品味。

在生活中，可能我们时常觉得生活像是在和我们唱反调，想达到的目的总是达不到，想得到的东西总是得不到，似乎总是在遭遇挫折和失败，所以人说"世上不如意事十之八九"。就如老子所说"正言若反"，儒家的孟子也说过："天将降大任于斯人也，必先苦其心志，劳其筋骨，饿其体肤，空乏其身，行拂乱其所为……"同样是靠着"反面"的艰难而达到正面的"动心忍性，增益其所不能"。可见那些让我们感到挫折的反面的环境是为了增强我们面对困难的韧性。

有许多人正是因为经历过反面的逆境，然后才体会到正途何在。

司马迁的父亲名谈，是一位太史令，"掌握秘籍，职司记载"，博学天文、史事，通晓诸子学术。司马迁从小受到良好的熏陶，10岁时，他随父来到长安，诵读圣贤之书，有机会接触到许多珍贵文化历史资料。20岁以后，司马迁开始周游各地名山大川，他游历淮河、长江一带，深入乡野，探访古迹，采集传说，考察风土人情。

他曾到过刘邦起兵的沛县等地，访问过萧何、曹参、樊哙、滕公等人的故家，了解了他们的一些事迹。他曾登上会稽山，去寻找民间传说已久的禹穴。为了勘察舜帝所葬的地方，他又登上九嶷山。他考察过屈原的遗迹，参观了孔子的"庙堂车服礼器"，瞻仰过信陵君门客侯嬴曾经看过的夷门。他"读万卷书，行万里路"，增长了不少的知识，更重要的是接近下层人民，了解人民的疾苦，为后来撰写《史记》积累了大量资料。

司马谈死后三年，司马迁继任当了太史令。在他42岁的时候，开始了《史记》的著述。

在公元前99年，司马迁因替李陵辩冤而遭大祸，司马迁在狱中受到奇耻大辱，本想"引决自裁"，但为了完成《史记》，他不得不"隐忍苟活"下来。在狱中他想起以前周文王被商纣王囚禁的时候，曾推演出《周易》的卦爻。他想起了孔子在陈、蔡二国遭到困厄，而作《春秋》，屈原放逐江南而作《离骚》，鲁史官左丘明双目失明而编撰《国语》，孙膑受到髌刑而作《兵法》……这一切给了司马迁极大的鼓舞。在狱中他效法这些不朽的名家，发愤而作，为了完成自己的宏伟心愿，忍辱含垢，发愤著述，终于在公元前92年，以极大的毅力和雄深雅健的文笔，完成了不朽的历史巨著《史记》。

司马迁写《史记》的过程，说明了一个人在困境面前要学会忍耐，从而才能更加坚毅。就像在《圣经》里所说："我们求主加增我们的信心，神却使我们伤财、害病、失业、遭难，逼我们比前更运用信心。"这便是一种"正言若反"的方式，所以当我们觉得环境不顺，期望和事实背道而驰的时候，要知道这是在借助环境造就自己的机会。

《论语·雍也》中说颜回"一箪食，一瓢饮，在陋巷，人不堪其忧，回也不改其乐"，这体现了颜回安贫乐道的品格。一个人之所以能够安贫乐道，首先是因为他已经窥知了"道"的妙处，既然体会了"道"的境界，那么世俗的贫困又怎么能够困住他那颗快乐而安然的心呢？

正言若反，在世人眼中看到的贫困生活，不一定就是真正的不安乐，这个道理只有真正身临其境的人才能够细心体会了。

第六章
心包太虚　量周沙界

　　包容就是广泛地容纳、包含、不苛求、不偏执、不计较，包容是人生的大智慧，是一种深厚的涵养，它能产生强大的凝聚力和感染力，能浇灭怨艾、嫉妒之火，化戾气为祥和、化干戈为玉帛，借助包容的力量就可以打开通往成功的大门，同时也使自己的心灵得到慰藉和升华。

1. 做事要留余地

天网恢恢，疏而不失。（《老子·七十三章》）

译文：天道如网，广大无垠。看似疏散，但却没有漏失。

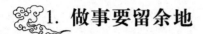

对生活的感悟

凡事有因必有果，有果必有因。天网疏散是因为上天有好生之德，给人以反省检讨的机会，因此才有那句俗语："穷寇莫追。"生活中，我们每个人也都与社会有千丝万缕的联系，所以凡事都不要做得太绝，给人留余地也就是在给自己留后路。

有这样一则寓言：有一天，狼发现山脚下有个洞，各种动物由此通过。狼非常高兴，它想，守住山洞口就可以捕获到各种猎物。于是，它堵上洞的另一端，单等动物们来送死。

第一天，来了一只羊，狼追上前去，羊拼命地逃。突然，羊找到一个可以逃生的小偏洞，从小洞仓皇逃窜。狼气急败坏地堵上这个小洞，心想，再也不会功败垂成了吧。

第二天，来了一只兔子，狼奋力追捕，结果，兔子从洞侧面的更小一点的洞里逃生。于是，狼把类似大小的洞全堵上。狼心想，这下万无一失了，别说羊，与兔子大小接近的狐狸、鸡、鸭等小动物也都跑不了。

第三天，来了一只松鼠，狼飞奔过去，追得松鼠上蹿下跳。最终，松鼠从洞顶上的一个小道跑掉。狼非常气愤，于是，它堵塞了山洞里的所有窟窿，把整个山洞堵得水泄不通。狼对自己的措施非常得意。

第四天，来了一只老虎，狼吓坏了，拔腿就跑。老虎穷追不舍。狼在山洞里跑来跑去，由于没有出口，无法逃脱，最终，这只狼被老虎吃掉了。

对这一案例，各界人士说法不一。

哲学家说：绝对化意味着谬误。

宗教家说：堵塞别人生路意味着断自己的退路。

环境学家说：破坏原生态平衡者必自食其果。

经济学家说：预算和计划都要留有余地。

军事家说：除非你是百兽之王，否则，别想占有整个森林。

法学家说：凡规则皆有例外，恶法非法。

政治学家说：绝对的权利导致绝对的腐败，绝对的腐败必然导致彻底的失败。

渔民说：一网打尽，下一网打什么？

农民说：不留种子就是绝种绝收。

总之，人的生存与发展，依赖于千丝万缕的社会关系，所以无论做什么事都不要做得太绝，得为自己留一条后路。

本寓言里的狼发现了一个山洞，各种动物由此通过，为了捕获各种动物，狼把这个洞里除洞口外的所有通道都封死了，却不料使自己陷入万劫不复之地，成了老虎口中的美食。灭人者终自灭。"竭泽而渔"，"杀鸡取卵"，古而有之。

在人与人的交往中，也有一些人为了追求个人利益而对别人不管不顾，甚至是在别人身处逆境时落井下石，这样的做法是极其愚蠢的，因为一个人再成功，也不能保证自己就没有倒霉的时候，把事情做绝了，到时谁又会向你伸出援手呢？

在一个茫茫沙漠的两边，各有一个村庄。从一个村庄到另一个村庄，如果绕过沙漠走，至少需要马不停蹄地走上20多天；如果横穿沙漠，那么只需要3天就能抵达。但横穿沙漠实在太危险了，许多人试图横穿沙漠，结果无一生还。

有一天，一位智者经过这里，让村里人找来了几万株胡杨树苗，每半里一棵，从这个村庄一直栽到了沙漠那端的村庄。智者告诉大家说：

"如果这些胡杨有幸成活了，你们可以沿着胡杨树来来往往；如果没有成活，那么每一个走路的人经过时，要将枯树苗拔一拔，插一插，以免被流沙给掩埋了。"

果然，这些胡杨苗栽进沙漠后，很快就全部被烈日烤死了，成了路标。沿着"路标"，在这条路上大家平平安安地走了几十年。

有一年夏天，村里来了一个僧人，他坚持要一个人到对面的村庄去化缘。大家告诉他说："你经过沙漠之路的时候，遇到要倒的路标一定要向下再插深些；遇到要被掩埋的路标，一定要将它向上拔一拔。"

僧人点头答应了，然后就带了一皮袋的水和一些干粮上路了。他走啊走啊，走得两腿酸累，浑身乏力，一双草鞋很快就被磨穿了，但眼前依旧是茫茫黄沙。遇到一些就要被尘沙彻底掩埋的路标，这个僧人想："反正我就走这一次，掩埋就掩埋吧。"他没有伸出手去将这些路标向上拔一拔。遇到一些被风暴卷得摇摇欲倒的路标，这个僧人也没有伸出手去将这些路标向下插一插。

但就在僧人走到沙漠深处时，寂静的沙漠突然飞沙走石，有些路标被掩埋在厚厚的流沙里，有些路标被风暴卷走了，没有了影踪。

这个僧人像没头的苍蝇似的东奔西走，却怎么也走不出这个大沙漠。在气息奄奄的那一刻，僧人十分懊悔：如果自己能按照大家吩咐的那样去做，那么即便没有了进路，还可以拥有一条平平安安的退路啊！

是的，给别人留路，其实就是给我们自己留路。善待他人，关爱他人，实际上就是善待自己，关爱自己。

在一场激烈的战斗中，连长忽然发现一架敌机向阵地俯冲下来。照常理，发现敌机俯冲时要毫不犹豫地卧倒。可连长并没有立刻卧倒，他发现离他四五米远处有一个小战士还站在那儿。他顾不上多想，一个鱼跃飞身将小战士紧紧地压在了身下，此时一声巨响，飞溅起来的泥土纷纷落在他们的身上。连长拍拍身上的尘土，抬头一看，顿时惊呆了：刚才自己所处的那个位置被炸了两个大坑。

故事中的小战士是幸运的，但更加幸运的是故事中的连长，因为他在帮助别人的同时也帮助了自己！在我们的人生大道上，肯定会遇到许多为难的事。但我们是不是都知道，在前进的路上，搬开别人脚下的绊脚石，有时恰恰是为自己铺路？

所以，一个高明的人往往是个心胸宽广的人，缺乏智能的人才会得饶人处不饶人，最终断绝自己的后路。

2. 以德报怨是最大的宽容

和大怨，必有余怨。安可以为善？是以圣人执左契而不责于人。故有德司契，无德司彻。无道无亲，常与善人。(《老子·七十九章》)

译文：无论如何化解深重的怨恨，必然还会残留难以消除的余怨，这怎么能算完善？所以圣人待人即使被伤害了，也不会利用有利的地位去报复。有德的人只给予别人而不向别人索取，这就像拿着契约却不去逼债一样。无德的人像掌管税赋的一样，只向人索取而不给予别人。天道虽不偏袒，但却护卫有德者。

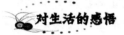

对生活的感悟

有人的地方就有江湖，有江湖的地方就有争斗，如果不懂得宽容，那么你就难免要处处树敌，寸步难行。而对老子来说，不计旧怨还不是宽容的最高境界，真正懂得宽容的人会放弃报复对方的想法，热情大度地待人，求得人与人的谅解、和谐。

一位名叫卡尔的卖砖商人，由于另一位对手的竞争而陷入困难之中。对方在他的经销区域内定期造访建筑师与承包商，并告诉他们：卡尔的公司不可靠，他的砖块不好，生意也面临即将歇业的危险。卡尔对别人解释说他并不认为对手会严重伤害到他的生意。但是这件麻烦事使他心中生出无名之火，真想"用一块砖来敲碎那人肥胖的脑袋作为发泄"。

"有一个星期天早晨，"卡尔说，"牧师讲道时的主题是要施恩给那些故意为难你的人。我就把在上个星期五，我的竞争者使我们失去了一份 25 万元订单的事跟牧师说了。牧师却教我们要以德报怨，化敌为友，而且他举了很多例子来证明他的理论。当天下午，我在安排下周日程表时，发现住在弗吉尼亚州的我的一位顾客，正因为盖一间办公大楼需要一批砖，对方所指定的砖型号并不是我们公司制造供应的，而与我的竞争对手出售的产品很类似。同时，我也确定那位满嘴胡言的竞争者完全不知道有这笔生意机会。"

这使卡尔感到为难，是遵从牧师的忠告，告诉对手这桩生意的机会，还是按自己的意思去做，让对方永远也得不到这笔生意？那么到底该怎样呢？卡尔的内心斗争了一段时间，牧师的忠告一直萦绕在他心田。最后，也许是因为很想证实牧师是错的，他拿起电话拨到竞争对手家里。

接电话的人正是他本人，当时他拿着电话，难堪得一句话也说不出来。卡尔还是礼貌地直接告诉他有关弗吉尼亚州的那笔生意。结果，那个对手很是感激卡尔。卡尔说："我得到了惊人的结果，他不但停止散布有关我的谣言，而且甚至还把他无法处理的一些生意转给我做。"卡尔的心里也比以前感到好多了，他与对手之间的误解也获得了澄清。

太过顺遂的人生反而是不好的，只有经历挫折才能让人真正成熟起来。如果一个人能以这样的心态去看待曾经伤害过自己的人，那么他也就悟透了宽容的含义。

宽容意味着给予，给予别人能使自己变得更加丰富。刻薄意味着摄取，摄取得太多则容易干涸。宽容是有力量的表现，而刻薄却是力量不足的流露。

宽容是人类情感中最重要的一部分，这种情感能融化心头的冰霜，驱散眉宇的阴翳，焕发出重整旗鼓的力量，使你留得青山，可图再起。

宽容是一种无声的教育，"唯宽可以得人"，宽容最终将使伤害你的人情愿或不情愿地走向道德法庭的被告席位，或者受到这宽容的巨大感召，放弃伤害，归顺于美好的人际中来。

宽容是人类性情的空间，这个空间越大，你的情绪就会有转折的余地，就越加不会大动肝火，纠缠于鸡虫之争；宽容别人，给别人留条后路，别人才会报之以宽容，这也为自己留下了余地；从某种意义上说，宽容别人也是宽容自己，保护自己。给别人留一些空间，你自己将得到一片蓝天；一个宽容的人，到处可以契机应缘，和谐圆满，微笑着对待人生。

还在为受到的一次伤害怨气满腹吗？还在为自己的不平寻求报复吗？何苦来呢？人生不过短短数十载，多包容一些，让心境更平和一些，你不是可以活得更轻松一些吗？

3. 你用哪只眼睛看世界

以道观之，物无贵贱；以物观之，自贵而相贱。（《庄子·秋水》）

译文：以自然的常理来看，万物本没有贵贱的区别。从万物自身来看，各自为贵而又以他物为贱。

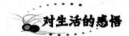
对生活的感悟

世人总是以自己的眼光去看世界，把世间万物分出了高下之别。其实，每件事物的存在都有其存在的价值，都是不可替代的。无论你身处何种位置都不必因此骄傲或自卑，你所能做的只是让自己无愧于心。

有两个妇人在聊天，其中一个问道："你儿子还好吧？""别提了，真是不幸哦！"另一个妇人叹息道，"他实在是很可怜，娶个媳妇懒得要命，不烧饭、不扫地、不洗衣服、不带孩子，整天就是睡觉，我儿子还要端早餐到她的床上呢！"

"那你女儿呢？""那她可就好命了。"妇人满脸笑容，"她嫁了一个不错的丈夫，不让她做家务事，全部都由他一手包办，煮饭、洗衣、扫

— 157 —

地、带孩子，而且每天早上还端早点到床上给她吃呢！"

同样的情形在儿媳妇那里就是十恶不赦的罪过，在女儿那里却成了人生幸运的注解。

世事就是这么奇怪，所谓的尊卑高下之别，都是因为人们的观念而出现的，因为人们看事物的角度不同而形成的。

因为世间事物太复杂，内容也太丰富了。所取的角度不同，评价也就不同。如果所取的角度相同，评价或许相同，或许也相去甚远。但无论同与不同，都指向同一事物，说明着同一事物。由此引起的是非争辩只是人的事，与事物并无关系，事物还是事物。

因此，举凡小草和大树，丑陋的东施和美丽的西施，以及一切稀奇古怪、变化莫测的事物和人事现象，从人世间的大道来讲，都可以通融为"一"。也就是说，现象复杂纷繁，看起来多姿多彩，议论起来各个不一，确确实实是不同的，但它们却又遵循造物主的统一规律而存在。在社会人生上许多现象、许多是非，它们也归于一——归于人生在世必然发生的种种情态。这个"一"就是人本身。

立身处世，地位尊贵和地位卑下，实际也是同一的。这里尊卑、高下只是一种世俗的、甚至是无知的评价。

现实生活中常常碰到这样一些事例，相同年龄的孩子一同读书成长，后来出路却大不相同。有端铁饭碗、坐办公室的；有当工人、每天守点的；也有上大学、继续受寒窗之苦，为人们认定的"锦绣前程"而奋斗的；也有自食其力、沿街叫卖，或街头做生意的。这些便构成了社会分工的一级级台阶。于是，自以为在下者，见了在上者，心里就很自卑，而自食其力、沿街叫卖者却羞于见人。人情如此，尚可体惜，用道来衡量，未免不谙世事。

人的地位有高低，工作有不同，无论做工务农，或者行商坐贾、做官坐府，都是为了生存。生存既是为了自己衣食住行，也是为了社会存在与发展。所以各种行业、各种营生在生存这一根本问题上是通而为一的。

既然人生没有高下尊卑，所以自食其力的生存手段也无高下荣辱比较的必要。

春秋战国时的范蠡，先是帮助越王打败吴国，而最后辞官远遁去做生意，成为名扬千古的大富翁"陶朱公"。还有秦朝丞相吕不韦，也是生意人。外国现代许多跨国大公司、大企业集团，也是由小本经营起家，像打天下一样，经营起一番事业的。

人的各种工作，在生存这一点上通而为一。既然这样，尽其所能，人可以干什么就去干什么。扫大街、看大门，不为耻辱；做大官、干大事也不算特别荣耀。至于无知浅薄之徒，指指点点，说三道四，爱慕虚荣，甚而趋炎附势，管他呢？

庄子认为，世间万物，无论是成全还是毁坏，尊贵与卑贱都是可以复归于一的。所以智者从不会让别人的评价影响自己。还是那句话：走自己的路，让别人说去吧！

4. 沧海一粟的卑微

吾在于天地之间，犹小石林之在大山也。（《庄子·秋水》）

译文：我存在于天地之间，就好像一小块石子、一小块木屑存在于大山之中。

对生活的感悟

做人还是要谦逊一点，因为"人外有人，天外有天"，你再强大，总有比你更强大的人。所以，遇到比自己强的人，就要与他谦虚相处；遇到比自己差的人，也不能自高自大，还是要谦逊地对待他。

生活中，有的人"自我感觉"特别好，优越感极强，总感到自己要比他人强，更为高明，处处、事事、时时都显示出一副盛气凌人的样子，自以为是，对他人说起话来总有一副老大的味道，平时的一言一行总会自觉或不自觉地流露出高人一等的样子，不懂得平等待人……而几乎每个人都喜欢被他人尊重，因而对这种高傲无礼的人，大多数人都会采取敬而远之，躲得远远的，在这种情况下一般是处理不好人际关系的。

别忘了，强中自有强中手，山外青山楼外楼。

完全按自己的主意行事，与人相交合则留，不合则去；比自己强的人不接近，比自己差的人不迁就。这样高傲的人生活得一定不会快乐，自己的心灵也很寂寞，也会感到压抑。比自己强的人，谦逊地和他相处；比自己差的人，也谦虚地和他相处；把功利放在一边，把评价放在一边。何况功利与评价并不是一成不变的。

因此，谦虚自然地与人相处，别人舒服，自己也舒服，该多好！

谦虚不是抬高了别人，也不是踩低了自己。谦虚恰恰是一种能容忍他人的能力。谦虚正是一种成功者的胸怀。

阳子居往南方的徐州去，恰巧碰到老子向西去秦国的某地方。郊外相逢，阳子居自以为有学问，态度傲慢，老子便深为阳子居惋惜，直率地当面批评阳子居：“以前我还认为你是个可以成大器的人，现在看来不可教诲啦。”

高傲的阳子居听了老子的话心里很不舒服，后悔自己当时为什么那样。

回到同住的旅店后，阳子居觉得自己应当做得自然一些，起码要敬重长者，敬重有道德学问的老先生，便主动给老子拿梳洗的用具，脱下鞋子放在门外，然后膝行到老子面前，谦虚地说：

“学生刚才想请教老师，老师要行路没有空闲，因此不便说话。现在老师有空了，请您指教我的过失。”老子说：“想想看，你态度那么傲慢，表情那样庄严，一举一动又如此矜持造作，眼睛里什么都没有，这样，将来谁和你相处呢？人，没有他人围绕着你，行吗？应该懂得：最洁白的东西好像总有些污秽的感觉，德行最高尚的人总认为自己远不十全十美，学问虽深切地了解了，在许多方面他是不行的。知道自己不行，你才知道自己真正行的地方；眼睛里只看到自己行，实际上，你哪

160

个地方都不明白。"

阳子居先是吃惊，渐渐地脸上浮现惭愧的神色，谦虚地说："老师的教导使我明白了真正的道理。"

开始，阳子居在去徐州的路上，旅舍客人恭敬地迎送他。他住店时，男老板为他摆座位，女老板为他送手巾，大家也给他让座。虽然恭敬，彼此都不舒服。接受老子教诲后，阳子居态度随和，为人谦逊，归途住店，客人都随意地和他交谈，他也感到和大家相处得很亲切。

"人外有人，天外有天"这句俗语其实很好理解。人外面自然应该有人，除非这世界上只有一个人。天外面应该还有天，除非天只有你看见的那一片。

"人外有人，天外有天"，其具体涵义基本上没有什么问题。它告诉我们，当我们认为自己在哪方面很出色、很优秀时，我们不要骄傲、不要自满。因为这个世界很大，很可能有人比我们在这方面更出色、更优秀。说"基本上"没有什么问题，是因为这话并不是绝对的，不是百分之百普适的。

5. 事实比雄辩更有力

夫大道不称，大辩不言，大仁不仁，不廉不嗛，不勇不忮。（《庄子·齐物论》）

译文：至高无上的真理是不必称扬的，最了不起的辩说是不必言说的，最具仁爱的人是不必向人表示仁爱的，最廉洁方正的人是不必表示谦让的，最勇敢的人是从不伤害他人的。

对生活的感悟

庄子的这段话向我们揭示了一个深刻的道理：事实胜于雄辩，争辩并不能分清是非曲直，只有实在的行动才能还原事情的原貌。所以，遇事不要做太多无谓的口舌之争。

言辞如果用来争辩是非曲直，把事情原貌、真正的是非曲直形容得抽象生硬，就是言辞胜过事实，歪曲了事实，把事情的原貌搞得一塌糊涂。事实是什么就是什么，时间终究会把一切分辨得一清二楚。

仁义以慈爱来表现，表现多了便结束得也快。真正的仁义只在心底。不关心却是最大的爱护。这话怎么讲？鸟儿将雏儿推出热窝儿，让它摔打，让它接受风雨锻炼，为的是它能独立生活，有应付环境的能力。因为母爱不可依靠终生，一味喂养最终只是扼杀了生存创造的本能。如果不及时锻炼、培养能力，一旦环境恶劣，生存的依靠又没有了，此时指望谁？因此，不爱方是大爱，不仁方是大仁。为人父母，为人朋友，为人师长，关键之时常如是。

清廉如果总是表现得很谦逊，其情感与心思必然有许多不真实、不诚恳的成分。正常的人，其表现应当是既不比别人高傲，也不比别人卑微。不拿人的手不软，不吃人的嘴不软，人不求人则一般高。只有贪婪者才自作多情，多欲者才扭捏作态。

勇敢如果逞强赌狠，就成不了什么事。首先他声气在外，心神已虚弱了。勇，本身并不是为逞强赌狠准备的。逞强赌狠，首先引人注目，恶棍横刀单劈嘴强人。何况勇本身既是一种力量，更是一种修养。没有修养，心气空虚，这样的赌狠逞强者，除了自取祸殃，还能成什么事！

庄子认为这五个方面如果牢记不忘，人们大概就接近道了，也就是靠近事物本来规律了。

有这样一个故事：日本的白隐禅师是一位修行有道的高僧。有一对夫妇，在白隐禅师住处附近开了一家水产店，他们有一个漂亮的女儿。无意间，夫妇俩发现女儿的肚子无缘无故地大起来。这种见不得人的事，使得她的父母震怒异常！在父母的一再逼问下，她终于吞吞吐吐地说出"白隐"两个字。

这对夫妇怒不可遏地去找白隐理论，白隐听完了对方的辱骂，只淡淡地应道："就是这样吗？"可事情并没有完，等那姑娘肚中的孩子降生后，姑娘的父母竟毫不犹豫地将婴儿交给了白隐。这着实是让白隐禅师难堪的事，"一位出家的和尚，竟与民女通奸，还生了孩子，出的是哪门子的家"，街谈巷议不绝于耳。

这位白隐禅师尽管名誉扫地，但并不介意，他没有任何辩解，只是认真、细心地照顾着孩子——他向邻居乞求婴儿所需的奶水，买来其他婴儿用品，虽不免横遭白眼，或是冷嘲热讽，但他总是处之泰然，仿佛他是受人之托抚养别人的孩子一般，他只想让那个孩子一天天健康、快乐地成长。

一年后，那位没有结婚的妈妈，终于不忍心再欺瞒下去了，她老老实实地向父母吐露真情：孩子的生父是在鱼市上的一名青年。于是姑娘的父母羞愧万分地去跟白隐禅师赔礼道歉，并抱回孩子。

白隐仍然是淡然如水，在交回孩子时仍然只是轻轻地说道："就是这样吗？"

生活中，我们总要面对生活的是是非非，我们有时不必一定要让自己身陷其中，然后试图让自己能够还原生活的本质，以证明自己的清白或无辜。殊不知，生活是复杂的，有时候，很多事情很可能越想弄明白，反而越发朦胧难辨了，这就是人们常说的"越描越黑"的道理。所以，有时候，在一些并非原则性的是是非非面前，我们无须去澄清什么，时间会替我们做出证明的，就像白隐禅师那样。

还有一种情况，就是每个人都认为自己是正确的。

比如是非，比如厉害，没有不可以说是彼方的，也没有不可以说是此方的。从不知情的彼方看不见，从知情的此方就明白了。犹如打仗，此方胜了，彼方败了，但换一个时空，立即就可能胜负易主。对于任何一种情景与结局，别人会有的，自己同样也会遇到。打仗胜负，败方不知自己如何失手落败，胜方却事先便了如指掌，但这种结局随时都可以换一个位置。

这一规律为人务须注意，不可走向极端。无论为官做宦，经商求利等等。

就是非之争而言，双方常相持不下。此方是一种是非，彼方却又是一种是非。果真有彼此相对的区别吗？反过来，果真没有彼此是非的分别吗？

要使彼此双方是非争吵罢休，化对立为一体，这就是道的作用。以道为转轴，以深知应万变，是非纠葛无穷，道的中心转轴位置不动。是，是无穷尽的，非，也是无穷尽的，彼此因之争斗也无穷无尽。不如放弃成见，让事实本身的是与非互相明确，心灵与行为便日益靠近道了。

因此，忘掉没完没了的争论吧，放弃词句华丽的自我表白吧，事情该什么样子就是什么样子。

6. 该放手时就放手

泉涸，鱼相与处于陆，相呴以湿，相濡以沫，不如相忘于江湖。（《庄子·大宗师》）

译文：泉水干了，好多鱼被困在陆地上，相互用嘴吐气，用吐沫相互沾湿，这就莫如在江湖中生活自由自在，相互忘掉。

对生活的感悟

一味地对别人的错处耿耿于怀，忧虑以至于愤怒，这实际上是在拿别人的错误惩罚自己，何苦来哉？所以，做人要学会放手，善于忘记，这样才能让自己活得自由。

《易经》上讲：人是承受天地阴阳才生下来，都有这种气。而且喜悦和愤怒是人的性情，也都不能没有。有了喜怒又能适可而止，《中庸》把它称作"和"。如果发太大的怒气，就会败坏内心的和气。至于事物乖张不顺，都是由怒气过剩所致。

据《论语》中记载：孔子说君子有九思，其中第八思叫"忿思难"。是说人如果想发怒的时候，应当考虑日后的灾难性后果，以抑制他的愤怒。

陶潜有一首诗说："怒气比火焰还厉害，它会焚烧了和气，使人白白伤悲，当颇多感慨时，不必勉强自己，事后心境自会清凉。"清代的林则徐曾手书"制怒"两个大字作为条幅，悬于室内，以提醒自己克制怒气的产生，抑制发怒。

正因为发怒会损伤自身，古人才说："大怒不怒，可以养心。"这也就是在告诉我们，遇事要乐于忘记，不要让怒火搅乱自己的心智。

一位白领女士讲过这样一件事：

她说：我曾经对一份工作萌生疑惑，隐隐觉得我的潜力绝不仅仅至此，但在一般人看来那又是一份相对光鲜的工作。何去何从？我将自己的想法跟一位平日里总是对我笑脸相迎，体贴入微的女友做了交流，并顺便探听一下她们单位的情况。过了一天吧，就有人打电话给我们老总：就我所知，你们这儿的画眉想要跳槽去某处（就是那位女友供职的地方），请小心云云。听到这个消息，惊怒交加之下，我还是仔细想了想，这个想法的确只告诉了那个女朋友。我不禁笑起来。

事情说开了，我反而有些释然，向老总坦承了我的感受。我终于选择了另一份无疑更适合我发展的工作——当然，不是去那位女友的单位影响她的发展。她实在是过虑了。

现在想起来，我真的要好好感谢那位女友。如果不是她从中作梗，对于当时还没有弄清楚自身发展脉络的我来说，还不知要在那份鸡肋工作中耽搁多少宝贵时间呢。还有就是她教会了我君子相忘于江湖的交友原则，这使我的友情天地愈加别具意趣：是你的朋友，不必卿卿我我；不是的话，说一千句一万句甜言蜜语，岂不是自取其辱？

这样想开了就会发觉，世间并没有什么事非让你耿耿于怀不可，只要乐于忘记，你就能拥有一个别样人生。

乐于忘记是智者的一个特征，既往不咎的人，才可甩掉沉重的包袱，轻装前进。乐于忘记，也可理解为"不念旧恶"。人是要有点"不念旧恶"的精神。况且在人际交往中，许多情况下，人们误以为"恶"的，又未必就真的是什么"恶"。退一步说，即使是"恶"，对方心存歉意，诚惶诚恐，如果你不念旧恶，以礼相待，进而对他格外地表示亲近，也会使为"恶"者感念其诚，改"恶"从善。

宋代的王安石当宰相时，因为苏东坡与他政见不同，便借故将苏东坡贬官到了黄州，致使苏东坡狼狈不堪。然而，苏东坡胸怀大度，他根本不把这事放在心上，更不念旧恶。王安石被罢相后，两人的关系反倒好了起来。苏东坡不断写信给隐居金陵的王安石，或共叙友情，互相勉励，或讨论学问，十分投机。苏东坡由黄州调往汝州时，还特意到南京看望王安石，受到了热情接待，二人结伴同游，促膝长谈。离别时，王安石嘱咐苏东坡："将来告退时，要来金陵买一处田宅，好与我永做睦邻。"苏东坡也满怀深情地感慨说："劝我试求三亩田，从公已觉十年迟。"二人一扫嫌隙，成了知己。

唐朝宰相陆贽，在位时曾偏听偏信，认为太常博士李吉甫结党营私，便把他贬到明州做长史。不久，陆贽被罢相，被贬到了明州附近的忠州当别驾。后任的宰相明知李、陆有这点私怨，便玩弄权术，特意提拔李吉甫为忠州刺史，让他去当陆贽的顶头上司，意在借刀杀人，通过李吉甫之手把陆贽干掉。没想到李吉甫不计旧怨，上任伊始，便特意与陆贽饮酒结欢，使现任宰相借刀杀人之计化为泡影。对此，陆贽自然深受感动，他便积极出点子，协助李吉甫把忠州治理得一天比一天好。李吉甫不计前嫌，宽待别人，也帮助了自己。

生活中，当我们有对不起别人的地方时，便会深切地渴望得到对方的谅解，深切地希望对方把这段不愉快的往事忘记！将心比心，我们为什么不能用如此宽厚的想法去对待别人呢？

想让自己活得更轻松一点？那么就前嫌少计，是非恩怨也及早放下！

7. 以中正修身

汝游心于淡，合气于漠，顺物自然而无容私焉，而天下治矣。
（《庄子·应帝王》）

译文：你处于保持无所修饰的心境，交合形气于清静无为的方域，顺应事物的自然而没有半点儿个人的偏私，天下也就得到了治理。

对生活的感悟

要想成就自己，你所需要的不仅是正直的心，博大的胸怀，良好的品行才是你成功的最大资本。当你以良好的道德和精神去做事去待人时，当你以宽阔的胸襟去包容万事万物时，你就已经是一个真正的成功者了，这应该就是庄子所想表达的。

《易经》中有一个著名的故事，说明假如你不中不正，占卜有结果也没有用处。一位王母与奸夫一起，为了窃国陷害天子，结果事情败露。她去占卜，得了一卦，卦师告诉她：可以走。还是吉。但王母自己都知道死期已到，不会脱身走得了的。她说：像我这样不忠不贞的人，做了这样不中不正的事，即使得了好卦，有了指点，也不会逃脱得了。此事不可占也！

可以引以为鉴的还有战国庞涓的故事：

战国时期，庞涓和孙膑拜鬼谷子为师，同在他的门下学习。

后来，庞涓当了魏国的大将，他便向魏王推荐孙膑，请求魏王把他召到魏国。

孙膑应召前来，对庞涓十分感谢，他说："你不忘旧情，为我谋取前程，这是天高地厚之恩呐，以后我一定誓死报答。"

在和孙膑的谈话中，庞涓发现自己的才能和孙膑相差甚远，他开始担心起来。他对自己的心腹说："魏王喜好有能力的人，万一孙膑被魏王重用，是否会冷落我呢？"

他的心腹说："你不该向大王推举孙膑，这会危及你的前途啊。有个荐贤的名声没有什么好处，一旦孙膑得势，他不忘你的恩情，总也赶不上自己风光实在。何况人心难测，你怎能相信孙膑不会背叛你呢？"

庞涓私心作怪，马上对孙膑戒备起来。他为了永绝后患，在魏王面前诬陷孙膑心存不轨，使孙膑惨遭髌刑，双腿残废。

庞涓为了让孙膑写出鬼谷子所传授的一部兵法，他表面上还对孙膑虚情假意，问寒问暖。孙膑不明真相，竟流泪说："如果没有你替我求情，我早死了，这份大恩，我真是无以报答了。"

孙膑日夜为庞涓默写兵书，写到一半，他才发觉自己受骗被害的实情，决心报仇。他装疯卖傻，骗过了庞涓，最后逃到了齐国。

孙膑在齐国受到了重用，他日夜思想一雪前耻，常对身边的人说："庞涓狼子野心，狠毒无情，我轻信了他险些丧命。他为了追求权势而道德丧尽，我一定要铲除这样的败类。他不仅是我的仇人，也是天下人的仇人，如果他能长命百岁，那么天下人就该学他那样了，这世界岂不是个鬼怪天地？庞涓不识天理，他的死期不会远了。"

后来，齐国和魏国交战，孙膑屡出奇计，打得魏国大败。最后，庞涓在马陵道中了埋伏，自杀而死。

庞涓丧失了人性，他虽暂时拥有了权力，但还是逃脱不了灭亡的命运。孙膑为人忠厚，被庞涓所算计，并不是孙膑的仁德之过；他能大难不死，报仇雪恨，就是上天对他的充分肯定了。

轻视道德的威力，纵容自己为所欲为的人，都难逃正义的审判，因此，君子应当效法大地，以宽厚的德行，负载万物。做人首先要宽厚为怀，这是基础。

《易经》中说："直、方、大，不习无不利。"古代有一个说法：天圆地方。所以，只要你像大地一样坦荡、一样笔直，又极为广大，如果你具有了"直"、"方"、"大"这样的德行（或者说底蕴），不需要学

读老庄之道悟生活智慧

习，也不会不利。

这里强调了厚德的基本原则是，直率、方正、宽大；正直，端正，广大。直，是公正无私的正直；方，是处事果断有方的才干；大，是宽大为怀的气量。这是每一个人处世所必须具备的人格魅力。

有一位将军在一次军官会议上说：

在很短的期间内，你们之中的每一个人都将控制另外某些人的生命。你们将领导一些忠于国家但未经训练的公民，他们将接受你的指挥与领导。你所说的话就是他们的法律。你随口说出的每一句话都会被他们铭记在心。你的态度将被模仿。你的服装、你的举止、你的言谈、你的指挥态度，都将被模仿。

当你加入你的部队时，你将发现，有这么一群人，他们对你并无所求，只希望你能表现出一些才能，获得他们的尊敬、效忠与服从。他们已准备妥当，急于追随你，只要你能使他们相信你具有这些才能。当他们认为你并未拥有这些才能时，你最好自己挥手道别吧。你在那个部队中已经没有任何用处了。

从社会观点来看，这个世界也许可分为领袖与追随者两部分。各行各业有他们的领袖，金融界有他们的领袖，在所有这些领导阶层中，很难（如果不是不可能的话）分辨出纯粹的领导才能以及个人成就的自私因素，没有了这些，任何领导能力都失去了它的价值。

只有在军队方面，我们才能盼望领导者表现出最高尚、最公正的态度，因为在军队中，人们愿意为了信仰而毫不犹豫地牺牲生命，为了正义或阻止错误而愿意受苦或死亡。因此，当我说到领导才能时，我是指军事领导才能而言。

几天之后，你们之中的大多数人都将接受委任，出任军官。这些委任令不会使你成为领袖，它们只能让你当一名军官。它们将把你安置在一个位置上，只要你拥有正确的品行，你将在这个位置上成为一名领袖。但你一定要善待他人，而且要多多善待你属下的人，而不是去巴结你的上司。

我们在读这段演讲时，也许不以为然，因为这是一位早已过时的、不知名的将军的演讲，是与现代社会有着很大距离的文化背景和时代背景下的即兴表述。

可是我们要知道一位正直、有才干、有心量的人，实际上就要具备指挥将士们冲锋陷阵的大将处世风度。这种风度正是"直、方、大"综合品质的凝结和发散。有了这种处世风度，不需要你亲自上前线，仗一定能打赢的，这就是"不习，无不利"的秘诀。

广大，必然存在了包容。

像大地一样，容得下千奇百怪，容得下万事万物。

大地既容得下天丽日艳，也容得下狂风大作；既容得下百花争艳，也容得下秋风萧瑟；既容得下春风得意，也容得下人生三九……

宽容，就会博大，就会丰富，就会轮回，就会长久。

宽容，也必定包含着正直。一个人自己不正直，就无法做到宽容。

只要你能够宽容，一般来说，就会成功。

按照《易经》的说法，直即正，方指义。如果一个人能够以敬畏和谨慎的态度，使内心正直，又能以正义的准则作为自己外在的行为规范，他的德行就不会孤立。如果不孤立，得到大家的拥护，离成功还会远吗？

所以说，正直，有原则，宽大，用不着学习，也不会有不利。

不用学习都有利，那再学习，不就是很大的成功了么？

8. 真正的善良是不期求回报的

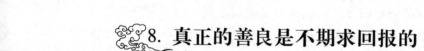

施于人而不忘，非天布也。(《庄子·列御寇》)

译文：施与别人恩惠却总忘不了让人回报，远不是自然对普天之下广泛而无私的赐予。

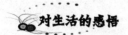

对生活的感悟

生活中，每个人都是在一边付出一边索取，可奇怪的是大多数人都认为自己付出的太多而获得的回报却太少。这样想的人无异于自寻烦恼，其实仔细想一下，在施恩于人时，在帮助别人时，你不是已经从这一善举中得到快乐，储蓄了感情吗？你已经有了收获，又何必为别人是否回报这份恩情而计较呢？

一次，众神集会，万神之主宙斯发现有两位女神始终在互相回避着，这让他感到很奇怪，于是便把这两个女神叫到自己面前来："你们从来不曾交谈吗？互相认识一下吧！"

"遵命！"两位女神同声回答。

"我叫慷慨，那么您呢？"

"啊，久仰久仰，我叫感恩！"

施恩望报既是在苛求自己，也是在苛求他人，生活中就是这样，你可能会付出很多，但永远不要期望付出就该回报很多！

有这样一个故事：

从前有一个仗义的人，广交天下豪杰武夫。临终前对他儿子讲，别看我自小在江湖闯荡，结交的人如过江之鲫，其实我这一生就交了一个半朋友。

儿子纳闷不已。他的父亲就贴在他的耳朵边交代一番，然后对他说，你按我说的去见见我的这一个半朋友，朋友的要义你自然就会懂得。

儿子先去了他父亲认定的"一个朋友"那里，对他说："我是某某的儿子，现在正被朝廷追杀，情急之下投身你处，希望予以搭救！"这人一听，容不得思索，赶快叫来自己的儿子，喝令儿子速速将衣服换下，穿在了眼前这个并不相识的"朝廷要犯"身上，而自己儿子却穿上了"朝廷要犯"的衣服。

儿子明白了：在你生死攸关时刻，那个能与你肝胆相照、甚至不惜割舍自己亲生骨肉搭救你的人，可以称作你的一个朋友。这就是"一个朋友"的选择。

儿子又去了他父亲说的"半个朋友"那里。抱拳相讫把同样的话叙说了一遍。这"半个朋友"听了，对眼前这个求救的"朝廷要犯"

说："孩子，这等大事我可救不了你，我这里给你足够的盘缠，你远走高飞快快逃命，我保证不会向官府告发。"儿子明白：在你患难时刻，那个能够明哲保身、不落井下石加害你的人，也可称作你的半个朋友。这也是"半个朋友"的选择。

你可以广结朋友，也不妨对朋友用心善待，但绝不可以苛求朋友给你同样回报。善待朋友是一件纯粹的快乐的事，其意义也常在于此。如果苛求回报，快乐就大打折扣，而且失望也同时隐伏。毕竟，你待他人好与他人待你好是两码事，就像给予与被给予是两码事一样。

所以，善待别人、义助别人时，你尽可以为这种善举欢欣，但却不要有太功利的想法，因为助人本身就是一种快乐，爱人就是在爱己。

对于一个身陷困境的穷人，一枚铜板的帮助可能会使他握着这枚铜板忍一下极度的饥饿和困苦，或许还能干番事业，闯出自己富有的天下。

对于一个执迷不悟的浪子，一次促膝交心的帮助可能会使他建立做人的尊严和自信，或许在悬崖前勒马之后奔驰于希望的原野，成为一名勇士。

就是在和平的日子里，对一个正直的举动送去一缕可信的眼神，这一眼神无形中可能就是正义强大的动力。对一种新颖的见解报以一阵赞同的掌声，这一掌声无意中可能就是对革新思想的巨大支持。

就是对一个陌生人很随意的一次帮助，可能也会使那个陌生人突然悟到善良的难得和真情的可贵。说不定他看到有人遭到难处时，他会很快从自己曾经被人帮助的回忆中汲取勇气和仁慈。

其实，人在旅途，既需要别人的帮助，又需要帮助别人。从这个意义上说，帮人就是积善。

也许没有比帮助这一善举更能体现一个人宽广的胸怀和慷慨的气度的了。不要小看对一个失意的人说一句暖心的话，对一个将倒的人轻轻扶一把，对一个无望的人赋予一个真挚的信任。也许自己什么都没失去，而对一个需要帮助的人来说，也许就是醒悟，就是支持，就是宽慰。相反，不肯帮助人，总是太看重自己丝丝缕缕的得失。因为担心别人不回报自己，就漠视别人的困境，这样的人不仅可能堕落成一个无情的人，而且还会沦落为一个可悲的人。因为他的心里除了只能容下一个可怜的自己，整个世界都无需关注和关心，其实，他也在一步步堵死自己所有可能的路，同时也在拒绝所有可能的帮助。

有恩于人，也不必有什么优越感，功利的想法只会抵销掉这笔人情！

9. 最重要的是活在当下

来世不可待，往世不可追也。（《庄子·人间世》）
译文：未来的世界不可期待，过去的时日无法追回。

对生活的感悟

过去的早已过去，未来的又遥不可及，所以生活不在别处，就在当下，一旦你明白了这个道理，你就会发现原来自己苦苦追求的就是珍惜现在所有的生活，我们所能做的就是珍惜现在所有的生活，无论清闲还是忙碌，无论富贵还是贫穷，只要用心，你就能生活得无比快乐！

关于赵州禅师有这样一个故事：

赵州禅师一生疏散不羁，过着随遇、随缘、随喜、随众的生活，从来都是处处无家处处家；他一生云游，到80多岁还在外面行脚，故有诗说："赵州八十犹行脚，只为心头未悄然，即至归来无一事，始知空费草鞋钱。"

有一天，他行脚到云居禅师处，云居禅师问道：

"你年纪这么大了，仍到处奔跑，为什么还不找个长居安身的住处呢？"

赵州禅师听后，好像什么都不懂似的问道："什么样的地方才是我长居安身的住处呢？"

云居禅师道："山前有一处荒废了的古寺基地，你可以把它修复好居住。"

赵州禅师不以为然，反问道："老和尚为什么不自己住进去呀？"

又有一次，赵州禅师到茱萸禅师处，茱萸禅师道：

"你年纪这么大了，仍然到处云游行脚，为什么不找个地方住下来安心修行呢？"

赵州禅师感慨地说道："你说什么地方可以给我住下来安心修行呢？"

茱萸禅师不以为然地反问道："你不必问人，总之，你年纪这么大了，连自己的住处都不知道，像你这样说话可以吗？"

赵州禅师闻言，不禁肃然起敬地回答：

"我30年纵马驰骋山水，随缘生活，想不到今天才被驴子踢了一脚。"

赵州禅师行脚，是因为当初有一位僧人问他："将来劫火焚烧的时候，四大五蕴的身体还坏也不坏？"

赵州禅师回答："会坏。"

僧人再问："既然身体会坏，那就随他去了？"

赵州禅师又答："随他去！"

对赵州禅师的回答，这个僧人很是怀疑，赵州禅师自己也犹豫了起来，所以就遍历山川，到处行脚，访师解疑，所谓"一句随他语，千山走纳僧"。

赵州禅师80岁，仍然行脚云游，就是为了解决这个疑问。其实赵州禅师行脚，早就找到长久住处，所谓"来时自有去处，动中自有静趣"。驴子踢了一脚，不过多一次提起。

佛在心中求，当你怀着虔诚的一颗心，跋山涉水去寻找佛的时候，其实，你离佛正在越来越远。赵州禅师找到了自己的住处，而世俗中，人们总以为生活在别处，却不知道它其实就在我们身边真实地存在着！

在生活中，人们也往往喜欢追寻着一些不切实际的梦想，为此忽视了周围的一切，结果失去了此刻就没有下一刻，不珍惜现在也就无法拥有未来了。

有一个小伙子，就是不懂得这个道理，总是生活在未来的妄想中而忽略当下的存在。有一天，他又在想："我要在20岁时找个漂亮的女朋友；30岁成家立业；40岁成为亿万富翁！"正在这个时候，一个神仙出现在他眼前，给了他一只表，说："当你想要时间变快的时候只要拨动这只表，就可以如愿以偿了！"

小伙子高兴极了，他想快点到20岁，于是他就把表向前拨动了一格，一个漂亮的女孩突然出现，并成了他的女朋友。他想："如果现在就能结婚就更好了。"于是他又拨动了表，婚礼上，他与漂亮的女孩并肩而坐，悠扬的音乐和醉人的美酒都出现了。

他又想："如果现在就是洞房花烛夜多好呀！"于是他再一次拨动了表，屋子里只剩了他们两个人。他心中的愿望层出不穷，于是不停地拨动着表，得到了宽敞的房子、大把的钞票、吵闹的孩子……

时间飞快地过去了，他的梦想都实现了，生命也很快地走到了尽头。弥留之际，他开始后悔自己以前没有认真享受生活，从不珍惜当下，转眼生命已经到了尽头；如果可以重新来过，他一定会认真地活在每一天，可是后悔已经来不及了，因为那个神仙告诉他，那只表只能向前拨，不能向后调。他躺在床上后悔莫及，痛哭流涕。

突然间，他醒了。原来只是一场梦，小伙子欣喜地发现自己又可以享受生活的鸟语花香、蓝天白云了，这是多么可爱的一切呀！

一场梦让小伙子懂得了"当下"的意义。活在当下，就是全心全意地投入现在的生活，这样才不会让过去扰乱精神，阻挡着前进的步伐，更没有被未来强拉着盲目地狂奔。

活在当下意味着无忧无悔。对未来会发生什么不去作无谓的想象与担心，所以无忧；对过去已发生的事也不作无谓的思虑与算计得失，所以无悔。人能无忧无悔地活在当下，就不会为一切由心所生的东西所束缚。因此活在当下的人，是愉悦而充实的！

梦想是一碰即碎的泡沫，未来是遥不可及的梦想，我们所能把握的，所能真实感受的只有现在而已！

10. 小事别太较真儿

大知闲闲，小知间间，大言炎炎，小言詹詹。（《庄子·齐物论》）

译文：才智超群的人广博豁达，只有点小聪明的人则乐于观察，斤斤计较；合于大道的言论就像猛火烈焰一样气焰凌人，拘于智巧的言论则琐细无方，没完没了。

对生活的感悟

有人聪明在眼前，有人聪明在长远，大智慧的人行为总是很超脱，他们襟怀坦荡，从不为一点鸡毛蒜皮的小事去斤斤计较。而有点小聪明的人却总喜欢察言观色，纠缠不清，鸡蛋里可以挑出骨头，无事也可以生非。这实在是很可悲，人生那么短暂，每个人都应该致力于让自己活得更有意义，怎么能为了计较小事而让自己背上沉重包袱呢？

《庄子》中对如何不与别人发生冲突也作过阐述。有一次，有一个人去拜访老子。到了老子家中，看到室内凌乱不堪，心中感到很吃惊，于是，他大声咒骂了一通扬长而去。翌日，又回来向老子道歉。老子淡然地说："你好像很在意智者的概念，其实对我来讲，这是毫无意义的。所以，如果昨天你说我是马的话我也会承认的。因为别人既然这么认为，一定有他的根据，假如我顶撞回去，他一定会骂得更厉害。这就是我从来不去反驳别人的缘故。"

从这则故事中我们可以得到如下启示：在现实生活中，当双方发生矛盾或冲突时，对于别人的批评，除了虚心接受之外，还要养成毫不在意的功夫。人与人之间发生矛盾的时候太多了，因此，一定要心胸豁达，有涵养，不要为了不值得的小事去得罪别人。而且生活中常有一些人喜欢论人短长，在背后说三道四，如果听到有人这样谈论自己，完全不必理睬这种人。只要自己能自由自在按自己的方式生活，又何必在意别人说些什么呢？

做人固然不能玩世不恭，游戏人生，但也不能太较真，认死理。"水至清则无鱼，人至察则无友"，太认真了，就会对什么都看不惯，连一个朋友都容不下，把自己同社会隔绝开。镜子很平，但在高倍放大镜下，就成了凹凸不平的山峦；肉眼看很干净的东西，拿到显微镜下，满目都是细菌。试想，如果我们"戴"着放大镜、显微镜生活，恐怕连饭都不敢吃了。再用放大镜去看别人的毛病，恐怕许多人都会被看成罪不可恕、无可救药的了。

人非圣贤，孰能无过。与人相处就要互相谅解，经常以"难得糊涂"自勉，求大同存小异，能容人，你就会有许多朋友，且左右逢源，诸事遂愿；相反，过分挑剔，"明察秋毫"，眼里不揉半粒沙子，什么鸡毛蒜皮的小事都要论个是非曲直，容不得人，人家也会躲你远远的，最后，你只能关起门来当"孤家寡人"，成为使人避之惟恐不及的异己之徒。古今中外，凡是能成大事的人都具有一种优秀的品质，就是能容人所不能容，忍人所不能忍，善于求大同，存小异，团结大多数人。他们具有宽阔的胸怀，豁达而不拘小节；大处着眼而不会鼠目寸光；从不斤斤计较，纠缠于非原则的琐事，所以他们才能成大事、立大业，使自己成为不平凡的人。

但是，如果要求一个人真正做到不较真、能容人，也不是简单的事，首先需要有良好的修养、善解人意的思维方法，并且需要经常从对方的角度设身处地地考虑和处理问题，多一些体谅和理解，就会多一些宽容，多一些和谐，多一些友谊。比如，有些人一旦做了官，便容不下属出半点毛病，动辄横眉立目，发怒斥责，属下畏之如虎，时间久了，必积怨成仇。许多工作并不是你一人所能包揽的，何必因一点点毛病便与人怄气呢？可如若调换一下位置，站在挨训人的立场，也许就会了解这种急躁情绪之弊端了。

在公共场所遇到不顺心的事，实在不值得生气。有时素不相识的人冒犯你，其中肯定是另有原因，不知哪些烦心事使他此时情绪恶劣，行为失控，正巧让你赶上了，只要不是恶语伤人、侮辱人格，我们就应宽大为怀，不以为然，或以柔克刚，晓之以理。总之，没有必要与这位原本与你无仇无怨的人瞪着眼睛较劲。假如较起真来，大动肝火，枪对枪、刀对刀地干起来，再酿出个什么严重后果来，那就太不划算了。与萍水相逢的陌路人较真，实在不是聪明人做的事。假如对方没有文化，与其较真就等于把自己降低到对方的水平，很没面子。另外，从某种意义上说，对方的触犯是发泄和转嫁他心中的痛苦，虽说我们没有义务分摊他的痛苦，但确实可以你的宽容去帮助他，使你无形之中做了件善事。这样一想，也就会容忍他了。

不仅别人错待自己时不要计较，自己的一些烦心琐事也要放下，千万不要把精力放在寻找人际关系的障碍上。

刚出生的小孩，是那么的纯净，那么透明，那么可爱，让人忍不住要去爱怜。但是随着他的长大，就变得越来越不可爱了，到后来甚至十分令人讨厌，这是为什么？为何保持一份内心的洁净是如此困难？红尘浊世，是什么改变了我们？

生活中，财、色、利、贪、懒……时刻潜伏在我们的周围，像看不见的灰尘一样无孔不入。时间长了，不去清扫，人的心上就会积着厚厚的一层，灵智被蒙蔽了，善良被遮挡了，纯真亦不复见。

那些尘埃，颗粒极小，极轻。起初，我们全然不觉它们的存在，比如一丝贪婪、一些自私、一点懒惰，几分嫉妒、几缕怨恨、几次欺骗……这些不太可爱的意念，像细微的尘灰，悄无声息地落在我们心灵的边角，而大多数的人并没注意去及时地清扫，结果越积越厚，直到有一天完全占满了我们的内心，使我们再也找不到自我了。

落叶之轻，尘埃之微，刚落下来的时候难有感觉；但是存得久了，积得多了，清理起来就没那么容易了。在生命的过程中，也许我们无法避过飘浮着的微尘，但千万不要忘记去拂拭，只有这样，我们的心灵才会如生命之初那般清洁、明净、透明！

第七章
打磨人生本性　塑造人格魅力

　　道家认为，人的本性是无拘无束的，是接近天道的，可是因为尘世有太多的纷扰羁绊，所以我们才会渐渐迷失自己的本性，渐渐看不清自己的真心。可是那些真正吸引众人目光的，能够让人记住他们的人，往往都是打磨出了自己本性的人，让人窥见其中的闪光。如何才能像他们一样拥有自己的人格魅力呢？且让我们不再患得患失，不再为着外在的虚名而忙碌，聆听自然之音吧。

1. 少一点私心杂念就会活得更好

人法地，地法天，天法道，道法自然。（《老子·二十五章》）

译文：人效法地，地效法天，天效法道，道则可以随遇自在作为法则。

对生活的感悟

老子认为，人只有去除贪婪无知和狂妄，学习大道包容万物的胸襟，才会过得逍遥自在，无所为而又无所不为。人生在世，我们离不开名利这些身外之物，但也不能为它们而活。你才能受人尊敬，并成就一番事业。

我们的痛苦烦恼似乎永远也没有尽头，一下成功，一下失败，时而悲伤，时而喜乐；在生活里我们东突西窜，越陷越深，找不到一条出路。而老子告诉我们，道就是道，不生不灭，欲望太多的人就无法看透迷茫的前途，而平心静气者，却能够灵敏活泼地勇往直前，这才合乎大地所具有的德性。

有一则寓言：

有位书生准备进京赶考，路过鱼塘时正巧渔夫钓到一条大鱼，便问渔夫是如何钓到大鱼的。渔夫得意地说，这当然需要一些技巧。当我发现它时，我就决心要钓到它。但刚开始，因鱼饵太小，它根本不理我。于是，我就把鱼饵换成一只小乳猪，没想到这方法果然奏效，没一会儿，大鱼就上钩了。

书生听后，感叹地说，鱼啊，鱼啊，塘里小鱼小虾这么多，让你一辈子都吃不完，你却抵不住诱惑，偏要去吃渔夫送上门的大饵，可说是因贪欲而死啊！

欲望与生俱来。生命开始之时，欲望随之诞生。饿了要吃饭，冷了要穿衣，这是人的本能。仅从生命科学而言，人类绵延生息不绝，可以说欲望是生命的动力。生命停止，欲望则消失。同时，人的欲望的满足，又是生命消耗的过程。

从某种意义上讲，有效地节制欲望，是构建和升华生命，延伸和拓展生命长度的必由之路。

这就不得不让我们想起了性情淡泊，道法自然的庄子。

有一天，秋高气爽，太阳已爬在半空，庄子还偃卧未醒。忽然，门外车马滚滚，喧嚣非凡，随后有人轻轻叩门。

原来是楚威王久仰庄周大名，欲将他召进宫中，辅佐自己完成图霸天下的事业。

楚威王便派了几位大夫充当使者，抬着猪羊美酒，携带黄金千两，驾着驷马高车，郑重其事地来请庄周去楚国当卿相。

半个时辰过后，庄子才睡眼惺忪开门出来。

使者拱手作揖，说明来意，呈上礼单。

不料庄子连礼单瞟也不瞟一眼，仰天大笑，说了一套令众使者大跌眼镜的话：

"免了！千金是重利，卿相是尊位，请转告威王，感谢他的厚爱。

"诸位难道没有看见过君王祭祀天地时充作牺牲的那头牛吗？想当初，它在田野里自由自在；一旦作为祭品被选入宫中，给予很好的照料，生活条件是好多了，可是这牛想不当祭品，还有可能吗？还来得及吗？

"去朝廷做官，与这头牛有什么差别呢？天下的君主，在他势单力孤、天下未定时，往往招揽海内英才，礼贤下士。一旦夺得天下，便为所欲为，视民如草芥，视功臣为敌手，真所谓'飞鸟尽，良弓藏；狡兔死，走狗烹'。

"你们说，去做官又有什么好结果？放着大自然的清风明月、荷色菊香不去观赏消受，偏偏费尽心机去争名夺利，岂不是太无聊了吗？"

使者见庄子对于世情功名的洞察如此深刻，也不好再说什么，只得怏怏告退。

其中一位使者还如临当头一棒，看破数十年做官迷梦，决定回朝后上奏威王告老还乡。

庄周仍然过着无忧无虑的生活。登山临水，笑傲烟霞，寻访故迹，契合自然，抒发感情，盘膝静坐，冥思苦想，在贫穷中享受人生的快乐和尊严。

老子说得好："见欲而止为德。"邪生于无禁，欲生于无度。当官掌权忘记了世界观改造，忘记了清正廉洁，忘记了立党为公、执政为民，难免产生邪心恶念，而"疾小不加诊，浸淫将遍身"，到头来必然出大事，栽大跟头，为人民所唾弃。

清代陈伯崖写的对联中有这样一句"人到无求品自高"。这里说的"无求"，不是对学问的漫不经心和对事业的不求进取，而是告诫人们要摆脱功名利禄的羁绊和低级趣味的困扰，去迎接新的、高尚的事业。

有所不求才能有所求，无求与自强是不可分割的。这正是这句对联所反映的辩证法思想。人生在世，不能离开名利等。但对这些身外之物，必须有一个清醒的认识，保持一定的警觉。一个人只有抛开私心杂念，砸掉套在脚上的镣铐，心地才能宽阔，步履才能轻松，才能卓有成效地干一番事业。

提倡"人到无求品自高"，不是让人们去过那种清贫的生活，而是为了清除社会上的腐败现象，以使那些追名逐利者保持政治上的清醒和思想道德上的纯洁。

内心的踏实来自于长久努力奋斗的沉淀。欲望是无止境的，人们为满足欲望想出了许多手段，打工、做生意、赌博、诈骗、抢劫，还有出卖灵魂肉体。欲望满足的结果并非能心静。

无欲则静，多数人不能做到如出家高僧。在这样一个商品经济社会里，清心寡欲也变得很难。付出不图回报，但必有回报，尽管并非得如所付。尽心尽力地劳动也许不能暴富，总比出卖灵魂肉体来得踏实。

人的心理有个潜在的平衡，欲望过少缺少动力，欲望太多心烦意乱，你所要做的就是把握你的心，它的跳动是有规律的。

2. 良言可以温暖寒冬

美言可以市，尊行可以加人。（《老子·六十二章》）

译文：嘉美的言辞可以使人们互相尊重，良善的行为可以使人们互相感化。

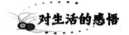

对生活的感悟

渴望被肯定，渴望被赞美，这是每个人对成就感的需要。因此，生活中我们应该多去发现、寻找别人值得称赞的地方，这样不但能给对方的生活带来阳光与快乐，你也会因此更受欢迎。

几乎没人喜欢那些吹毛求疵的人，因为他们总是发现除了自己之外的其他人，也包括我们，有这样那样的缺陷，都成了他们批评和指责的对象。法官的眼光是苛刻的，他们比我们更相信，罪犯都是些十恶不赦的社会垃圾，但犯罪心理学家却发现，如果不从法律的角度来看，在每一个罪犯身上都会发现一些真正值得赞赏的东西。这个道理实际上十分浅显，总是挂在我们的嘴边，那就是："金无足赤，人无完人。"

这就是说，无论我们的交往对象是谁，是什么样的人，我们都可以找到他们的某些值得称赞的特点，可以通过赞美使他们感受到温暖和快乐。擦亮自己的眼睛——寻找他人的长处，给予由衷的称赞，就会得到更多的朋友。

清代有一部名为《一笑》的书，里面记载了这样一则笑话：

古时有一个说客，当众夸口说："小人虽不才，但极能奉承。平生有一愿，要将 1000 顶高帽子戴给我最先遇到的 1000 个人，现在已送出了999顶，只剩下最后1顶了。"一长者听后摇头说道："我偏不信，你那最后一项用什么方法也戴不到我的头上。"说客一听，忙拱手道："先生说的极是，不才从南到北，闯了大半辈子，但像先生这样秉性刚直、不喜奉承的人，委实没有！"长者顿时手捋胡须，洋洋自得地说："你真算得上是了解我的人啊！"听了这话，那位说客立即哈哈大笑："恭喜恭喜，我这最后一顶帽子刚好送给先生您了。"

这只是一则笑话，但它却有深刻的寓意。其中除了那位说客的机智外，更包含了人们无法拒绝赞美之辞的道理。之所以如此，最主要的原因便在于赞美他人能满足他们的自我。如果你能以诚挚的敬意和真心实意的赞扬满足一个人的自我，那么任何一个人都可能会变得更令人愉快、更通情达理、更乐于协力合作。

在《孩子，我并不完美，我只是真实的我》这本书里，著名的心理学家杰丝·雷耳也评论说："称赞对温暖人类的灵魂而言，就像阳光一样，没有它，我们就无法成长、开花。但是我们大多数的人，只是善于躲避别人的冷言冷语，而我们自己却吝于把赞许的温暖阳光给予别人。"

卡耐基小时候是一个公认的非常淘气的坏男孩。在他9岁的时候，父亲把继母娶进家门。当时他们是居住在弗吉尼亚州乡下的贫苦人家，而继母则来自境况较好的家庭。他父亲一边向她介绍卡耐基，一边说："亲爱的，希望你注意这个全县最坏的男孩，他可让我头疼死了，说不定会在明天早晨以前就拿石头扔向你，或者做出别的什么坏事，总之让你防不胜防。"出乎卡耐基意料的是，继母微笑着走到他面前，托起他的头看着他，接着又看着丈夫说："你错了，他不是全县最坏的男孩，而是最聪明、但还没有找到发泄热忱的地方的男孩。"

继母说得卡耐基心里热乎乎的，眼泪几乎滚落下来。就凭着这一句话，他和继母开始建立起了深厚的友谊。也就是这一句话，成为激励他的一种动力，使他日后创造了成功的28项黄金法则，帮助千千万万的普通人走上成功和致富的光明大道。因为在他继母来之前没有一个人称赞过他聪明。

正是继母的赞美改变了卡耐基一生的命运。谈到改变人，比尔·盖茨说："假如你愿意激励一个人来了解他所拥有的内在宝藏，那我们所能做的就不只是改变人了，我们能彻底地改造他。"

夸张吗？听听威廉·詹姆斯睿智的观点吧！他是美国有史以来最有名、最杰出的心理学家。他说："若与我们的潜能相比，我们只是半醒状态。我们只利用了我们肉体和心智能源的极小一部分而已。往大处讲，每个人离他的极限还远得很。他拥有各种能力，但往往习惯性地未能运用它。"

在这些习惯性地未能运用的能力之中，有一种你肯定没有发挥出来，那就是赞美别人、鼓励别人、激励人们发挥潜能的能力。

真诚赞美别人其实也是自己进步的开端。只有当自己抱着开朗、乐观的态度面对生活时，才能被别人的优点和长处所吸引；只有当心胸开阔，对人对己有足够信心的时候，才能由衷地赞美别人，才能和谐地与人相处共事，使生活道路上少一些荆棘，多一份生命力。

"良言一句三冬暖"，你真的不想尝试一下吗？

3. 承诺不可轻出口

夫轻诺必寡信，多易必多难。（《老子·六十三章》）

译文：随便作出承诺的人，必然很难保持信用。把事情看得太容易的，往往会遇到很多困难。

对生活的感悟

无论对任何一件事许诺的时候，都必须慎重地掂量：无论大的许诺小的许诺，眼前的许诺，将来的许诺，无论什么样的许诺都是这样。因为轻率地许诺，你就要面对失信的风险。

作出许诺之前，你首先得掂量它对人有无意义，价值几何，凡对人没有意义和价值的许诺，你决不可发出。其次，你得掂量你有无时间、精力和才能兑现你的许诺，如果没有足够把握时你决不可作出。你还得多方估量，兑现你的许诺是否还需要其他条件的辅助，你具备那些条件吗，凡没有把握兑现时，你最好不要作出许诺。

当然，如果你嫌这样太瞻前顾后，太谨小慎微，有时你也不妨作出一些大胆的许诺。只是你在作出许诺的同时，必须告诉对方可能出现的各种麻烦和不能实现的可能性，亦即不要把话说得太绝对，以让人家事先有思想准备，一旦未能实现，不至于过分地对你失去信任。

在感到自己做不到时，你最好不要轻率地向别人许诺，这样会有许多好处：别人只能表示遗憾，并不会认为你说话不算数，因而不会产生对你的不信任感；在很多情况下，事情和形势已经变化了，你做不到但并没有许诺，事后你也不会受窘。

在你已经许诺了以后，你就应该认真地对待，努力地去兑现它。

一个小小的承诺，比如"我今晚9点钟回家"。在你完全可以做到的情况下决不要掉以轻心，你已许诺9点钟回家，这时你的同事邀你出去玩，时间可能要拖到10点，你该怎样做呢？你应该婉言谢绝朋友的好意相邀，按时回家。

虽然这是一件小事，但它足以让你诚实的形象光芒闪烁。

你在许诺时如果未留任何余地，那就想方设法地兑现它，以后也不要寻找任何不能兑现的理由。说话未能做到，许诺未能兑现，即使你把理由说得头头是道，极为充分，人们也不会十分相信的，也许口头上暂时理解你、宽恕你，可是内心深处无疑添进了一丝不信任你的念头。若第二次第三次仍然如此，他再也不会谅解你、相信你了，你便失去了信誉。

三国时吴国大夫鲁肃在诸葛孔明的如簧之舌煽动下，一时错乱，轻率地许诺作保把荆州借给了刘备。岂知这一许诺，使得东吴伤透了脑筋。围绕荆州，吴蜀你争我夺，东吴是"赔了夫人又折兵"，气死了周瑜，为难了鲁肃。

轻诺别人，不仅会给自己带来不守信的声誉。更会招致许多麻烦。而且有时还会严重地伤害别人。

甘茂在秦国为相，秦王却偏爱公孙衍。秦王有一次曾经许诺，他亲自对公孙衍说："我准备让你做相国。"

甘茂手下的官吏在路上听到这个消息，就去告诉甘茂。甘茂因此进宫拜见秦王说："大王得了贤相，斗胆给大王贺喜。"

秦王说："我把国家托付给你，哪里又得到贤相呢？"甘茂说："大王将要立公孙衍为相。"

秦王说："你从哪里听来的？"

甘茂回答说："公孙衍告诉我的。"

秦王窘迫非常，于是就驱逐了公孙衍。

秦王轻诺公孙衍，事后又不兑现自己的诺言，结果成了失信于人之君主，同时也伤害了一直忠心耿耿的良臣甘茂。要做到不轻诺，除了要有自知之明之外，还必须养成对客观情况做比较深入和细致了解的习惯。要做到谨慎许诺！

一旦许诺，就要做到。这样才能成为守信、诚实、靠得住的人。

公元前 408 年，魏文侯拜乐羊为大将，率领 5 万人去攻打中山国。当时乐羊的儿子乐舒在中山国做官，中山国国君姬窟利用此父子关系，一再要求乐舒去请求宽延攻城时间。乐羊为了减少中山国百姓的灾难，一而再、再而三地答应了乐舒的要求。如此三次，3 个月过去了，乐羊还未攻城。这时西门豹沉不住气了，询问乐羊为何迟迟不攻城。乐羊说："我再三拖延，不是为了顾及父子之情，而是为了取得民心，让老百姓知道他们的国君是怎样三番两次地失信于人。"果然，由于中山国国君的一再失信，失去了百姓的支持，结果一战即败。

反过来，一个信守诺言的人，则往往容易成功。

《左传》记载，晋文公时，晋军围攻原这个地方，在围攻之前，晋文公让军队准备三天的粮食，并宣布："如果三天攻城不下。就要退兵。"

三天过去了，原的守军仍不投降，晋文公便命令撤退。这时，从城中逃出来的人说："城里的人再过一天就要投降了。"

晋文公旁边的人也劝说道："我们再坚持一天吧！"

晋文公说："信义，是国家的财富，是保护百姓的法宝。得到了原而失去了信，我们以后还能向百姓承诺什么呢？我可不愿做这种得不偿失的蠢事。"

晋军退兵后，原的守军和百姓便纷纷议论道："文公是这样讲究信义的人，我们为什么不投降呢？"于是大开城门，向晋军投降。

晋文公凭着信义，获得了不战而胜的战果。

三国时，孔明在祁山布阵与魏军作战。长期的拉锯战，使士兵疲惫不堪，孔明为了休养兵力，安排每次把五分之一的士兵送返国内轮休。

战争越来越激烈。一些将领为兵力不足而感到不安，便向孔明进言说："魏军的兵力远远超过我们的估计，以现在的兵力来看。恐怕难以获胜，恳请将这次返乡的士兵延缓一个月遣送，以确保兵力。"孔明说："我率军的一个基本原则是：凡是与部下约好的事情必定要遵守。"

于是，依然如期遣返。士兵们听到这个消息后，都自动返回战场，英勇作战，结果大败敌军。

在这次战争中，孔明凭着信义，唤起了士兵的勇气和斗志，取得了胜利。

所以，为自己的每一个诺言负责，看似迂腐、愚笨，但其收益远大于付出。言出必行、一诺千金的良好习惯，能使你在困难的时候得到真正的帮助，会使你孤独的时候得到友情的温暖，因为你信守诺言，你的诚实可靠的形象推销了你自己，你便会在生意上、婚姻上、家庭上获得成功。从这一点上说，为诺言负责的人是一个真正的人生智者与赢家。

一旦失信于人，你也就丢失了人为之人的起码品质。所以不要轻易许诺。你的许诺价值千金。

4. 施予者有福

圣人不积，既以为人，己愈有；既以与人，己愈多。天之道，利而不害；人之道，为而不争。（《老子·八十一章》）

译文：圣人不为自己囤积，他尽力帮助别人，而自己更充实；他把自己所有的施予众人，自己也更丰富。真正的天道，是对天下有利而不妨害万物；圣人之道，是服务于天下而不与人争。

对生活的感悟

所谓舍得，总是要先舍而后得，你付出的越多，收获的自然也就越多，所以乐于施予的人有福了，那些只想占便宜而不愿付出的人最后只会一无所获。明白了这个道理，生活中我们就该学着多付出一点，多帮助别人，多善待别人。

有一篇叫《慷慨的农夫》的短文，说美国南部有个州，每年都举办南瓜品种大赛。一位经常获得头奖的农夫，获奖之后，毫不吝啬地将得奖的种子分送给街坊邻居。有人不解，问他为何如此慷慨，不怕别人的南瓜品种超过他吗？农夫回答："我将种子分送给大家，方便大家，其实也就是方便我自己！"原来，邻居们种上了良种南瓜，就可以避免蜜蜂在传播花粉过程中，将邻近的较差的品种传播给农夫的南瓜。这样，农夫就能专心致力于品种的改良。否则，他就要在防范外来花粉方面大费周折而疲于奔命。

这种"与人方便"的做法，貌似糊涂，实则多么智慧——因为在"善待他人"的同时，自己也方便了！

不要吝啬给予，还有另外一个原因就是在帮助别人、方便别人的同时，你其实也是在帮助自己、方便自己。

佛家也有对给予与获得的深刻阐释，他们认为先舍而后得是人生的道理。

"舍得"一词，是佛家语，是禅境语。本意是讲万丈红尘扑朔迷离，人生在世总会有获得有舍却。舍与得互为因果，往与复本来是自如的，如果领略其中奥意，自然可以打破分别之心。佛无分别心；无分别心，即无烦恼挂碍，心境圆融通达，万象归于一乘，人生有限之生命就会融入无限的大智慧中。

— 189 —

舍与得的问题，多少有点哲学的意味。舍得，舍得，先有舍才有得，不舍不得，小舍小得，大舍大得，舍即是得。舍是得的基础，将欲取之，必先予之，因而人生最大的问题不是获得，而是舍弃，无舍尽得谓之贪。贪者，万恶之首也。领悟了舍得之道，对于做人做事都有莫大的益处。做人，应该抛弃贪婪、虚伪、浮华、自私，力求真诚、善良、平和、大气。做事，应该有所为有所不为。

生活本来就是舍与得的世界，我们在选择中走向成熟。做学问要有取舍，做生意要有取舍，爱情要有取舍，婚姻也要有取舍，实现人生价值更要有取舍……正如孟子所说："鱼，我所欲也；熊掌，亦我所欲也。二者不可兼得，舍鱼而取熊掌者也。"人生即是如此，有所舍而有所得，在舍与得之间蕴藏着不同的机会；就看你如何抉择，倘若因一时贪婪而不肯放手，结果只会被迫全部舍去，这无异于作茧自缚，而且错过的将是人生最美好的事物，即使最后也能获得什么，那也是一种得不偿失！何苦来哉？

记住，给予不是无奈的放弃，而是智慧的选择。

5. 做一个至真的人

至人之用心若镜，不将不逆，应而不藏，故能胜物而不伤。(《庄子·应帝王》)

译文：修养高尚的"至人"，心思就像一面镜子，对于外物是来者即照，去者不留，应合事物本身从不有所隐藏，所以能够反映外物而又不因此损心劳神。

对生活的感悟

做人应该真实而自然，因为只有这样才能令人信服，没有人喜欢假模假样，伪善的东西。

做人要真，要自然，人人都明白这个道理，但能做到的却寥寥无几。

其实，美丑是生来的模样，最初的相识最清晰的是美丑印象，时间长了，实在的意义就只有这个人本身的价值了。美丑固然还在，但已不是唯一。不要盲目羡慕，不要盲目模仿。自己是以自己的特点存在于社会的，盲目地否定自己仿效他人，自己便不成为自己了。

西施很美，病了，心口疼，捂着胸，皱着肩头，越发显得楚楚动人。东施长得不美，任其自然，仍然有女人的一种美。但她羡慕西施长得美，发现西施病时的神态更媚人，便也学着皱着眉头，捂着胸口，则变得更丑了。当然，假，也不是没有作用，坦率地说，求一时功利，它比真的作用大得多；但假，到底不长久，因此，假的作用终究有限。但假害人却无限，害自己坏了品性，害别人坏了事情。假，终必败露，如纸包不住火，一旦败露，遭人唾骂，自己受其苦，还不是自己害自己。

所以，做人还是要真，要自然。成大事者，莫不如此。

三国之争，周瑜败于诸葛亮，是因为周瑜行假，才力不够，便用诡计，结果害了自己。诸葛亮却自然从容，动的是真感情，用的是真心真意，大家风度，表现的是真的人。

曹操，人称奸雄，然而为他效力的人络绎不绝，因为他真心对待人才，危难中又能不惜生命成就事业。虎牢关之战，在诸侯势利眼的一片斥责声中，他亲自给地位卑微的关云长斟酒，真情何其感人；败敌之际，众人畏缩，他孤军击敌，汴水一战几乎死于刀剑，其报国之心，何其壮烈！

所以，在事实中，并不是假的作用大，而是人们常常欲望大于现实、贪心压倒可能，能力不够，又不肯承认现实，便弄假、使诡计，这样自己也便失去真的人的本性。

那么，怎样才能做到至真？

答案很简单，保持生来的性情，安守正常的生活，遵循大家都奉行的原则。

不埋怨不足，能得多少就是多少。今日不足，还有明日。人生是一个过程，月亮总有圆满的时候。

不夸耀成就。成功也不过是人生正常。成就了事业，不见得就高明不过，未成功者未必没有能耐，不以成败论英雄。

不强求不可能的事。强求者，条件不允许，自己才力不够，便弄虚作假。做贼瞒不了打更的人，隔墙须有耳，室内岂无人，一朝败露，身败名裂。

不因事情有差失而追悔丧气，事情顺利，也不自鸣得意，心里平静，表情自然。

登高不觉胆寒，掉进深渊也不惊恐，站在油锅旁也会从容不迫。因为他明白了做人处世归根到底是怎么回事，恐吓只能吓唬无知的人，惊险只能震慑心理虚弱的人，死亡只有对弄虚作假的人才真正可怕。至真的人心中只有不生不死、无私无利的大道。

饮食不求甘美。他认定自己是一个平凡的人，满足基本要求，饱了就够了。所以山珍海味，连桌筵宴，不过装潢面子、抬高身价，不过是浪费，不过是满足虚荣心。

爱争辩是非的人，理屈词穷时，说话便吞吞吐吐。如果他觉得对手可欺负时，就强词夺理，或矢口不承认事实，或歪曲事实。这样可笑不说，如此争强好胜，不顾事实，违背真诚，可得意一时，其自然生机已经断绝了。他必然白天困扰于欲望，夜晚惊扰于梦魇，与人交往则疲惫于钩心斗角：试想，得一时之便，失长久之生命，孰得孰失？至真的人对此了如指掌，又像一点不知，这叫大智若愚。

而至真的人不违背自然，自觉奉行自然。并且自己就是自然的一部分。所以，对人生过程他看得一清二楚，生，不过是忽然来了，死不过是忽然去了。所以，他对生死过程，不违背、不抗拒、也不破坏。所以，他无所求，却得到自然生机的最大赐予；他无所成，却成就了完善的人。

至真的人，他严肃如秋天，随和如春天感情的变化，有如四时的自然运转，能同万物的无穷变化协调适应，却没人能窥测他随遇而安的底蕴。

至真的人，经商谋利，即使一本得万利，生意的对手也不会嫉妒痛恨。互相方便，双方得利既活络了自己，也成全了别人。

所以，喜欢用心沟通物情的，就不是明白人；有所偏私偏爱的，就不是真正爱人的人；利害荣辱不能相通如一的，就不是有才德修养的人；矫揉造作追求虚名、失去自己本性的人，就说不上是有识之士；勇敢捐躯，却不是为了大义，这样的人就是不能自由主宰自己形体生命的人。

至真的人，安然自得就像极为孤高不群，但他决不固执，谁得道他就趋向谁。他胸怀宽阔、极为虚淡，绝不自以为是，或自以为是的浮夸，外以欺人，内以欺己。

至真的人，精力充沛，具有令人亲切的神色。随和宽厚，使人恋德归服；他了解一切，却又像什么都不知道；他淡泊悠闲，放任无心，达到了得意忘言的境地。

要做至真的人，就须了解自然的作用，了解人为的作用。了解了这两种作用，便进入了认识的最高境界，便了解了人生行为立身之根本法则了。

知道自然的作用，就知道自然孕育着一切。人类不可超越自然，人类也是自然的儿女。

知道人为的作用，就可以运用自己的体力智力，追求事业、利益和知识，可得到的就进取，不可得到就安处于自己力量的限度，不急不躁不勉强，妥善保天年，这就是高明之见。

6. 不做没有防人之心的好人

凡人心险于山川，难于知天。（《庄子·列御寇》）

译文：人心比山川还要险恶，比预测天象还要困难。

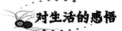

对生活的感悟

做人应该德行纯厚一点，但是不能做毫无防人之心的烂好人，善良也该有点分寸，把自己的仁义善良暴露在小人面前，就是在自取伤害。因此，记得提醒自己：生活是残酷的，害人之心不应有，防人之心却不可无。

东郭先生和狼的故事，广为人知。东郭先生对狼也讲仁义，结果险些送命。在生活中，如果行善不分对象，同样是错误的，会给自己带来很大的伤害。

前秦皇帝苻坚对人善良，心胸极为开阔，他对投降和被俘的人，从不乱杀，也很少猜疑，有的还委以重任。

当时，鲜卑亲王慕容垂投靠他，苻坚毫不设防，盛情招待，像亲兄弟一样信任他。有的大臣认为慕容垂并不可靠，于是对苻坚说："皇上心地善良，好行善事，但也不能滥施仁义，轻易地相信人。我看慕容垂面露奸诈，不是忠厚的人，他只是走投无路才投靠皇上，对他应当警惕啊。"

苻坚最恨无情无义的人，他认为这是大臣嫉妒慕容垂，于是说："慕容垂是个难得的人才，他能投靠我，正是因为他相信我啊。我善待他是应该的，否则，天下的能人志士一定会说我不能容人，这对我声名有损。"

羌部落酋长姚苌，苻坚在做亲王时便救过他一命。当时，姚苌犯罪当斩，在押赴刑场时，苻坚见他英武不凡，于是善心发作，当场将他免死。苻坚做了皇帝，对姚苌更为器重，和他无话不谈，授他很大的权柄。

对于姚苌，许多人都认为他是个小人，有的还揭发说："姚苌身为羌人，时刻想要自立为王，他暗中联络羌人，私招兵马，这都是他有野心的明证。皇上对他过于宽厚，就是对自己残忍，要知道，恶狼是无法感化的，而只能打杀。"

苻坚不听良言，反以自古第一仁君自居。他曾得意地说："我只担心自己的善行不多，却从不相信这样做有什么坏处。谁也不能阻止我行善。"

苻坚伐晋失败后，前秦民心浮动，形势不稳。这个时候，一直心怀鬼胎的慕容垂以安抚百姓为名，脱离了苻坚，号召前燕帝国的鲜卑遗民复国，建立了后燕帝国。

姚苌后来也叛变了，建立了后秦帝国。

慕容垂和姚苌的反叛，给了苻坚致命一击，前秦很快就瓦解了。

更惨的是，苻坚成了姚苌的俘虏，姚苌不但不感念旧情，还把他活活勒死。

苻坚死时，姚苌的羌人部队都感到不忍，为他流下了眼泪。

苻坚他只知行善的好处，却不知对恶人行善的坏处，所以才会不分青红皂白，把愚蠢当作了聪明。

做善事不能一厢情愿，不讲原则的善举常会带来坏的结果。小人如果利用了人们的善念，他们为恶就更加方便了。

现实生活中，因为缺少防人之心而受到伤害的事例也屡见不鲜。

工作勤恳，任劳任怨的张轻，进入目前的公司营销部后，一直努力工作，创造了不少佳绩。没想到，公司调来一位新经理，提出人事改革建议，而他的第一把火就烧到营销部头上，从部门主管到员工，全部换成新经理的嫡系亲信，张轻被调到调研部做分析员。张轻怎么也想不通，无论工作态度还是业务能力，自己都没的说，以前曾共过事的现任副总还直说要提拔他做副手。可如今到底怎么了？自己究竟把谁得罪了？让他做梦也想不到的是，做出这个决定的正是他一直深信不疑的那位副总。

不是所有的上司都能明辨是非、公私分明，在任何时候都能包容你；也不要指望老板都是教育家，在你陷入困惑时会对你谆谆教导。"黑哨"往往响起于无形，你要做的不是怨天尤人，而是适时亮出自己的绝技，让上司对你刮目相看。另外，还要注意方法，不要给上司造成太大的威胁。有的老板在没有发迹或有难的时候，善用情感来笼络人心，可一旦过了难关，便会把知道他底细的人"干掉"，所以你不加以防范，怎么行？

生活有美好的一面，也有严酷的一面。我们不能因为生活的严酷而否定生活的美好，我们也不能因为生活的美好而不去正视生活的严酷。

活在世界上，我们必须与各种各样的人打交道，一定会与许多说不清的风险相遇。但是，如果缺乏对自己负责的基本态度，和对内外风险的防范之心，就可能造成生命财产、情感、事业等多方面的破坏。

如何保护自己，让自己的生命、事业等都得到必要保证，这就是基本的"生存智慧"。

"害人之心不可有，防人之心不可无"，就是我们的生存智慧之一。

这句中国人的"古训"，充分说明了对待他人的辩证关系：一方面，对待别人，不应该存有伤害之心；另一方面，当对别人没有足够了解时，需对他人有所防备，防备他人存有坑害自己的心。

战国时，楚王非常宠爱一位叫郑袖的美女。后来，楚王又得到一位新美女便开始喜新厌旧，把郑袖冷落在一旁。郑袖是一个非常工于心计的女人，便暗暗筹划算计新美人。

郑袖先是想尽办法与新美人亲近。新美人对郑袖的热情没有任何怀疑，反倒心生感激。有一天，郑袖悄悄告诉美人：楚王心情不好时，如果看到女人掩鼻遮口的羞涩模样，就会开心。

新美人信以为真，每当楚王心情不好时，便做出掩鼻遮口的羞涩模样来。楚王觉得奇怪，郑袖乘机告诉楚王：新来的美人私下说，大王身上有臭气，见面时得掩着鼻子才行。

楚王一听，怒不可遏，便令人割掉美人的鼻子，赶出宫去。于是，郑袖又夺回了楚王的宠爱。

"害人之心不可有，防人之心不可无"。讲的是凡事要多一个心眼，所谓"防人"，实际就是采取必要的防卫手段，让人无法加害自己。

所以，要远离危险的地方。这包括两方面：一是防患于未然，预先觉察潜在的危险，并采取防范措施；二是一旦发现自己处于危险境地，要及时离开。

生活不仅是美好的，同时也是严酷的，这一点无论如何也不要忘记。

7. 以君子为友

夫相收之与相弃亦远矣，且君子之交淡若水，小人之交甘若醴。君子淡以亲，小以甘以绝。(《庄子·山木》)

译文：相互容纳与相互遗弃相差甚远，而且君子之交淡如水，小人之交甘美如甜酒。君子淡漠而相亲，小人甘美而易断绝。

对生活的感悟

人与人的交往，最难得的是真诚。因为真心相待的朋友相处起来往往平淡如水，而假意相交的朋友因为有所图，往往山盟海誓、甜言蜜语，相比起来后者比前者更能动人，因此迷于假，失却真的事例就屡见不鲜了。

孔子曾就这一问题请教隐士子桑雽——

我两次被鲁国驱逐出境，在宋国受伐树的惩罚，在卫国被禁止居留，在陈国与蔡国之间遭到人们的围攻，在东周也找不到出路。我遭了这几次挫折以后，亲戚与好友与我便一天天疏远了，学生与知交也越来越远离了我，这究竟是为什么呢？

隐士子桑雽说：

难道你从来没听说过殷国人林回逃亡这件事吗？林回这个人在出逃时，连价值千金的璧玉都丢下了，背起婴儿就走。有人就说："你这样做，是为了得到钱财吗？婴儿能值多少钱！是为了减少拖累吗？婴儿的累赘可多啦！你抛弃千金之璧，带着个婴儿去逃难，这究竟为什么？"

林回就说："我和那璧玉是以利益相结合的，我和婴儿却是天然的

— 197 —

联系。以利益结合起来的，穷困与灾难来时，就互相抛弃了；出自天性联系的，临到大难来时，就会互相关照。互相关照和彼此抛弃比起来，相隔太远了。并且，君子相交，平淡如同清水；小人相交，甘美如同甜酒。君子相处淡泊就能相亲，小人热火相交也容易翻脸。至于无缘无故自然而然地形成的一种关系，也会无缘无故顺其自然地散伙。"

孔子立即恍然，说："我明白了！"

于是慢慢地走回家，一路上反省自己，进门便决定，停止空洞的学问研究，放下没有用的书本，跟弟子们相处，再不要他们打拱作揖。这样一来，师生们的感情反倒更加真挚、深厚了。

要想以君子为友，首先就要远离小人，然而小人并不容易分辨，因为他们可能是看起来很温厚的人，甚至可能是你喜欢的人。

有游说之士拜见赵孝成王说："我听说大王要派人去买马，有这回事吗？"

赵王回答："有这回事。"

说客问："那为什么到现在还没派人去买呢？"

赵王说："没有找到会相马的人。"

说客就问："大王为什么不派建信君去呢？"

赵王答道："建信君要处理国家大事。何况他又不懂相马的事。"

说客又问："大王为何不派纪姬去呢？"

赵王回答："纪姬是个女人，不懂得相马。"

说客继续问道："如果买来了马匹而且特别强健，对国家有什么好处？"

赵王回答："对国家没有什么好处。"

说客又问："那么买来了不强健的马匹，又会对国家造成什么危害呢？"

赵王答道："对国家没有什么危害。"

说客说："既然买的马好或者不好，都对国家没有什么益处或危害，那您为何一定要等待一个会相马的人？现在大王治理国家的措施不当，国家衰败、几成废墟，甚至不能祭祀，可是大王不等待善于治理国家的人，却把大权交给建信君，这是为什么？"

赵王无言以对。

说客继续说道："郭偃之法有所谓'柔痈'的说法，大王您知道吗？"

赵王说："我没听说过。"

说客说："所谓'柔痈'，是指您左右受宠幸的亲近之臣以及您的夫人、优者和美女等等，这些人都是趁您酒酣耳热之际向您提出自己非分要求的人。这些人的欲望如果能在宫中得到满足，那么大臣就能在外面为非作歹、贪赃枉法了。所以说，太阳和月亮的光芒照亮了世界，可它们内部仍然有黑点。人们十分谨慎地防备自己憎恶的人，可祸患往往却发生在自己溺爱的人身上。"

小人虽然难以觉察，但总有分辨的方法。你要提防的是以下几种人：

一是那些口是心非，吃里扒外，看风使舵的投机者；

二是那些挑拨离间，制造矛盾，编造谎言，唯恐天下不乱的是非者；

三是做一天和尚撞一天钟甚至连钟也懒得撞，却对干事者横挑鼻子竖挑眼、指手画脚的看戏者；

四是极尽谄媚之能事，背后无中生有，恶语中伤的"两面"者。

要想分辨小人，平时你还要多问几个"为什么"。既为小人，必有一副"小人相"，或"甜"得特别，或"亲"得异样，或"吹"得肉麻，或"勤"得反常……对此，领导者要在心里多问几个"为什么"，如果对这些"反常"行为多作一些冷静、周密、科学、细致的思考，就不难看清小人的真实面孔。

记住，平时甜言蜜语的不是真朋友，在你遭遇危险时挺身而出的才是真朋友。

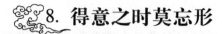

8. 得意之时莫忘形

阳子曰:"弟子记之,行贤而去自贤之行,安往而不爱哉!"(《庄子·山木》)

译文:阳朱说:"弟子们记住,品行贤德而又能去掉自以为贤的想法,哪里会不受爱戴呢?"

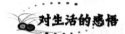

人在得意之时,往往容易迷失本性,乐而忘形。他们会张扬自己,放纵自己,殊不知,得意至极时,便是危险至极时,如果头脑不够冷静,表现失常,便很容易由巅峰跌到谷底。

骄矜,是指一个人骄傲专横,傲慢无礼,自尊自大,好自夸,自以为是。这样的人在现实生活中还是经常能看到的。具有骄矜之气的人,大多自以为能力很强,很了不起,做事比别人强,看不起他人。由于骄傲,则往往听不进去别人的意见;由于自大,则做事专横,轻视有才能的人,看不到别人的长处。

骄矜对人对事的危害性是很大的,这一点古人认识得十分清楚。

《尚书·革命》中这样阐述道:骄傲、荒淫、矜持、自夸,必将以坏结果而结束。同样的看法在《说苑·丛谈篇》中也有:"富贵不与骄傲相约,但骄傲自然而然地随富贵出现了;骄傲和死亡并没有联系,但死亡也会随骄傲而来临。"

《劝忍百箴》中对于骄矜这个问题这样说:"金玉满堂,莫之能守。富贵而骄,自遗其咎。诸侯骄人则失其国,大夫骄人则失其家。魏侯受田子方之教，不敢以富贵而自多。盖恶终之衅，兆于骄夸；死亡之期，定于骄奢。先哲之言，如不听何！昔贾思伯倾身礼士，客怪其谦。答以四字，骄至便衰。斯言有味，噫，可不忍欤！"

这段话意思是说，金玉满堂，没有人能够把守住。富贵而骄奢，便会自食其果。国君对人傲慢会失去政权，大夫对人傲慢会失去领地。魏文侯接受了田子方的教诲，不敢以富贵自高自大。骄傲自夸，是出现恶果的先兆；而过于骄奢注定要灭亡。人们如果不听先哲的话，后果将会怎样呢？贾思伯平易近人，礼贤下士，客人不理解其谦虚的原因。思伯回答了四个字：骄至便衰。这句话让人回味无穷，咳，怎么能不忍耐呢？

确实是这样。千罪百恶都产生于骄傲自大。骄傲自大的人，不肯屈就于人，不能忍让于他人。做领导的过于骄横，则不可能很好地指挥下属，做下属的过于骄傲则会不服从领导。做儿子的过于骄矜，眼里就没有父母，自然不会孝顺。

骄矜的对立面是谦恭、礼让。要去除骄矜之态，必须是不居功自傲，能够自我约束，克制骄傲的产生，常常考虑到自己的问题和错误，虚心地向他人请教学习。

在克服骄傲自大、培养谦恭礼让的品质方面，古人为我们做出了不少榜样。

富贵者、当权者自身本来就容易有骄傲之气，看不起地位不如自己的人。但是作为统治者，如果不能礼贤下士，虚心求教，他就可能因为自己的骄矜之气而失去政权，富贵者则可能因此失去自己的财势。

如果一个人喜欢自大自夸，就算是有了一些美德，有了一些功劳和成绩，也会丧失掉。过分炫耀自己的能力，看不起他人的工作，就会失去自己的功劳。

有一个人，打了一个比方。他是这样说的：如果一个人的仇恨，在心中只占据一半，那么他表现得很激烈；如果一个人的仇恨，在他的心中占据了全部，那么他表现得格外冷静。

由此可见，得意忘形或者失意忘形，都是由于"度数"不够，浅薄或者无知。

半桶水荡得很。得意忘形者败！

易经讲：君子终日乾乾。就是说人一天到晚，都要保持本分，保持常态，永远这样；不但如此，到了晚上，还要警惕自己，不可放松，就像白天一样的小心。就是说到了中年做事得意的时候，做人做事随时随地都要小心，乃至到了晚年都不能放松。

富贵是人所向往的，但富贵之后人们的发展趋势，就不一定是锦上添花了。无忧无虑的生活最能麻痹人们的神经，令他们蜕化变质，失去拥有的一切。

权势和地位给人罩上的光环，往往使人迷失本性；当光环消失之后，人们最需要做的是找回自我，而不是还生活在逝去的幻影中。重新开始不仅要有勇气，更要有当初的坚韧与谦和。

清朝雍正皇帝在没有继位之前，川陕总督年羹尧是他最得力的亲信。当时，诸皇子为了皇位互相攻击，年羹尧坚定地站在时为雍亲王的胤禛一边。

胤禛当上皇帝后，对有大功的年羹尧视为恩人，封他高官显爵，还动情地说："年羹尧忠勇无人能比，我不仅不能辜负他，而且我的子孙也要铭记他。如有人做不到这一点，他就不是我朝的臣民了。"

年羹尧受到皇帝这样推崇，趋炎附势的人于是加紧了对他的恭维和"孝敬"，许多人携带重金去贿赂他。

年羹尧来者不拒，提拔了很多不称职的人，有人便劝他说："皇上厚待你，是因为你从前为国建功。现在你的这些行为，对国家有害，皇上知道了一定不满，你应该保持清名，不让皇上对你的看法改变啊。"

年羹尧说："这是我权力范围内的事，皇上不会怪罪我的。皇上对我特殊优待，我还担心什么呢？"

年羹尧放松了对自己的要求，渐渐骄横跋扈起来。他外出的时候，连总督和巡抚都要跪道迎送，毕恭毕敬。

一次，年羹尧进宫看望身为雍正皇妃的妹妹，妹妹对他说："听说你在外面十分招摇，引起不少议论，这是不明智的。无论你有多么大的功劳，终是臣子，以后做事还要讲究分寸的好。"

年羹尧对谁的话都听不进去，他仍是恃功自傲，雍正皇帝开始猜疑和忌恨他了。

不久，雍正皇帝严词警告他，说："你是国家的功臣，更应该遵纪守法，做群臣的表率。现在许多人对你是敢怒而不敢言，难道你是有心让我为难吗？"

年羹尧的心腹看出了苗头不对，劝他说："皇上这样指责你，看来他是早有不满之心了。你要马上上书自责，也许这样还能挽回不利的局面。"

年羹尧不肯谢罪，他说："皇上把我看作恩人，哪能这么快就翻脸呢？我若认罪，其他人正好落井下石，我是不能自毁前程的。"

雍正皇帝见他死不悔改，于是解除了他的抚远大将军之职，降他为杭州将军。年羹尧的心腹这时又劝他说："皇上动怒，日后群臣必定会群起而弹劾你。现在不比从前，你必须马上放下身价，谢罪求得皇上的原谅了。如果你还是抗拒到底，事情就会更糟。"

年羹尧自觉受了委屈，他不但不承认自己的错误，还口出怨言，说雍正皇帝对他不讲情义。他不厌其烦地对人讲述自己从前的功劳，暗指雍正皇帝忘了他这个大功臣了。

雍正皇帝听到这些消息，更加恼怒。他公布了年羹尧的 92 条大罪，令他自杀。

年羹尧得志猖狂，失势后不思悔过，他的心态没有丝毫调整，这使他一再犯错，最后走上了绝路。

人要有能上能下的心胸，在上位不要仗势欺人，处下位不能怨气冲天。人生在世一切都是可能的，什么也没有不惹祸事重要。

我们看中国历史的汉朝、唐朝，看西方历史的罗马时代，鼎盛的时候，就衰败下去。家庭也是一样，兴旺的时候，儿女媳妇都骄贵起来了，太骄贵就是泰到极点，否就来了，否到极点泰来了。不但人事如此，历史也是一样，社会发展也是一样，看通了人生，如此而已。

这样我们就知道了，得意时切忌忘形，因为成功永远是相对的，在成功之时，危机并不是被永远消灭了，而是潜藏起来了。看不到这些隐患，高枕无忧地大肆行乐，隐患便会悄悄增长，直到有一天浮出水面。促使成功的奋斗精神和积极力量一旦消退，导致失败的各种要素就要强劲反弹，把成功化为乌有了。

人在得意时，总认为快乐可以长长久久，其实这不过是错觉而已，得意过头时，危机也就要来了。

9. 以赤诚之心待人

不精不诚，不能动人。（《庄子·渔父》）
译文：不精不诚，不能感动人。

对生活的感悟

在现代社会，人与人之间的合作是必不可少的，而要与人实现友好合作，你就必须以一片赤诚之心待人，宽宏大量与人为善，包容和吸纳对方的意见，你才能走向成功。

孔子说："二人同心，其利断金。"意思很简单，只要大家齐心协力，就会像一把锋利的好刀，削铁如泥。一切事业都必须精诚合作才有希望成功。

一个人想知道天堂与地狱的差别，上帝对他说："来吧！我让你看看什么是地狱。"

他们走进一个房间，一群人围着一大锅肉汤，但每个人看上去一脸饿相，瘦骨伶仃。他们每个人都有一只可以够到锅里的汤勺，但汤勺的柄比他们的手臂还长，自己没法把汤送进嘴里。有肉汤喝不到，只能无可奈何地饿肚子。

"来吧！我再让你看看天堂。"上帝把这个人领到另一个房间。这里的一切和刚才那个房间没什么不同，一锅汤、一群人、一样的长柄汤勺，但大家都身强体壮，正在快乐地歌唱着幸福。

"为什么？"这个人不解地问，"为什么地狱的人喝不到肉汤，而天堂的人却能喝到？"

上帝微笑着说："很简单，在这儿，他们都会喂别人。"

故事并不复杂，但却蕴涵着深刻的社会哲理和强烈的警示意义。同样的条件，同样的设备，为什么一些人把它变成了天堂而另一些人却经营成了地狱？关键就在于你是选择共享还是独霸利益。

现代社会，人与人之间交往日益频繁，既存在着激烈的竞争，又有着广泛的联系与合作。一个缺乏合作精神的人，不仅事业上难有建树，很难适应时代发展的需要，也难在激烈的竞争中立于不败之地。

越是现代社会，孤家寡人、单枪匹马越难取得成功，越需要团结协作，形成合力。从某种意义上讲，帮别人就是帮自己，合则共存，分则俱损。如果因为心胸狭隘，单枪匹马去干事，放着身边的人力资源不去利用，结果只能是事倍功半，甚至更糟。

优秀人才有机结合在一起，就会相映成辉，相得益彰。如今许多企业实行强强联合，就是希望通过合作产生巨大的能量，达成双赢的效果。

一个以敌视的眼光看世界的人，对周围人戒备森严，心胸窄小，处处提防，他不能有真正的伙伴和朋友，只会使自己陷入孤独和无助中；而宽宏大量，与人为善，宽容待人，能主动为他人着想，肯关心和帮助别人的人，则讨人喜欢，易于被人接纳，受人尊重，具有魅力，因而能更多地体验成功的喜悦。

在 18 世纪，法国科学家普台斯特和贝索勒是一对死敌。他们围绕定比定律争论了有 9 年之久，他们都坚持自己的观点，互不相让。最后的结果是普鲁斯特获得了胜利，成了定比这一科学定律的发现者。但是，普鲁斯特并未因此而得意忘形，独占天功。他真诚地对与他激烈争论的对手贝索勒说："要不是你一次次的责难，我是很难进一步将定比定律研究下去的。"同时，普鲁斯特特别向众人宣告，定比定律的发现，有一半功劳是属于贝索勒的。

在普鲁斯特看来，贝索勒的责难和激烈的批评，对他的研究是一种难得的激励，是贝索勒在帮助他完善自己的研究。这与自然界中"只是因为有了狼，鹿才奔跑得更快"的道理是一样的。

普鲁斯特的宽容是博大而明智的，他包容别人的反对，不计较他人的态度，充分看到他人的长处，善于从他人身上吸取营养，肯定和承认他人对自己的帮助。正是由于他善于包容和吸纳他人的意见，才使自己走向成功。

这种宽容实在让人感动，想到时下学术界中屡见不鲜的相互诋毁、压制排挤、争名夺利等文人相轻的现象，让正直的人倍觉耻辱。

著名天文学家第谷和科普勒之间的友谊就是一曲优美的宽容之歌。

科普勒是16世纪的德国天文学家，在年轻尚未出名时，曾写过一本关于天体的小册子，深得当时著名的天文学家第谷的赏识。当时第谷正在布拉格进行天文学的研究，第谷诚挚地邀请素不相识的科普勒和他合作一起进行研究。

科普勒兴奋不已，连忙携妻带女赶往布拉格。不料在途中，贫寒的科普勒病倒了。第谷得知后，赶忙寄钱救急，使得科普勒渡过了难关。后来由于妻子的缘故，科普勒和第谷产生了误会，又由于没有马上得到国王的接见，科普勒无端猜疑是第谷在使坏，于是写了一封信给第谷，把第谷谩骂了一番后，不辞而别。

第谷是个脾气极坏的人，但是受此侮辱，第谷却显得出奇的平静。他太喜欢这个年轻人了，认定他在天文学研究方面的发展将是前途无量的。他立即嘱咐秘书赶紧给科普勒写信说明原委，并且代表国王诚恳地邀请他再度回到布拉格。

科普勒被第谷的博大胸怀所感动，重新与第谷合作，他们俩合作不久，第谷便重病不起。临终前，第谷将自己所有的资料和底稿都交给了科普勒，这种充分的信任使得科普勒备受感动。科普勒后来根据这些资料整理出著名的《路德福天文表》，以告慰第谷的在天之灵。

浩瀚如海洋般的宽容情怀，使第谷为科学史留下了一段光辉的人性佳话。这种宽容像雨后的万里晴空，清新辽阔，一尘不染；这种宽容像是舐犊情深，对下一辈给予温暖的关爱和呵护；像是辽阔的大地，让所有为大地增添靓丽生命的物质，都有自己的一片发展天地；亦像是一条乡间的小河，让水草悠悠地生长，让小鱼快乐地游来游去。以赤诚之心待人，就要能容人。

正确评价自己，清醒地看到自己的不足与短处，才能产生与人合作、共同发展的强烈愿望，充分发挥自己的潜能。如果用自己的长处比别人的短处，看不见自己的短处和别人的长处，就很难与人精诚合作。

在合作过程中，相互之间难免会有意见相左、磕磕碰碰的时候，也难免有差错、有失误，能不能相互宽容谅解，营造一个和谐宽松的合作氛围，往往直接影响事业的成败。

合作就要互相补台，尤其当合作伙伴的失误给共同的事业造成困难或损失的时候，应该给予充分理解与热情鼓励，开诚布公地指出失误，实事求是地分析原因，心平气和地探讨对策，以帮助合作伙伴尽快走出失误的阴影，振奋精神。这样才能尽快克服困难，尽量减少损失。

有的人遇到困难或不顺就一味埋怨指责合作伙伴，或者有了成绩则贪天之功，结果是挫伤了别人的积极性，引起别人的反感，妨碍今后的合作，显然不是明智之举。

哲学家威廉·詹姆士曾经说过，"如果你能够使别人乐意和你合作，不论做任何事情，你都可以无往不胜。"合作是一种能力，更是一种艺术。唯有善于与人合作，才能获得更大的力量，争取更大的成功。

以赤诚之心待人，你会赢得更多朋友，多一个朋友，就多了一个世界。

10. 千万别拿自己当"腕儿"

大方无隅；大器晚成；大音希声；大象无形；道隐无名。（《老子·四十一章》）

译文：最方正的好像没有棱角，最有价值的器具要最后才完成。声音大得超过人的听觉极限，人也就听不到了；形象若是超过视觉能分辨的范围，人也就无法看到了；道是隐形而无名的。

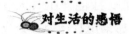

对生活的感悟

人人生而平等，哪怕你权势逼天，腰缠万贯，最后也还是要跟别人一样赤条条地来去。这样看来，有点名气便自以为光彩照人的人，不过是扭曲了人生来的美好本性，把纯洁变成了污秽，因此真正高尚的人从来不会以名气压人，而是始终保持自然美好的本性。

海瑞做了朝廷的督抚大员，官大名声大，他的家乡一带有人假借他的名义放债买田。海瑞听到这个消息后，立即给琼州知府写了一封长信。信上说："我自从出来做事，一直没有回过海南。我自己的薪俸刚刚够维持自家人的生活，并没有一文多余钱可以用来放债买田。我老家只有祖上留下的10多亩薄田，每年收获1石2斗左右的粮食，这些年来并没有增加一亩一分。今后，凡是有打着我的旗号放债买田的人，一律作为冒名处理，请您严加惩处，不必留情，并请您把此事转告海南各州县。"

海瑞的应天巡抚仅仅做了八九个月的时间，就为当时的朝廷和地方的权贵们所不容，不得不去职还乡。

万历十二年，明神宗朱翊钧决心再次起用海瑞，他任命海瑞为南京吏部右侍郎。这一年，海瑞已经是年过花甲的老人了。过了16年清苦的闲居生活后再度出任高官，他的俭朴之风有增无减。这位新上任的南京吏部长官穿着破旧的衣裳，坐着一只小船，既没随从，更无仪仗，沿途几千里，走了几个月，竟没有一个地方官员知道他是谁。一到南京上任，和他当年初任南平县学教谕时一样，第一件事情就是张贴告示，禁止吏部和各衙门的任何官吏向他送礼，并把已经送来的礼金礼物退还原主。然后，着手革除衙门中的种种积弊。两年后，万历十五年的十月，刚刚升任南京都察院右都御史的海瑞病死在任上，这年，他已整整64岁。临去世的前3天，衙门里派人给他送去的柴火银子多出了6钱，他还专门让人如数退还。弥留之际，他也没有向身边的人交待过一句私人的事情。

海瑞死后，由于没有直系亲属在身边，丧事都由南京都御史王用汲负责料理。王用汲带着御史们整理海瑞的遗物时，发现他的私人财产只有俸银十多两，做官服、被褥用的绸缎两匹、麻布一匹。这点财产连当时一般的穷书生都不如。看到这位坎坷一生、多灾多难的宦海老人如此清寒，王用汲忍不住哭出声来，在场的御史们没有一个不伤心下泪的。大家商议了一下，每人凑了一些钱，才为海瑞办了丧事。

海瑞的丧事虽然办得不豪华，但隆重的场面却是任何一个封建官吏去世都比不上的。举丧的那天，南京城里所有的店铺都关了门，大街小巷搭满了市民们自动聚集起来祭奠的灵棚，悲痛的声音笼罩着整个南京城。当载运遗体的灵船过江时，长江两岸穿着白衣赶来送行的队伍竟连绵100余里。作为封建历史人物，海瑞至今仍被我们许多人所熟知，正说明他的影响之深。

俗话说："大者无形"，"大有若无"，真正的伟大其实藏于普通之中，因此越是有大名利，越是身处高位，就越应当把自己当普通人来对待。

按照这个道理，庄子认为宋荣子这个人差不多就是这样一位至人无己、神人无功、圣人无名的人。

当全社会都称赞他时，他既不沾沾自喜，也不欢欣鼓舞；当众人一致责难他时，他也不慌张、不沮丧。

对那些有才能胜任一定官职，做事能给老百姓带来好处，甚至有的还可以当一国之君，并取得老百姓信任，但又自视甚高、扬扬得意的人，宋荣子很看不起。

他认为这样的人像小鷃雀一样无知。

但庄子认为像宋荣子这样还不够。宋荣子还只明白什么是我需要的，什么是身外之物，还只清楚地辨别了关于光荣和耻辱的界限，如此而已。宋荣子这个人还是有一个大毛病：瞎操心，管闲事。还没有达到逍遥自在的境界。这里庄子谈宋荣子的情况，道理说得有点玄。人是人的世界，人生世上怎么能不为旁人的事有所思，有所想，有所评价呢？

这是一个方面。但为了保持自己平静、自然的心态，有时人们也确实需要一种无己、无功、无名的心态。庄子这样说，从一方面看，肯定很有道理。因为对身外的名声、事件、功利的关注，都是从一己进入开始的，这当然有私欲在其中。

把庄子这种至人无己、神人无功、圣人无名的人生境界，放到我们现实的人生拼搏中，在为人立身上，实在是一种知进知退、达观透彻的处世艺术。

别把自己看的太高，让自己心灵无所困扰，行为悠然，你活得也就自由逍遥了。

读
老庄
之道悟生活智慧

第八章
持从容敏感心　品酸甜苦辣味

　　或许是生活太忙碌，人们没有时间再去细心体味那些美好而细腻的情感，甚至容许自己的情感渐渐粗糙如磨砂杯，触手是一片冰凉和麻砾。而杯中的情感更是少得可怜，甚至全然不对味。但是因为倾倒得容易，所以人们越来越不在乎自己杯中的究竟是不是真正想一饮而尽的。若是能够保持一颗从容而敏感的心，愿意去认真品味，杯中的是茶、是咖啡、是清水、是果汁……一定可以找到你的那一杯。

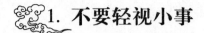

1. 不要轻视小事

天下难事必作于易，天下大事必作于细。是以圣人终不为大，故能成其大。(《老子·六十三章》)

译文：难以处理的事情必然有容易下手之处，再大的事也是构建于细微之上。所以，圣人不好高骛远，按理逐步进行，最后必能成功。

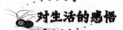

对生活的感悟

做事理应从大处着眼，小处做起。这是一条最简单的道理，然而，生活中却有很多人不明此理，一心向往辉煌灿烂的梦想，却轻视身边的小事，最终他们的美梦也只能化为泡影。

"人生百岁，七十稀少，更除十年孩童小，又十年昏老，剩下五十载，一半被睡魔分了。"细算起来，人生也不过数十载光阴，正因为人生苦短，所以要办成几件大事实在并不容易。

我们往往放不下架子，不能从小事、从最基层工作做起，自命不凡，总认为自己是干大事的料，期望一步登天，不知凡事都需要日积月累。还有一些人总是抱怨周围环境不利于自己发展和成功，诸如区域太小、老板不好、老婆不能干、朋友不帮忙，这样的客观原因数不胜数，将富不起来归咎于运气不好！从来没有想过其实最最根本的原因是自己不屑于做小事。所谓"一屋不扫，何以扫天下！"

"天下大事必作于细"，意思是说凡事都要从小事做起，从眼前的杂事做起，坚持到底，才能将事情做好，达到长远追求的目标。为人处世，只要能够不辞劳苦，坚持不懈，那么，即使像女娲补天那样翻天覆地的难事，也终能扭转乾坤，获得成功的。

我们每个人所做的工作，都是由一件件小事组成的，但我们不能因此而忽视工作中的小事。

所有的成功者，他们与我们都做着同样简单的小事，唯一的区别就是，他们从不认为他们所做的事是简单的小事。

很多时候，一件看起来微不足道的小事，或者一个毫不起眼的变化，却能起到关键的作用。这就要求每一位员工始终保持高度的注意力和责任心，始终保持清醒的头脑和具有敏锐的判断力，能够对工作中出现的每个变化、每一件小事迅速做出准确的反应和判断。

希尔顿饭店的创始人、世界旅馆业之王康·尼·希尔顿就是一个非常注重小事的人。他经常这样要求他的员工："大家牢记，万万不可把我们心里的愁云摆在脸上！无论我们饭店遭到何等的困难，希尔顿服务员脸上的微笑永远是顾客的阳光。"

正是这小小的微笑，让希尔顿饭店获得了极佳的声誉。

没有哪一件工作是没有意义的，每一个小事都有自己的意义。

饭店的服务员每天的工作就是对顾客微笑、打扫房间、整理床单等小事；快递员每天的工作也是送递邮件。他们是否对此感到厌倦、毫无意义而提不起精神？

但是，这就是你的工作，你必须做好它。

一位年轻的女工进入一家毛织厂以后一直从事织挂毯的工作，做了几个星期之后她再也不愿意干这种无聊的工作了。

她去向主管辞职，无奈地叹气道："这种事情太无聊了，一会儿要我打结，一会儿又要把线剪断，这种事完全非没有意义，真是在浪费时间。"

主管意味深长地说："其实，你的工作并没有浪费，你织出的很小的一部分也是非常重要的一部分。"

然后主管带着她走到仓库里的挂毯面前，年轻的女工呆住了。

原来，她编织的是一幅美丽的百鸟朝凤图，她所织出的那一部分正是凤凰展开的美丽的羽毛。她没想到，在她看来没有意义的工作竟然这么伟大。

这是在具体的一件工作中，每一件小事都可以算是大事，要想把每一件事做到完美，就必须坚守自己的本分和岗位，付出自己的热情和努力。这就是作出了最好的贡献。

许多小事并不小，那种认为小事可以被忽略、置之不理的想法，只会导致工作不完美。

美国标准石油公司曾经有一位小职员叫阿基勃特。他在出差住旅馆的时候，总是在自己签名的下方，写上"每桶 4 美元的标准石油"字样，在书信及收据上也不例外，签了名，就一定写上那几个字。他因此被同事叫作"每桶 4 美元"，而他的真名倒没有人叫了。

公司董事长洛克菲勒知道这件事后说："竟有如此努力宣扬公司声誉的职员，我要见见他。"于是，洛克菲勒邀请阿基勃特共进晚餐。

后来，洛克菲勒卸任，阿基勃特成了第二任董事长。

也许，在我们大多数人的眼中，阿基勃特签名的时候署上"每桶 4 美元的标准石油"，这是小事一件，甚至有人会嘲笑他。

可就这件小事，阿基勃特却做了，并坚持把这件小事做到了极致。那些嘲笑他的人中，肯定有不少人才华、能力在他之上，可是最后，他却成了董事长。

可见，任何人在取得成就之前，都需要花费很多的时间去努力，不断做好各种小事，才会达到既定的目标。

有一个善于反省的人，在他生命中的某一天，突然省悟到自己迄今所做的全是微不足道的事情。他想到生命的短暂，不禁为自己虚度了宝贵的光阴而痛心，于是他发誓用剩余的生命做成一件最有价值的事情。许多年过去了，他一直在寻找那件足以使他感到不虚度此生的最有价值的事情。可是，他没有找到。结果，他什么事也没有做，既没有做微不足道的事情，也没有做最有价值的事情。

机会总是从你身边走过，你不用心去观察，怎能发现最有价值的事情呢！一味地去寻找、去发现又会有多大的收获呢？一个会发现身边的小事、会寻找微不足道的事情的人才会有可能发现最有价值的事。

人的一生到处都是大大小小的事，但只要会观察，会去发现这些事情，那你的一生总算还是有点收获，没有白活，寻找有价值的事情必须从寻找微不足道的小事做起，从小事一步步地走向成功，一步步地向最有价值的事情走近。做一件小事也就等于向成功与最有价值的事情靠近了，走近了。连一件小事都不做的人，怎能做得了一件最有价值的事？

人的一生总之只有一句话："凡事从小事做起。"

我们应认识到细微处体现的大文章，反思起我们浮躁的心理，反思起我们工作的态度，反思起我们为人的素质，甚至反思起我们的文化。

何为细节？何为大事？何为成败？也许在每个人的眼中都有着不同的含义。每个人都有满腔热血，想干一番大事业的雄心，期盼或功成名就，或衣锦还乡，或企业百年兴旺，或民族昌盛……但我们有多少人能做成其中的一件呢？一谈到这些就免不了浮躁情绪的滋生，苦于自己的"文韬武略"无从施展，天降大任于斯人，怎能纠缠于区区细节?! 于是乎中国人从不缺乏勤劳，从不缺乏智能，但我们最缺的是做细节的精神。

凡事都要从小事做起，从与他人的合作开始，认认真真地做事、做人。

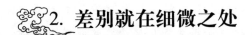

2. 差别就在细微之处

见小曰明，守柔曰强。（《老子·五十二章》）

译文：能看到隐微内在的道理，才是内在明澈的表现。能坚守柔弱的信念，才是真正的强者。

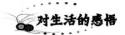

对生活的感悟

一滴水可以折射出整个太阳的光辉，一件小事就可以看出一个人的内心世界，这就是人们常说的"见微知著，以小见大"。所以人与人的差别，往往就体现在一些细小的事情上，也正是因为这些细小的事情，决定了不同的人具有不同的命运。

两个同龄的年轻人同时受雇于一家店铺，并且拿同样的薪水。

可是一段时间后，叫阿诺德的那个小伙子青云直上，而那个叫布鲁诺的小伙子却仍在原地踏步。布鲁诺很不满意老板的不公正待遇。终于有一天他到老板那儿发牢骚了。老板一边耐心地听着他的抱怨，一边在心里盘算着怎样向他解释清楚他和阿诺德之间的差别。

"布鲁诺先生，"老板开口说话了，"您现在到集市上去一下，看看今天早上有什么卖的。"

布鲁诺从集市上回来向老板汇报说，今早集市上只有一个农民拉了一车土豆在卖。"有多少？"老板问。

布鲁诺赶快戴上帽子又跑到集市上，然后回来告诉老板一共40袋土豆。"价格是多少？"布鲁诺又第三次跑到集市上问来了价格。"好吧，"老板对他说，"现在请您坐到这把椅子上一句话也不要说，看看别人怎么说。"

老板将阿诺德找来，并让他去看看集市上有什么可卖的。

阿诺德很快就从集市上回来了，向老板汇报说到现在为止只有一个农民在卖土豆，一共40袋，价格是多少多少；土豆质量很不错，他带回来一个让老板看看。这个农民一个钟头以后还会弄来几箱西红柿，据他看价格非常公道。昨天他们铺子的西红柿卖得很快，库存已经不多了。他想这么便宜的西红柿老板肯定会要进一些的，所以把那个农民也带来了，他现在正在外面等回话呢。

此时老板转向了布鲁诺，说："现在您肯定知道为什么阿诺德的薪水比您高了吧？"

同样的小事情，有心人做出大学问，不动脑子的人只会来回跑腿而已。别人对待你的态度，就是你做事情结果的反映，像一面镜子一样准确无误，你如何做的，它就如何反射回来。

一个青年来到城市打工，不久因为工作勤奋，老板将一个小公司交给他打理。他将这个小公司管理得井井有条，业绩直线上升。有一个外商听说之后，想同他洽谈一个合作项目。当谈判结束后，他邀这位也是黑眼睛黄皮肤的外商共进晚餐。晚餐很简单，几个盘子都吃得干干净净，只剩下两只小笼包子。他对服务小姐说，请把这两只包子装进食品袋里，我带走。外商当即站起来表示明天就与他签合同。

因将吃剩下的两只小笼包带走这样极其平凡的小事感动了外商，使外商顺利地与他签订了合同，由此我们可以看出小事的威力。

还一个相貌平平的女孩，在一所极普通的中专学校读书，成绩也很一般。她得知妈妈患了不治之症后，想减轻一点家里的负担，希望利用暑假这两个月的时间挣一点钱。她到一家公司去应聘，韩国经理看了她的履历，没有表情地拒绝了。女孩收回自己的材料，用手掌撑了一下椅子站起来，觉得手被扎了一下，看了看手掌，上面沁出了一颗红红的小血珠，原来椅子上有一只钉子露出了头。她见桌子上有一条石镇纸，于是拿来用它将钉子敲平，然后转身离去。可是几分钟后，韩国经理却派人将她追了回来，她被聘用了。

在一件很细小的、与自己无关的事情上也能体现出对别人体贴和关心的人，他能获得成功是无可置疑的。

所以，在许多平凡琐碎的生活细节中，往往都含着一些酵质，假使酵质膨胀了，就会使生活起到剧烈的变化，从而影响了一个人一生的命运。

因此，如果你渴望成功，那么你所要做的就是关注小事，在小事上凸显自己。

作为一家书店的营业员，你是否能勤擦拭书架上的灰尘？作为一家公交公司的司机，你是否让你的车时时保持整洁？作为一家商场的服务员，你能否给顾客一个让他再次光临的微笑？

事儿可能很小，知道吗，这正是体现你与众不同的地方。你做到了吗？

成功者与失败者之间的差别其实并不大，做好小事你也可以成功。

3. 千里之行，始于足下

合抱之木，生于毫末；九层之台，起于累土；千里之行，始于足下。（《老子·六十四章》）

译文：合抱的大树最初是从微小的萌芽开始成长的；九层的高台是一层层的土累积起来的，千里的远行是从迈出第一步开始的。

对生活的感悟

任何伟大的事业，辉煌的成就，都是由无数具体的、细小的、平凡的工作积累而成，不愿意干平凡工作的人，很难成大事，世间没有突然的成功，大多来自前进路中微小而不间断的"脚踏实地"。

有个人很有钱，但却愚蠢无知。有一次，他到另一个富翁的家里，看见一座三层的楼房，楼又高又大，富丽堂皇，宽敞明亮，他十分羡慕，心里想："我的钱财并不比他少，为什么我的楼没有他的好，以前我怎么就没想到造一座这样的楼呢？"

回到家里，他立刻召唤来木匠，问道："你能不能照着那家的样子帮我建造一座漂亮的楼？"

木匠回答说："没问题，他家的那座楼就是我造的。"

富翁便说："那你现在就为我造一座像他家那样富丽堂皇的楼吧。"

于是木匠开始量地基，砌砖，造楼。

富翁看见木匠砌砖，心生疑惑，不晓得这是怎么一回事，就问木匠："你这是打算造什么？"木匠回答道："造你要的三层楼房呀！"

富翁有点急了，对木匠说道："我不要下面二层，我只要最上面的一层，你就给我造最上面一层吧。"

木匠答道："没这样的事！哪有不造最下一层楼就造第二层楼的？不造第二层楼又怎么谈得上造第三层楼呢？"

这个愚蠢的富翁固执地说："我就是不要下面二层楼，你一定得给我造最上面一层楼！"

其他的人听到了这件事，都笑话他。人们笑愚蠢的富翁不懂得：房屋是由基础而建起，怎能在空中建起楼阁呢？

佛家有一偈曰："无基不为楼，事无侥幸成；欲证如来果，当把根本修。"是的，一棵树最初必由一粒种子，下土发芽生根慢慢长大而成。一个人的知识学问也是由从小一字一句地读书，慢慢累积而成，树有根水有源。可是世间又有多少人懂得这个道理呢？否则怎么会又有这么多的人奢望空中楼阁？

好高骛远的人总想一步登天，这实际上是不可能的。任何事情，都必须脚踏实地，万丈高楼平地起。光顾着羡慕美丽的楼阁，却不知道它是由一砖一砖砌起的，它的成功源于脚踏实地。

古时候，在四川的深山里，有一座几乎无人问津的寺庙。寺庙里住着两个和尚，其中一个很贫穷，经常衣不蔽体，吃的也很简单，总是一副弱不禁风的样子；另一个和尚却很富有，穿着丝绸的衣服，吃着上等的斋饭，大腹便便，脸上油光发亮。

当时，人们都认为南海（今浙江普陀山）是个佛教圣地，很多外地的和尚都把能去一次南海作为自己的人生理想。

穷和尚对富和尚说："我打算去一趟南海，你觉得怎么样呀？"

富和尚不敢相信自己的耳朵，他认真地打量着穷和尚，突然大笑了起来。

穷和尚被他笑得莫名其妙，便问道："怎么了？你干吗笑？"

富和尚觉得不可思议："我没有听错吧！你想去南海？你凭借什么东西去南海啊？"

穷和尚说："我想带着一个水瓶、一个饭钵就够了。"

这一次富和尚笑得更厉害了，"去南海来回好几千里路，路上的艰难险阻多得很，可不是闹着玩的。我几年前就在为去南海做准备了，等我准备充足的粮食、医药、用具，再买上一条大船，找几个水手和保镖，就可以去南海了。你就凭着一个水瓶、一个饭钵怎么可能到达南海？还是算了吧，你简直就是白日做梦嘛。"

穷和尚不再与富和尚争执。第二天，富和尚却发现穷和尚不见了，原来，穷和尚一大早就带着一个水瓶、一个饭钵悄悄地离开寺庙，步行前往南海而去了。

就如富和尚说的一样，去南海的路非常遥远也很艰辛。但是，穷和尚早就做好了心理准备，一路上，遇到有水的地方就盛上一瓶水，遇到有人家的地方就去化斋。有时，一连几天都遇不上一户人家，他就忍饥挨饿。途中，有些地方是悬崖峭壁，有些地方野兽成群，有时狂风暴雨，有时大雪纷飞。穷和尚一路上尝尽了各种艰难困苦，很多次，他都被饿晕、冻僵、摔倒。但是，他一点也没想到过放弃，始终向着南海走去。

一年过去了，穷和尚终于成功地到达了日思夜想的南海。

又过了几年，穷和尚从南海回来了，不仅带着他惯用的瓶钵，还带回了很多经书，穷和尚成为一个德高望重的和尚了。而那个富和尚却还在准备买大船呢，最终都没能成行！

穷和尚与富和尚的故事就是在告诉我们，人有远大的目标固然可嘉，但还要把它落实在踏踏实实的行动上才能成功，每天前进一点看起来没什么了不起，但是坚持下去，就会有了不起的成就。

曾经有一位 63 岁的老人从纽约市经过长途跋涉，克服了重重困难，步行到了佛罗里达州的迈阿密市。在那儿，有位记者采访了她。记者想知道，这路途中的艰难是否曾经吓倒过她？她是如何鼓起勇气，徒步旅行的？

老人答道："走一步路是不需要勇气的。我所做的就是这样。我先走一步，接着再走一步，然后再一步，我就到了这里。"

是的，做任何事，只要你迈出了第一步，然后再一步步地走下去，你就会逐渐靠近你的目的地。如果你知道你的具体的目的地，而且还向它迈出了第一步，你便走上了成功之路！

　　每个人都应该有伟大的长远梦想和希望，然而，对于目标设定，成功学大师往往建议人们做一个不太成功的人，而不是过度成功的人，也就是说，采取初级步骤。例如，如果你最终想减重 50 磅，拥有健美的身材，他们会推荐你先减重 20 磅，而不是试图向前边迈出一大步，一下子减重 55 磅；不是去健身房 1 个小时，而是只去 20 分钟。换句话说，设定一个不太高的目标，然后迫使自己坚持它。这样你就不会觉得压力太大，而是觉得能够应付。由于觉得自己能够应付，你会发现自己渴望去健身房，或做生活中其他需要你做或改变的事情。

　　拥有宏伟的梦想，然后每天做一点事情，也就是说，用小步而不是迈大步越过一个个障碍，你就会走向成功的巅峰。

4. 四季都是好时节

且夫乘物以游心，托不得已以养中，至矣！（《庄子·人间世》）

译文：至于顺应自然而使人心志自在遨游，寄托于无可奈何以养神智，这就是最好的办法。

对生活的感悟

　　不管身处顺境逆境，只要你心胸开阔，心境平和，那么你就能够不被环境变化所影响，只觉日日是好日，四季都是好时节，始终拥有快乐。

　　一个月皎气清的夜晚，云门交偃禅师把弟子们召集在一起讲法，他问道：

"十五日以前不问汝，十五日以后道将一句来！"

弟子们听了面面相觑，他便自己代答说："日日是好日。"

这段公案非常有名，翻译成白话就是说："开悟以前的事我不问你们了，开悟以后的情境，你们试着用一句话说来听听！"弟子们正在想的时候，他自己就说："天天都是好日子呀！"

"日日是好日"最能体现禅者的境界，宋代的无门慧开禅师，曾经专门为云门的这句"日日是好日"，写下一首传诵千古的禅偈："春有百花秋有月，夏有凉风冬有雪，若无嫌事挂心头，便是人间好时节。"四季如是来，如是去，我们若能真心体悟到它们的殊胜情趣和景致，自能得到一番自在和逍遥。

但是，世俗的人们往往因为"嫌情"——分别心、取舍心，而产生种种挂碍和计量。因为分别心而有对立，因为对立而有取舍，因为取舍而有矛盾，矛盾既生，种种烦恼和痛苦也就在所难免了。

所以，只有从自性、自心的反照去克服分别、取舍的嫌心，深入地去体会周遭各个不同的世界和境遇；心胸既开，何日不是好日呢？

对于觉悟生命的人而言，万象皆为虚空，一切的江月松风，雾露云霞只是自然的情景，一切的横逆苦厄也不过是阴雨黄昏而已，所以对"日子"能有什么破坏呢？当我们有一个巨大的花园时，几朵玫瑰花的盛衰，又有什么相干呢？

宋代理学家邵雍初到洛阳时，生活非常窘迫，曾住在一间极其简陋的草房里，不足以挡风遮雨；同时，他还要每天砍柴烧饭侍奉父母。为了生活，他每天不得不干很多活，可是每年耕种庄稼的所得，仅能换取衣食让父母与自己勉强度日。

可是，生活虽然清苦，他却能乐在其中，还把自己的住处称为"安乐窝"，自号安乐先生。有地方住，有饭吃，双亲俱在，可以共享天伦，还有什么比这个更令人快乐的呢？

春秋宜人时节，把家里安顿好，他还会外出游历，走到哪里就把快乐带到哪里，所到之处人们都争相迎候，并高兴地说："安乐先生给我们带来快乐了噢！"

其实，只要心境明朗，自为自乐，每天都会是个好日子，有了这种心态，人生还有什么能够将他困住的呢？一箪食，一瓢饮，也是一种自在自得。

在东海岸，有一个老渔夫给自己设定了一个目标，每天捕到鱼儿能换到 30 元就收工。然后他在家里就吹笛子、斗斗鸡、下下棋或者和孩子们一起玩陀螺、放风筝。

有一天，他的一位在美国刚读完工商管理硕士学位的外甥来访。这位硕士对舅舅的作业与生活方式很是纳闷。他便提议道："舅舅，为什么您不向银行贷款，买艘先进的船与先进的捕鱼工具到较远的深海处多捕些鱼儿呢？"

渔夫听了有些莫名其妙。于是，这位硕士外甥继续解释道："这样，您就可以储蓄，等到有足够的钱，就可无忧无虑去享受您自己想要过的生活，那该多好呀！"

渔夫听了外甥的一番大道理后，放声大笑，继而说道："你的意思是要我放下现有的生活方式，更勤快点，赚更多的钱后再来过这样的生活吗？"

外甥愕然……

对老渔夫来说，这样的生活就已经很满足了，他每天都过得很快乐，还有什么比这个更重要的呢？何必放弃自己现在的好日子去追求以后所谓的好日子呢？这份豁达实在令人羡慕！

面对苦短的人生，豁达的人不会长吁短叹，反而要长吟一句"尽吸西江，细斟北斗，万象为宾客。扣舷独啸，不知今夕何夕"。于穷厄时不会怨天尤人，反而安贫乐道，如刘禹锡的"斯是陋室，惟吾德馨"。于贬谪时不会失意落魄，反而"在其位，谋划其政"，尽心为公，如滕子京"谪守巴陵郡。越明年，政通人和，百废具兴，乃重修岳阳楼，增其旧制"。于遭谤时，不会忙于辩解，反而扪心反省，坦然面对，如欧阳公被除数谤，依旧井井有条地处理政务。于疾患时不会消极悲观，反而暂作偷闲，安心养病，如郑獬"病来翻喜此心闲，心在浮云去住间"。

豁达之人，能在逆境中安心。这份安心，不是消极待命。真正的安心，是积极的，是越挫越勇的，是永远奋进的。"天行健，君子以自强不息"，豁达之人，必也是自强不息之人。

豁达的风貌令人向往。要达到这样的境地，实在是困难的。虽然会有一点性格的因素，但更多的是来源于"看破"，不是消极的"看开"、"暂忘"，甚至是破罐破摔的"无所谓"。看破是一种"世事洞明，人情练达"的明悟，是对人情世故变化规律的明了，是对人生和社会的通透理解。

苏轼有词云："人有悲欢离合，月有阴晴圆缺，此事古难全。"这是一种感叹，但更多的是一份看破人世后的宁静。月的阴晴圆缺是客观规律，是自然而然就发生的转变。人的悲欢离合，顺逆穷通，如同皓月一样，也是自然的。对于这样的变化，要是能洞悉了然，自能"不以物喜，不以己悲"。这份超然，就是豁达的真正原因。

要获得人生的快乐其实没什么秘诀可寻，只要放开心胸，便处处是福地，夜夜是良宵罢了。

5. 天上掉馅饼不是福气

以人之言而遗我粟，至其罪我也又且以人之言，以吾所以不受也。
（《庄子·让王》）

译文：因为别人的谈论而派人赠予我米粟，等到他想加罪于我时必定乃会凭借别人的谈论，这就是我不愿接受他赠予的原因。

对生活的感悟

福祸总是拴在一起的，祸中藏着走向福的种子，福中也有祸的萌芽，因此得利不要忘害，对轻易得到的好处要多加提防，很多时候，天上掉馅饼未必就是福气。

庄子的这段话其实有一个典故：

列子穷困潦倒，脸上出现饥饿的颜色，但决不接受郑国宰相子阳赠送的粮米。

因为，列子记得自己并没有和子阳打过交道，子阳为什么给自己送粮食？还不是听他手下的人说："列子是个贤人，他就在您治理的国家里，他现在连饭都没的吃。这样，您岂不成了不爱贤才的宰相吗？"

子阳是为了自己获得好名声而给列子送吃的东西，并非真正爱惜贤才。

列子谢绝了子阳派人送来的粮米，列子的妻子深深叹息。她埋怨说：

"只听说有道德有才学的人的老婆子女，都能过上快乐安逸的日子。可你把我们一家子都养得皮包骨头了。当权的宰相既然已派人来慰问，又送粮米给我们，你为什么偏偏不接受呢？你自己不要紧，为何连家人的身家性命也不顾？"

列子笑着向妻子解释道："宰相并不是真正了解我，只不过听别人讲我，他才叫人给我送粮食。现在救济我是如此，如果某一天有人在他面前说我的坏话，他必然依别人的只言片语加罪于我。这怎么能行呢？这就是我不接受粮食的理由。"

原来，子阳为官确实为所欲为，不久老百姓起来反抗，杀死了子阳。列子虽然穷困，却依旧平安，道德学问依旧芳名远扬。

由此可见，利益的背后往往隐藏着祸害，得利不要忘害。

世界上没有无缘无故的爱，只有对天上掉下来的好处，客观地保持一份冷静，做好接受的后果分析，才可以在以后的行事中勇往直前、无怨无悔，否则，面对突如其来的失落，将会手足无措、丢失理想、消沉意志，进而付出沉重的代价。《史记·刺客列传》记述了五位刺客亡命行刺的事迹，其中有一段对荆轲的精彩描写："荆轲既至燕，爱燕之狗屠及善击筑者高渐离。荆轲嗜酒，日与狗屠及高渐离饮于燕市，酒酣以往，高渐离击筑，荆轲和而歌于市中，相乐也，已而相泣，旁若无人者。"这个内心情感世界极为寂寞空旷的荆轲，就是得到从天上掉下来大馅饼的人。他的身份，属于当时的士林阶层，依靠贵族供养，却想有所作为，会经常改换门庭，寻找一展鸿图的机遇。燕国太子丹曾在秦国为人质，对秦王嬴政夺去国土和吞并列国的野心恨之入骨，偷偷回国寻找可以行刺秦王的人，从老壮士田光那里认识了荆轲，看出了荆轲深藏着"士为知己者死"的个性，就为他精心制作了一个个诱人的馅饼。当时的荆轲本是个潦倒之士，一下子得到燕太子丹的竭力善待："于是尊荆轲为上卿，舍上舍。太子日造门下，供太牢具，异物间进，车骑美女恣荆轲所欲，以顺适其意。"如此天降的好事，其目的何在，对于荆轲来说，是一清二楚的。他能安然领受，无非是出于士的职业和个人的慷慨豪气。燕太子丹为达目的，还把"馅饼"制作得更加完美，荆轲拾瓦片投蛤蟆，太子看了，就捧了用金子做的弹丸，供他使用；荆轲说一匹千里马的肝好，就命人把马杀了，取出肝来给他下酒；有美女弹琴，荆轲说那女子的手好，就马上砍下来用玉盘盛了送他。荆轲知道要以命酬谢了，所以在出发时，和着高渐离击筑而歌，唱出了"风萧萧兮易水寒，壮士一去兮不复还"的千古悲歌，然后"就车而去，终已不顾。"荆轲的"难得糊涂"，在于"士为知己者死"的士林风范，追求生命之外的人生价值，虽然为飞来的好处付出了最为昂贵的代价，却还是个明白人。

当今社会生活中，从天上掉"馅饼"的事，更是不胜枚举，让人眼花缭乱。而大多享用"天上掉下馅饼"的人，却没有荆轲做个明白人的福气，是迷迷糊糊上了圈套的。比较常见的有购物陷阱，即在商品上巧妙地设置一种奖项，让你即刻得到一点甜头，但总有更加诱人的利益在前边，使你欲罢不能，一直不停地掏腰包，结果是"更加诱人的利益"成为泡影，你也会因此付出惨重代价。

例如：某城市来了一个人，自称是某药厂业务员，此次为了宣传药品，要免费送膏药，请大家帮忙宣传，听见有这样的好事，很多人就围了过来。于是，他就说要给人们发膏药，还给每人先发了个序号，按先后次序即可。真要发药时，他又说观众未必真有病，只是想图个热闹、占个便宜；他得送药给真正有病的人，否则会坏了药的名声，得掏10元钱来买药；真有人掏钱了，他就送上两帖膏药，又把10元钱还给了人家。结果，观众们信以为真，纷纷掏钱递过去，生怕那药不够分。这时那人却把钱收上来，攥在手里，在膏药上画了个钱数，大有事后一起退款的意思。结果，他手里握了厚厚一沓钱后，巧舌如簧地说："这才是真有病的，没病的都让我吓跑了。我说话算数，送药不收钱，但我和孩子总得留个吃饭钱吧，所以，两帖药，一帖是卖给你们的，算给我和孩子凑个吃饭钱，10元一帖，只是个成本价，邮购价48元呢！另一帖是送给你们的……"至此，许多人才恍然大悟，这人一再炫耀的"拿手把戏"是一个也没耍，手里的膏药却卖得一个也没剩，只不过是平均5元一帖罢了。是的，一个外籍人，千里迢迢地给你送灵丹妙药，这不是从天上掉馅饼了嘛，这不是白给的午餐嘛，岂有这等的好事？人们如果能在这样的好事面前，保持头脑的清醒，冷静地做个分析识别，就不会轻易落入别人的圈套。

世上没有免费的午餐，得到者必然要付出相应的代价，因此，在碰上这样的"好事"时，就请你在权衡利害后，再下定夺的决心。

🌀6. 患得患失，幸福也就离之远去了

天下有道，圣人成焉；天下无道，圣人生也。方今之时，仅免刑焉。福轻乎羽，莫之知载；祸垂乎地，莫之知避。（《庄子·人间世》）

译文：天下有道，圣人可以成就事业；天下无道，圣人只能保全性命。现在这个时代，仅可以避开刑戮。幸福不过像羽毛那样轻，不知怎样才可以去承受；祸患重的像大地一样，不知怎样才能避免。

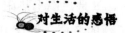

人的一生，既有火红耀眼之时，也有暗淡萧条之日，这是世之常理，又何必患得患失？过于注重个人的得失，只会使自己变得心胸狭窄，斤斤计较而已。

从前，晋国有位并不富裕的农夫不慎丢失了一头牛，可他仍像从未丢失过什么值钱的东西似的，整天乐呵呵的。旁人不解，问他为何不去寻找丢失的那头牛？农夫笑笑说："牛是在晋国丢失的，肯定被晋国人拾到了。牛还在晋国，我何必费心去找它呢？"

孔子听说这件事后说，如把"晋国"两字去掉不是很好吗？老子感慨道，要是再把"人"字去掉就更好了！

晋国农夫没有因为自己家中丢失了一头牛而沮丧，更没有因为自家有所损失而悲伤，而是超越"物之主人为谁"之羁绊，从容而又洒脱地把自己之物推及为晋人之物，从而得出一国之内物之没有得与失。此乃人生之第一境界。

孔子认为，此人的境界还有个局限，应该把自己之物推及到世人之物，突破有限的国界，其境界更为宽广。此乃人生之第二境界。

老子更高一筹，他把一头牛放进大自然中，挣脱了人之束缚，让其往来无牵挂，真正回归自然。此乃人生之第三境界，也是最高境界。

人生得失是常事，有些东西失去了就永远不能再得到。面对得失，能够达到像晋国农夫那样坦然的心胸，心中会少些阴郁的云朵，透进更多的阳光。如若能像孔子所言，人世间的种种得失便随风而去，红尘中的你还能不轻装上阵？更甚者，如老子，人生无所谓得与失，让心灵像云一样飘逸，让思绪无边际地驰骋，定会看到风光无限。

人生如白驹过隙，面对种种挫折与失败，怀什么样的心态，就会有什么样的人生。

楚国有一个人叫支离疏，他的形体是造物主的一个杰作，或者说是造物主在心情愉快时开的玩笑，脖子像丝瓜，脑袋形似葫芦，头垂到肚子上，而双肩高耸超过头顶，颈后的发髻蓬蓬松松似雀巢，背驼得两肋几乎同大腿并列，好一个支支离离、疏疏散散的"半成品"！

然而支离疏却丝毫不为自己的尊容而伤心，相反，他感谢上苍独钟于他，平日里乐天知命，舒心顺意，日高尚卧，无拘无束，替人缝衣洗服，簸米筛糠，足以糊口度日。当君王准备打仗，在国内强行征兵时，青壮汉子如惊弓之鸟，四散逃入山中。而支离疏呢，偏偏耸肩晃脑去看热闹，他这副尊容谁要呢，所以他才那样大胆放肆。

当楚王大兴土木，准备建造王宫而摊派差役时，庶民百姓不堪骚扰，而支离疏却因形体不全而免去了劳役。每逢寒冬腊月官府开仓赈贫时，支离疏却欣然前去领到三盅小米和十捆粗柴，仍然不愁吃不愁穿。

一个在形体上支支离离、疏疏散散的人，尚且乐天知命，以自然的心性，安享天年。那么把这支支离离、疏疏散散从而遗形忘智、大智若愚的精神运用到立身处世的方法中去，难道还不可逢凶化吉、远害全身吗？

月满则亏，水满则溢。这是世之常理。否极泰来，荣辱自古周而复始。因此，大可不必盛喜衰悲，得喜失悲。盛衰、得失自有天定。

凡人皆有七情六欲，面临得失，很少有人能泰然处之，患得患失的心情搅得本来平静的生活乱成一团糟，这又何苦呢。

有位朋友这样看待得失。他说得失就像人体内的血，缺少了就会贫血、眩晕乃至危及生命，而太多了反而会引发血稠、血脂升高，同样会危及生命。

由此可见，保持一颗平常心，才是面对得失的处事之道。别人得再多也是别人的，与我丝毫不相干，别人失再多也是别人的，我能帮则帮，帮不上也没必要长吁短叹。同样，我得再多也是凭能力得到的，付出自有回报，也不必因此而沾沾自喜，我失再多也只能从自身上找原因，客观情形本来就是千变万化，须怨不得别人。这样看来，问题岂不简单得多了？

心理学所说的"自我协调和自在"法，基本功夫就在于"看懂自己"。正确看待得失，不遇事紧张，不为小事计较，不莫名其妙生气哀伤，不悲天悯人，主动适应变化。

患得患失就是一味地担心得失，斤斤计较个人的得失。患得患失是人生的精神枷锁，是附在人身上的阴影，是浮躁的一个重要表现形式。

从前有一位神射手，名叫后羿。他练就了一身百步穿杨的好本领，立射、跪射、骑射样样精通，而且箭箭都射中靶心，几乎从来没有失过手。人们争相夸赞他高超的射技，对他非常敬佩。

夏王也从左右的嘴里听说了这位神射手的本领，也目睹过后羿的表演，十分欣赏他的功夫。有一天，夏王想把后羿召入宫中来，单独给他一个人演习一番，好尽情领略他那炉火纯青的射技。

于是，夏王命人把后羿找来，带他到御花园里找了个开阔地带，叫人拿来了一块一尺见方、靶心直径大约一寸的兽皮箭靶，用手指着说："今天请先生来，是想请你展示一下你精湛的本领，这个箭靶就是你的目标。为了使这次表演不至于因为没有彩头而沉闷乏味，我来给你定个赏罚规则：如果射中了的话，我就赏赐给你黄金万两；如果射不中，那就要削减你一千户的封地。现在请先生开始吧！"

后羿听了夏王的话，一言不发，面色变得凝重起来。他慢慢走到离箭靶一百步的地方，脚步显得相当沉重。然后，后羿取出一支箭搭上弓弦，摆好姿势拉开弓开始瞄准。

想到自己这一箭射出去可能产生的结果，一向镇定的后羿呼吸变得急促起来，拉弓的手也微微发抖，瞄了几次都没有把箭射出去。后羿终于下定决心松开了弦，箭应声而出，"啪"地一声钉在离靶心足有几寸远的地方。后羿脸色一下子白了，他再次弯弓搭箭，精神却更加不集中了，射出的箭也偏得更加离谱。

后羿收拾弓箭，勉强赔笑向夏王告辞，悻悻地离开了王宫。夏王在失望的同时掩饰不住心头的疑惑，就问手下道："这个神箭手后羿平时射起箭来百发百中，为什么今天跟他定下了赏罚规则，他就大失水准了呢？"

手下解释说："后羿平日射箭，不过是一般练习，在一颗平常心之下，水平自然可以正常发挥。可是今天他射出的成绩直接关系到他的切身利益，叫他怎能静下心来充分施展技艺呢？看来一个人只有真正把得失置之度外，才能成为当之无愧的神箭手啊！"

生活中往往有这样一些人，做什么事情之前都要反复考虑，做完之后又放心不下，对方方面面都考虑得尽量周到，如有不妥，就很担心把事情办砸并担心别人对自己的看法，并且极其注重个人的得失，他们被笼罩在患得患失的阴影之中，心房被得失纷扰得没有一分安宁。这些人整天神经兮兮，心中充满疑虑、惴惴不安，生活中自然不会有轻松与愉快。

得而不喜，失而不忧，在大得大失面前，若始终保持一份淡然的心境，那么这一生必定活得更从容。

7. 不求名时名自来

至乐无乐，至誉无誉。（《庄子·圣乐》）
译文：最大的快乐就是没有快乐，最大的荣誉就是没有荣誉。

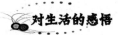
对生活的感悟

生活中，一心求名求利的人比比皆是，然而这样的人对名利的企盼往往会落空。而另一些人不贪求名望，只是默默地做自己该做的事，这样的人往往会受到名声的青睐。

人活于世，匆匆地来，匆匆地去，不过短短几十载，在这屈指可数的日子里，有多少是值得计较的，有多少是值得回忆的，有多少是值得铭记的！这花花世界纸醉金迷，有多少不甘于寂寞的人们梦想着成名，梦想着荣华，梦想着出人头地，满怀激情地去追逐所谓的幸福生活，去捕捉虚幻的梦境，而最终的结果是一场虚空。中国有句话叫作："有心栽花花不开，无心插柳柳成荫。"功名就是这样奇怪，当你不去追逐它时，还就往往不请自来了。

下面这个故事，是关于 20 世纪最伟大的科学家爱因斯坦的：

爱因斯坦一向衣着随便。一次，他穿着一件破大衣在街上走，一位朋友见了，十分惊讶地问他为什么不换件新大衣？爱因斯坦幽默地说："反正这里没人认识我，换不换新大衣有什么关系？"

几年后，爱因斯坦已经成为了举世闻名的科学家。这位朋友又在街上碰到了他，发现他还是穿着那件破大衣，于是说："您怎么还穿着这件大衣，这跟您的身份太不相符了吧？"

爱因斯坦说："用不着，反正这里的人都认识我了。"

爱因斯坦可以称得上是位"达者"，达者从不将虚名浮利看在眼里，他们一边进取，一边去结解缚，然而最终他们却会获得人生的丰盈，名望的厚爱。

虚名，它能为人带来一时心理的满足感，也就使争名、争虚名的事常有发生。为了虚名而去争斗，是人世间各种矛盾、冲突的重要起因，也是人生之中诸多烦恼、愁苦的根源所在。虚名本身毫无价值、毫无意义，任何一个真正的有识之士，都不会看重虚名。

英国哲学家杨格说过："荣誉不是倚仗名位得来的，一个人尽管职位很低，无钱无势，但他的名誉却可驾乎千万人之上。"英国的著名哲学家培根则指出："有些人在他们的行为中力求光荣与名誉；这种人通常虽是很受人们的议论，但是很少人是在内心羡慕他们的。

还有一种人正与之相反，他们掩藏自己的才德，使之不外露，因此他们在一般人的意见中是被估计过低的。假如一个人能做成一件人家未尝试过的事，或者是一件经人尝试过而被放弃了的事，或者是别人也做过而未曾做得如此完善的事，这样他就可以比仅仅追随别人做成了大事的人得到更多的荣誉。"

名誉的取得必须靠实实在在地干，靠创造性的工作和人们看得见的业绩，比如那些大发明家、大科学家、大文学家以及奥运会的冠军等等，他们中有的尽管不善言表，不愿接受记者采访，但他们的行为在人们心目中树立了令人敬慕的形象。相反，有的人极力标榜自己，自吹自擂，但却适得其反，为人嗤之以鼻！

当然，也有的人伸手要荣誉，或者弄虚作假骗取荣誉。有的把荣誉称号作为送人情、搞心理安慰的手段。更有甚者，把荣誉称号明码标价，公开出售。这不仅仅是对社会道德的庸俗化，可以说是对人类精神文明的亵渎。所以，我们看一个人具有的某种荣誉，不管其名头有多大，关键看他是否真正对社会作出了贡献，正如希腊哲学家亚里士多德所说："一个人的尊严并非获得荣誉时，而在于本身真正值得这荣誉。"

荣誉本身也是责任。一分荣誉，十分责任。一个有健康情操的人，当获得某种荣誉后，兴奋之余，就是压力。他要付出更多的努力，去完成新的课题。他往往不是担心自己得的荣誉低，被别人看低了，而是怕"盛名之下，其实难副"。这样看来荣誉实在是一种负担。在某地举办的一次较高规格的评选先进活动中，有一才干突出者坚辞荣誉称号而不受，有人问其缘由。答曰："图虚名，招是非，不如留下精力干实事。"

培根说："真正之名誉，在虚荣之外。""名誉像一条河，轻漂而虚肿地浮在上面，沉重而坚实的东西沉到底下。"如同稻田里的稗子一样，与名誉孪生的是虚荣。巴斯卡也告诉我们："虚荣心在人们的心中如此稳固，因此每一个人都希望受人羡慕；即使写这句话的我和念这句话的你都不例外。"这只是指一般人的正常心态，但虚荣心过强会给人带来无穷的烦恼。踏上虚荣的高台阶，必定迈进自私的低门槛。

而实际上，人生在世，大家生来都是平等的。造物主并没有让谁光彩照人、名气压人，也没有让谁低三下四，可怜巴巴。成功了，做出了大事业，有了大名声，还是人；没有做出大事业，默默无闻，不会比人低下。这样看来，追求名声常常会让人失去许多天然美好的本性，将纯洁变成芜杂，把天然扭曲为造作。名声的坏处便显而易见了。品格修养极好的人就是能不把名当一回事，恢复人生来那种自然、单纯的状态。这就是圣人无名。

名利不过是虚浮之事，只有目光短浅之人才会视之为生命之本，其实人生的真境界恰恰在于摆脱名利。

8. 人生何必太贪心

始制有名，名亦既有，夫亦将知止，知止可以不殆。譬道亡在天下，犹川谷之于江海。（《老子·三十二章》）

译文：因为有了万物，所以需要给它们命以名称用来分辨，既然能分辨则应知适可而止，不要越衍越多，这样就不至于产生问题，发生危险。道存在于天下，就如同谷中溪流流向江河，江河又归于大海一样自然。

对生活的感悟

人的欲望是个无底洞，不加以节制的话，永远不会有满足的一日。其实，我们所需不过是一日三餐，睡床三尺，何必贪得无厌自取烦恼呢？若是懂得知足，人生就快乐得多！

人不能没有欲望，没有欲望就没有前进的动力，但人却不能有贪欲，因为，贪欲是无底洞，你永远也填不满它，贪欲只会给你带来穷无尽的烦恼和麻烦。

据说上帝在创造蜈蚣时，并没有为它造脚，但是它仍可以爬得像蛇一样快。有一天，它看到羚羊、梅花鹿和其他有脚的动物都跑得比自己快，心里很不高兴，便嫉妒地说："哼！脚多，当然跑得快。"于是它向上帝祷告说："上帝啊，我希望拥有比其他动物更多的脚。"

上帝答应了蜈蚣的请求，他把好多好多的脚放在蜈蚣面前，任凭它自由取用。蜈蚣迫不及待地拿起这些脚，一只一只地往身体上粘，从头一直粘到尾，直到再也没有地方可粘了，它才恋恋不舍地停止。

它心满意足地看着满身是脚的躯体，心中暗暗窃喜："现在我可以像箭一样地飞出去了！"但是等它开始跑时，才发觉自己完全无法控制这些脚。这些脚劈哩啪啦地各走各的，它非得全神贯注，才能使一大堆脚顺利地往前走。这样一来，它反而比以前走得更慢了。

曾经看过这样一个故事：有一个农夫，每天早出晚归地耕种一小片贫瘠的土地，累死累活，收获甚微。一位天使可怜农夫的境遇，就对农夫说，只要他能不停地跑一圈，他跑过的地方就全部归其所有。于是，农夫兴奋地朝前跑去，跑累了，想停下来休息一会儿，然而一想到家里的妻子、儿女们都需要更多的土地来生活，又拼命地往前跑……有人告诉他，你到了该往回跑的时候了，不然，你就完了。农夫根本听不进去，他只想得到更多的土地，更多的金钱，更多的享受，于是继续拼命地向前跑去。结果因心衰力竭，倒地而亡。

生命没有了，土地没有了，一切都没有了，贪婪使这个农夫不知道全身而退，于是他失去了一切。

贪婪是一切祸乱的根源，一间蜂蜜工厂的仓库里洒了很多蜂蜜，吸引了许多苍蝇，因为蜂蜜太香了，它们都舍不得离开。不久这些贪吃的苍蝇都因脚被蜂蜜粘住而飞不了。当它们快死时，很难过地说："我们真是太贪心了，为了短暂的享受却赔上了宝贵的生命。"生活中，一批又一批人前仆后继地把自己绑在欲望的战车上，纵然气喘吁吁也不得歇脚。不断膨胀的物欲、工作、金钱几乎占据了现代人全部的空间和时间，许多人每天忙着应付这些事情，几乎连吃饭、喝水、睡觉的时间都没有。他们想要赚更多的钱、找更好的工作、升更高的职位、住更大的房子、开更豪华的车子等等，然而一旦拥有之后，一些人反而会产生一种迷惘的心情：花了半生的力气去追逐这些东西，表面上看来该有的差不多都有了，可是为什么自己却并没有变得更满足、更快乐？

在物欲横流的现代社会，如何控制好自己对名利的欲望，不仅关系到脚下的人生，更关系到我们每日的心情。生命属于个人，每个人都有权设计自己的生活和人生道路。所有的心愿，只要符合法律和道德的要求，都应该受到尊重。但是我们必须明白：生命的过程中，一切物质及肉体都是不可靠的奴仆，想让自己的人生得以升华，就必须放下这些本性之外的声西，而追求生活本身的淳朴，这样才能活得惬意，活得洒脱。

人的欲望是没有止境的，如果你不放弃一些东西，你的身体和心灵一定越来越沉重，快乐就真的离你而去了，因此要学会自我放弃、自我解脱，保持一颗平常心。少一点欲望，就会多一些快乐。仔细想一想，即便你左手财富，右手地位，一面是妻子，一面是情人，可是这些毕竟是身外之物，不会长久属于你，一旦财去人空，那时滑过心头的必将是失落与悔恨。

那么，怎样才能淡化自己的欲望呢？"仕途虽纷华，要常思泉下的光景，则利欲之心自淡"。常以世事世物自愉自悦则可贯通得失，"常疑好事皆虚事，方信闲人是福人。"

中国有一句俗话叫"知足常乐"。佛教的理想是"少欲知足"。孟子有一句话叫"养心莫善于寡欲"，他还说："其为人也寡欲，虽不存焉者寡矣；其为人也多欲，虽有存焉者寡矣。"欲少则仁心存，欲多则仁心亡，说明了欲与仁之间的关系。

人生在世，除了生存的欲望以外，人还有各种各样的欲望，自我实现就是其中之一。欲望在一定程度上是促进社会发展的动力，可是，欲望是无止境的，欲望太强烈，就会造成痛苦和不幸，这种例子不胜枚举。因此，人应该尽力克制自己过高的欲望，培养清心寡欲、知足常乐的生活态度。

《菜根谭》中说："爵位不宜太盛，太盛则危；能事不宜尽华，尽华则衰；行谊不宜过高，过高则谤兴而毁灭。"意即官爵不必达到登峰造极的地步，否则就容易陷入危险的境地；自己得意之事也不可过度，否则就会转为衰颓；言行不要过于高洁，否则就会招徕诽谤或攻击。

而在追求快乐的时候，也不要忘记"乐极生悲"这句话，适可而止才能掌握真正的快乐。大凡美味佳肴吃多了就如同吃药一样，只要吃一半就够了；令人愉快的事追求太过就成为败身丧德的媒介，能够控制一半才是恰到好处。

"宾朋云集，剧饮淋漓乐矣，俄尔漏尽烛残，香消茗冷，不觉反而呕咽，令人索然无味。天下事率类此，奈何不早回头也。"痛饮狂欢固然快乐，但是等到曲终人散，夜深烛残的时候，面对杯盘狼藉必然会兴尽悲来，感到人生索然无味。天下事大多如此，为什么不及早醒悟呢？

9. 百花丛中过，片叶不沾身

天下之非誉，无益损焉，是谓全德之人哉！我之谓风波泯。（《庄子·天地》）

译文：天下人的非议和赞誉，对于他们既无增益又无损害，这叫作德行完备的人啊！我只能称作心神不定为世俗尘垢所污染的人。

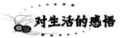

对生活的感悟

生活中，我们难免会受到他人的诽谤非议，这种情况，争之实在无益，有时甚至会因为一时不忍铸成大祸。因此，面对非议，我们要做的就是宁神静气，以忍制辱，这才是安身立命之道。

唐代高僧寒山问拾得和尚："今有人侮我，冷笑我，藐视我，毁我伤我，嫌恶恨我，诡谲欺我，则奈何？"拾得答曰："子但忍受之，依他让他，敬他避他，苦苦耐他，装聋做哑，漠然置之，冷眼观之，看他如何结局？"这种大智大勇的安身立命的艺术，用老子的"不争而善胜，不言而善应"这句话来评论恰如其分。

社会上到处充满了竞争，竞争的结果必然是有胜有负，有输有赢。不能只允许自己胜利，看不得别人成功。如果别人的能力超过自己，他人所得的结果好过自己，便忌妒不已，口出恶言，加以诋毁，须知良言一句三冬暖，恶语伤人六月寒，诽谤之词一出，暴露的是你自己卑鄙的心理，低下的人格，同时也伤害他人，扰乱视听，造成无法挽回的恶果。造谣、诽谤、中伤他人都是无能的表现，真正有道德、有修养、有才干的人，是鄙视这种做法的。要在日常的竞争中战胜对手，靠的是自己的实力。

《劝忍百箴》对这个问题是这样讲的："谤生于仇，亦生于忌。求孔子于武叔之咳唾，则孔子非圣人；问孟轲于臧仓之齿颊，则孟子非仁义。黄金，王吉之衣囊；明珠，马援之薏苡。以盗嫂污无兄之人，以笞舅诬娶孤女之士。彼虎不受，人祸天刑，彼将自取，我无愧怍，何慊之有。噫，可不忍欤！"

这段话的大意是：一般情况下诽谤产生于仇恨，或产生于忌妒。若你问武叔有关孔子的为人，则孔子不是圣人；问臧仓有关孟轲的言行，则孟子不行仁义。世上的流言将王吉的衣服说成黄金，将马援的薏苡说成明珠。以与嫂子通奸污蔑没有兄长的人，用打岳父的罪名诬陷娶孤女的士人，这是什么样的人啊，人面兽心，满腹诡计，口出恶言。扔给豹虎，豹虎都不肯吃。作恶必受天罚，咎由自取。自己没做亏心的事，就无憾于世。唉，怎么能不忍呢！

诽谤形成的原因，综合起来不过是这样几点，一是由于仇视他人的成就或是为人，二是妒嫉他人的成功，惧怕他人的成就超过自己。无论是圣人、伟人，还是凡人、常人都有可能受到诽谤。

据《论语》记载：公孙武叔毁谤孔子，他的学生子贡针锋相对地反驳说："孔子是不可毁谤的，仲尼就像太阳和月亮，没有谁能达到他的思想高度。人虽然想自绝生命，又怎么能损害太阳和月亮的光芒呢？"

孔子一生，事事处处注重自我修养，依然有人诽谤，所以我们常人受到诽谤也是常事，问题在于我们如何对待诽谤。有的人一听到对自己的诋毁之言就怒不可遏，要去论个明白，不能忍受诽谤之气，而有修养的人却视之平常。《孟子》中记载：有次鲁平公要见孟子，鲁平公的心腹臧仓在鲁平公面前说："礼义是要从贤者身上表现出来的，而孟子办丧事不守礼义。您不要去见他!"鲁平公没有问青红皂白,轻信了臧仓的话,便没有去见孟子。后来孟子的学生名叫乐正克的来告诉孟子说:"鲁平公要见您,他的心腹臧仓拉住了他,最终使他来不成。"孟子处之淡然,不以为意。只要自己行得正,走得直,又何惧流言呢?

明朝武宗时,刘瑾得势。文武百官为了得到他的关照,无耻地吹捧他,不惜出卖自己的人格,朝政十分黑暗。

刘瑾是陕西人,康海是他的同乡。康海官职不大,但学问精深,很有君子气节。有人劝他投靠刘瑾,康海说:"若论阿谀奉承,我康海饱读诗书,还比不上那些不学无术的小人吗?不是我不会说,而是我不想说,我怎会为了富贵而失去良心呢?"

刘瑾对别人凶残,却对康海十分客气,他主动上门去看康海,说:"你的为人我清楚,和你结交也是我的真诚愿望。看在同乡的面子上,你帮帮我好吗?"

康海说:"我这个人只会看书写字,又能帮你什么呢?你现在是一人之下,万人之上,我是高攀不起的。"

康海拒绝了刘瑾的拉拢,他还对刘瑾劝告说:"你能认我这个无权无势的同乡,那我也就忠告你几句。你现在位极人臣,说话做事也不要过于放肆,这样会引起众怒,对你有害无益啊。"

事后,康海的家人对他说:"刘瑾奸险恶毒,你忠告他真是对牛弹琴,万一他翻脸无情,你就遭殃了,你不该和他说真心话。"

康海说:"对恶人也要规劝他,这是君子的美德。严厉指责他没有效果,也会败坏自己的修行。"

大臣李梦阳被刘瑾陷害入狱,康海找到刘瑾说情,李梦阳才被释放。后来刘瑾垮台,有人就指责康海是刘瑾的同党。

康海听说此事后,仍然保持沉默,他对家人说:"我为了救人,这才第一次主动找到刘瑾。这件事谁都知道真相,他们昧着良心诬陷我,还不是为了邀宠取功?看来这里我是不能待下去了。"

康海的家人让他向皇帝申辩,康海说:"从前刘瑾为恶,正是因为欺骗了皇上。朝中小人善于言辞,皇上又爱听媚言,我是不想和他们在

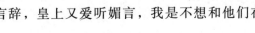

此浪费时间了。如果我和小人理论不休，那么我也会变成小人。"

康海于是主动辞官，隐居起来。

康海挺身救人，后遭诬陷也不为自己辩白，一方面因为他看透了官场，另一方面因为他不想失去尊严，做无谓的辩争。康海是有大德的人，再退一步讲，正反映出了他的高贵品质和修养功夫。

许多人都怕不能在言语上打败别人，更怕有冤不能申辩，他们对口舌之争看得太重了，结果却适得其反。俗话说："会说的不如会听的。"只要自己不做亏心事，即使一句话也不说，也会让人信服的。

明神宗时，一次慈宁宫发生火灾，年轻的大臣邹元标竟上书指责神宗安于享乐，他说："上天降灾，原是示警之意，皇上应当反省自己的行为，不要沉迷于享乐了。"

明神宗本要杀他，多亏大臣申时行为他求情。邹元标才得以活命。他被贬往南京，从此坎坷多难，在家闲居达30年之久。

在家期间，邹元标不时检讨自己，他对自己的学生说："正确的事情，也要平心静气地表达，而不能用激烈的言辞。说话只凭有理不行，还要靠温和的态度让人接受。一个人若智慧高深，他是不会滔滔不绝卖弄自己的学识的，否则就是肤浅之辈了。"

明光宗继位后，邹元标又入朝为官，他变得一团和气起来，言辞也没有了棱角。

邹元标给光宗上书说："现在众臣不和，都是因为他们互不相让，只想表现自己的缘故，所以应该鼓励沉默寡言的人。不让只说不干的人捡到便宜，众臣就可务实做事了，这样国家才会兴旺。"

邹元标变成这样，了解他的人认为他胆小圆滑了，对他失去了敬重。邹元标也不解释，他对家人说："我从前不想在言语上输于他人，结果心浮气躁，自己也受贬多年，这是我不明智啊！现在我多干实事，避免了和他人的言语冲突，不是更有助于干大事吗？人们对我有些误解，算不了什么。"朝中的小人故意和邹元标挑起纷争，邹元标都有意退让。一次，有人竟当面骂他，他当作没听见一样，默默地离开了。长此以往，小人们就懒得和他为敌了，邹元标于是保得平安。

有大志向的人对人不会恶语相加，他们尊重别人，即使身受委屈，也不在辩解上争个长短。俗话说，清者自清，浊者自浊。只要不失爱心，事情终会得到解决。而强辩却能让自己操守有亏，不利于道德的修养。

10. 让自己再笨拙一点

物而不物，故能物物。（《庄子·在宥》）

译文：不要总是使用机心役使外物为自己服务，你无机心才会领悟机锋何在。

对生活的感悟

太有机心的人让人厌恶，招人提防，而笨拙一点的人，却能使人放下防范之心，乐于与之相处。所以真正聪明的人尽力表现得笨拙一些，庸人才会锋芒毕露。

庄子讲了一个故事"凡事不取巧就快乐"：

子贡南游楚国，经过汉水看见一个老头取水浇地，用力多而成效少。

子贡说："你何不用机械，一天可以灌溉一百亩菜畦，用力少而成效多？"

老人面起怒色而讥笑说："有了机械必出现机巧之类的事，有机巧之类的事必出现机变之类的心思，有机变的心思便不能保全纯洁空明，不能安定心神，心神不定便不能成道。我并非不知如何取巧，只是感到羞辱而不愿去做罢了。"

子贡满面羞愧，低头不作答，回去告诉孔子。孔子说："他们是修习浑沌的道术中人，善于自我修养调理精神，却不善于治理外部世界，这样的人你怎么不感到惊讶呢？"

子贡是个聪明人，很惊讶这老头何其笨也！居然不知道用机械取水灌园可以灌溉更多。灌园老人是个高人，教训说天下人都被聪明误导了，因为有了机巧必有机心，钩心斗角，有何趣味，不如做老实人。

子贡告之孔子，孔子能够理解灌园老人的话，子贡知道了却还是不知悔改，后来子贡一味好斗，终于被人杀掉，真是机心误了他。

《红楼梦》里的王熙凤也是"聪明反被聪明误"，也是气死、累死、病死的。人的机心有限，人与人的斗争却是无限的，你赢了这一回，怎么能保证永远都赢？

庄子教我们不要太机巧，不要有机心，为人要笨拙一点，才会享受各种人生乐趣，确是金玉良言。说白了，一个太有心机的人让人觉得阴险，谁也不喜欢。你笨拙一点，就透明一点。透明一点，就开心一点。

《孟子·尽心章句下》中说：只有点小聪明而不明白君子之道，那就足以伤害自身。盆成括做了官，孟子断言他的死期到了。盆成括果然被杀了。孟子的学生问孟子如何知道盆成括必死无疑，孟子说：盆成括这个人有点小聪明，但却不懂得君子的大道。这样，小聪明也就足以伤害他自身了。小聪明不能称为智，充其量只是知道一些小道末技。小道末技可以让人逞一时之能，但最终会祸及自身。只有大智才能使人伸展自如，只有大智才是人生的依凭。

"古今得祸，精明人十居其九"。杨修恃才放旷，最终招致杀身之祸。他的才华，大智者看来，其实只是小聪明。大智者虽心里明白而不随便表露出来，绝不会表现得比别人聪明。如果杨修知道他的聪明会给他带来灾祸，他还会耍小聪明吗？所以他的愚蠢处就在于他不知道自己的聪明一定会招来灾祸。这样的人是聪明吗？显然不是。多年来，他被提拔得很慢，显然是曹操不喜欢他的缘故，对此他没有意识到。曹操对他厌恶，疑心越来越深，他也没有意识到，这就是说，该聪明的时候他反倒真糊涂起来了。如果他能迎合曹操不表现他的聪明，或适时、适地、适度地表现才能，那么他很可能会成功的。人们也许会说，杨修之死，关键在于曹操的聪明和他的多疑。但是换了谁，哪一个上级能愿意让部下知道他的全部心思、他的用意呢？显然杨修最终非失败不可。这可算是"聪明反被聪明误"的典型。罗贯中说他"身死因才误，非关欲退兵"，也只是说对了一半。他的才华太外露了，从谋略来看，尚不是真才，不是大才，那么除了灾祸降临，他还会有什么结果？曹操何等聪明之人，在他跟前，笨蛋当然不会受重用，才能太露又有"才高盖主"之嫌，非但不会受重用，还能招来灾祸。所以真正聪明的人会掌握"度"，过犹不及，就是说，太聪明反倒不如不聪明，实在是至理名言啊！

明代大政治家吕坤以他丰富的阅历和对历史人生的深刻洞察，写出了《呻吟语》这一千古处世奇书。书中说了一段十分精辟的话："精明也要十分，只须藏在浑厚里作用。古今得祸，精明者十居其九，未有浑厚而得祸者。今人之唯恐精明不至，乃所以为愚也。"

这就是说，聪明是一笔财富，关键在于如何使用。财富可以使人过得很好，也可以使人毁掉。凡事总有两面，好的和坏的，有利的和不利的。真正聪明的人会使用自己的聪明，那主要是深藏不露，或者不到刀刃上、不到火候时不要轻易使用，一定要貌似浑厚，让人家不眼红你。一味耍小聪明，其实是笨蛋。因为那往往是招灾惹祸的根源。无论是从政，是经商，是做学问，还是治家务农，都不能耍小聪明。

因此大智若愚、难得糊涂历来被推崇为高明的处世之道。只要你懂得装傻，你就并非傻瓜，而是大智若愚。做人切忌恃才自傲，不知饶人。锋芒太露易遭嫉恨，更容易树敌。功高震主不知给多少下属臣子招致杀身之祸。

看过电视连续剧《水浒》的人都知道，武松"醉"打蒋门神的精彩片断：手握酒杯，仰脖而干，身子东倒西歪，步履轻飘虚浮，蒋门神于漫不经心之际，鼻梁突着一拳，尚未回过神来，眼额又遭一腿……当其终于醒悟这绝非是酒鬼的"歪打正着"之时，其身已受重创而无还手之力了。这就是所谓"醉拳"，乃武术中一高难度拳术，委实厉害之极了！

醉拳之厉害，在于一个装醉，表面上看来跌跌撞撞，偏偏倒倒，踉踉跄跄，不堪一推，而其实呢，醉醺醺之中却杀机暗藏，就在你麻痹大意之时，却挨上了醉鬼的狠招。

《红楼梦》中的薛宝钗，其待人接物极有讲究，且善于从小事做起：元春省亲与众人共叙同乐之时，制一灯谜，令宝玉及众裙钗粉黛们去猜。黛玉、湘云一干人等一猜就中，眉宇之间甚为不屑，而宝钗对这"并无甚新奇"，"一见就猜着"的谜语，却"口中少不得称赞，只说难猜，故意寻思"。有专家们一语破的：此谓之"装愚守拙"，因其颇合贾府当权者"女子无才便是德"之训，实为"好风凭借力，送我上青云"之高招。

愚者和装愚者是迥然相异的两种人。装愚的，是外愚而内不愚，愚是愚在皮毛小事，无关大局，而精却精在节骨眼上，事关一生命运。蒋门神遭武二郎一顿狠揍而退出霸占的快活林，最终死于二郎刀下，喋血鸳鸯楼，自是恶贯满盈，令人痛快之至；而林黛玉焚稿断痴情，薛宝钗出闺成大礼，却令人有一种说不出的味道。

装醉打拳乃格斗上乘技法，装疯卖傻是人情操纵的一流功夫。那些能够使他人"买"下自己傻气的人，正是人生中"最伟大的推销员"。